maritim

Das Buch

Der vorliegende Band schildert das kurze Leben des U-Boot-Kommandanten Max-Martin Teichert, dem es unter anderem gelang, 1942 den britischen Kreuzer *Edinburgh* zu torpedieren. Geboren 1915 als Sohn eines Studiendirektors in Kiel, tritt er 1934 als Offiziersanwärter der »Crew 34« freiwillig in die Reichsmarine ein. Nach bestandener Ausbildung und verschiedenen Lehrgängen erfolgt seine Beförderung zum Leutnant zur See. Bei Kriegsbeginn nimmt er als II. Wach- und Torpedooffizier auf dem Zerstörer Z-14 *Friedrich Ihn* an dessen Einsätzen in Nord- und Ostsee teil. 1940 meldet sich Teichert freiwillig zur U-Boot-Waffe und fährt nach seiner U-Boot-Ausbildung bei zwei Feindfahrten von *U 94* unter dem Kommando von Kapitänleutnant Kuppisch als I. Wachoffizier mit. Nach erfolgreich absolviertem Kommandantenlehrgang in Memel stellt er im September bei den Deutschen Werken in Kiel *U 456* in Dienst. Auf Grund seines operativen Könnens und Geschicks ist *U 456* an fast allen Geleitzugschlachten im Nordmeer und Atlantik beteiligt. Nach zehn Unternehmungen mit diesem Boot endete sein Leben am 12. Mai im Nordatlantik. Max-Martin Teichert und seine Männer von *U 456* teilten das Schicksal von fast 30 000 U-Boot-Fahrern – von insgesamt etwa 50 000 –, die für immer auf See blieben.

Der Autor

Kurt Adrian verfasste dieses Buch nach mehrjährigen intensiven Recherchen und der Auswertung zahlloser Quellen. Unterstützt wurde er dabei vom Institut für Zeitgeschichte, Stuttgart, und der Stiftung »Deutsches U-Boot-Museum« in Cuxhaven-Altenbuch, die auch wertvolles Fotomaterial beisteuerte.

Kurt Adrian

Kapitänleutnant Max-Martin Teichert

Mit U 456 im Nordmeer und Atlantik

Ullstein

Besuchen Sie uns im Internet:
www.ullstein-taschenbuch.de

Dieses Taschenbuch wurde auf FSC zertifiziertem Papier gedruckt.
FSC (Fores Stewardship Council) ist eine nichtstaatliche, gemeinnützige Organisation, die sich für eine ökologische und sozialverantwortliche Nutzung der Wälder unserer Erde einsetzt.

UllsteinTaschenbuch
1. Auflage August 2010

Umschlaggestaltung: HildenDesign, München/Buch und Werbung, Berlin
Titelabbildung und Abbildungen im Innenteil
stammen aus der gebundenen Ausgabe des Lizenzgebers
Hinweis: Der Abbildungsteil der Hardcoverausgabe wurde
für die Taschenbuchausgabe neu eingerichtet
Satz: Pinkuin Satz und Datentechnik, Berlin
Papier: Pamo Super von Arctic Mochenwangen GmbH
Druck und Bindearbeiten: CPI – Ebner & Spiegel, Ulm
Printed in Germany
ISBN 978-3-548-28233-6

Inhalt

Vorwort zu diesem Buch

Wenn von den Leistungen berühmter U-Boot-Kommandanten gesprochen wird, die im Nordatlantik, an den Brennpunkten im Mittelmeer, vor der afrikanischen Küste und bei Gibraltar gegen die gegnerischen Handelschiffsrouten, operierten, dann fallen Namen wie Prien, Kretschmer, Schepke, Endrass, Lüth, Brandi und einige mehr. Über die Lebensläufe dieser hochdekorierten Kommandanten existiert eine Fülle von Literatur.

Zu den nicht ganz so bekanntgewordenen U-Boot-Kommandanten zählt Max-Martin Teichert, der im Eismeer den britischen Kreuzer »Edinburgh« torpedierte. Durch sein operatives Können und Geschick war er an fast allen Geleitzugschlachten im Nordmeer im Jahre 1942 beteiligt. Dass er ein hervorragender U-Boot-Kommandant war, bewies er auch später in der Atlantikschlacht. Erst nach seinem Tod am 12. Mai 1943 fand sein Einsatz im U-Boot-Krieg durch die nachträgliche Verleihung des Ritterkreuzes zum Eisernen Kreuz die gebührende Anerkennung.

Deshalb beschreibt dieses Buch das kurze Leben von Max-Martin Teichert. Es soll zeigen und begreifbar machen, wie die Ereignisse im Krieg als wichtiger Akt im Drama des Lebens den einzelnen Menschen damals geprägt haben.

Am 8. April 1934 als Offiziersanwärter und Mitglied der Crew 34 freiwillig in die damaligen Reichsmarine eingetreten, meldete er sich nach Kriegsbeginn erneut freiwillig zur U-Boot-Waffe. Er wollte unbedingt zu dieser elitären Waffe, obwohl er genau über die oft unmenschlichen Bedingungen, denen man als U-Boot-Fahrer ausgesetzt war, Bescheid wusste. Die andauernde, wochenlange Einsatzbereitschaft während einer Feindfahrt und die ständige Angst, von Bewachern entdeckt, mit Wasserbomben beharkt und vielleicht sogar versenkt zu werden, waren ein enormer physischer und psychischer Druck, dem nicht nur die Besatzungen, sondern auch die U-Boot-Kommandanten selbst ausgesetzt waren.

Nur durch bedingungslose Disziplin, Kameradschaft und das Wissen, dass man sich auf jeden einzelnen Mann hundertprozentig verlassen konnte, war es möglich, die oft eintretenden kritischen Situationen zu meistern. Nur ein U-Boot-Kommandant, der von seinen Männern geschätzt und ohne Wenn und Aber anerkannt wurde, konnte auch erfolgreich sein. Max-Martin Teichert war so jemand.

Dieses Buch soll eine Erinnerung sein an alle diejenigen, die im U-Boot-Krieg ihr höchstes Gut, ihr Leben, ließen. Schließlich sind etwa 80 Prozent aller deutschen U-Boot-Fahrer aus dem Zweiten Weltkrieg nicht mehr heimgekehrt. Auch die ehemaligen Gegner sollen in diesem Bericht nicht vergessen werden.

Besonders bedanken möchte ich mich bei den Herrn Rainer Lang und Herbert Staudt, die beide noch Unternehmungen auf U 456 miterleben konnten und durch ihren Einsatz dieses Buch erst auf dem Weg brachten. Auch Herrn Fritz Zeindl gilt mein Dank. Durch seine Nachforschungen bei der Gemeinde Schliersee, die ja die Patenstadt von U 456 war, konnten einige der vielen vorhandenen Lücken geschlossen werden.

Des weiteren möchte ich mich bei Herrn Horst Bredow, dem Begründer und Leiter der Stiftung »Deutsches U-Boot-Museum« in Cuxhaven-Altenbruch, für die fachliche Unterstützung bedanken. Er stand mir immer mit seinem Rat zur Seite, ebenso Herr Dr. Thomas Weis vom Institut für Zeitgeschichte, Stuttgart, und die Deutsche Dienststelle für die Benachrichtigung der nächsten Angehörigen von Soldaten der ehemaligen Wehrmacht (WASt).

Das wichtige und wertvolle Quellen- und Fotomaterial über U 456 stellten mir folgende Herren zur Verfügung: Rainer Lang, Herbert Staudt, Fritz Zeindl, Horst Bredow, Viktor Gernhard, Peter Güttler, Thomas Huß von »german historica«, Dr. Thomas Weis von der »Bibliothek für Zeitgeschichte« sowie Herr Betten von der Deutschen Dienststelle (WASt) in Berlin. Ihnen allen gilt mein ganz besonderer Dank.

Kurt Adrian

Biografie Max-Martin Teichert

Jugendjahre – Schule und Eintritt in die Reichsmarine Crew 34

Max-Martin Teichert wurde am 31. Januar 1915 in Kiel geboren. Sein Vater Friedrich Teichert war damals Oberstudiendirektor in Kiel, seine Mutter hieß Anna und war eine geborene Burmeister.

Seine Jugendjahre verbrachte Teichert in einer ordentlichen, beschützten und durch und durch bürgerlichen Atmosphäre.

Es war die Zeit, als die Weimarer Republik versuchte, sich trotz ihrer vielen Geburtsfehler zu bewähren. Wie in vielen anderen Familien, so stand auch die Familie Teichert dem Versailler Vertrag als historischer Ungerechtigkeit ablehnend gegenüber.

Als Max-Martin Teichert, der zu der Zeit die Volkschule in Ratzeburg besuchte, in der dritten Klasse war, erlebte er die schreckliche Hyperinflation von 1923, die fast die deutsche Wirtschaft ruiniert hätte, und die daraus resultierenden erheblichen sozialen Spannungen.

Danach besuchte Teichert für drei Jahre die Mittelschule in Kappeln und darauffolgend für zwei Jahre die Aufbauschule, die sich ebenfalls in Kappeln befand. Für Teichert stand bereits zu dieser Zeit fest, dass er eines Tages Marineoffizier werden würde. Seine Eltern bestärkten ihn in dieser Absicht und das besonders, weil doch die große wirtschaftliche Depression eine sichere und geachtete Laufbahn als Marineoffizier nur noch attraktiver machte. Doch zuvor musste er noch die schleswig-holsteinische Bildungsanstalt in Plön, die dann später in Nationalpolitische Erziehungsanstalt »Ernst Röhm« umbenannt wurde, abschließen.

Als seine Eltern ihm den Weg freigaben, meldete er sich sofort freiwillig zur Reichsmarine.

Nach gerade bestandenem Abitur und ohne zum Arbeitsdienst einberufen zu werden, begann Max-Martin Teichert am 8. April 1934, zwei Monate zuvor gerade 19 Jahre alt geworden, seinen Dienst in der Reichsmarine.

Seine militärische Grundausbildung sollte er zusammen mit 317 anderen Offiziersanwärtern auf der kleinen Insel Dänholm in der Nähe von Stralsund, an der Ostseeküste, absolvieren. Die schöne Ostseestadt Stralsund liegt nördlich von Berlin auf der Festlandseite eines engen Streifens Wasser – des Strelasundes –, der Rügen zu Deutschlands größter Insel macht.

Am Nachmittag des 1. April 1934 kam Teichert in Stralsund an. Er hatte schon im Zug viele junge Leute mit dem gleichen Reiseziel getroffen. Nach ihrer Ankunft durchschritten die Männer das Tor des Stralsunder Bahnhofs und warteten auf das Unvermeidliche. Doch zuvor ging alles seinen Weg, vom Einstellungsgesuch über die körperlichen Untersuchungen bis zur psychotechnischen Prüfung.

Die körperliche Leistungsprüfung schaffte Teichert leicht, danach auch den sogenannten psychotechnischen Test. Damit hatte er sich für die Laufbahn eines Seeoffiziers qualifiziert. Das bedeutete, dass er es einmal zum Kommandanten eines Schiffes bringen konnte, vielleicht würde er sogar Admiral werden, wenn seine Karriere erfolgreich verlief. Schließlich ging ein Teil der Leute noch in der Nacht mit der Fähre zu der alles verheißenden Insel – dem Dänholm. Die anderen brachte ein Omnibus über den Rügendamm auf die kleine Insel im Strelasund.

Nach Tagen des endlosen Wartens in den Lazarettflügeln der Frankenkaserne wurde den Männern die endgültige Einstellung und die Zuweisung in die Kompanien mitgeteilt.

Max-Martin Teichert gehörte jetzt zur 2. Kompanie der II. Abteilung der Schiffsstammdivision der Ostsee. Er und seine Kameraden wurden hier für immer die »Crew 34«, also der Jahrgang der Marineoffiziere, die eben 1934 ihren Dienst begannen.

Zu dieser Crew 34 gehörten einige der erfolgreichsten und am höchsten dekorierten U-Boot-Kommandanten der deutschen Marine, unter ihnen Erich Topp, Helmut Witte, Engelbert Endrass, Adi Schnee, Jochen Mohr, Carl Emmermann, Fritz Guggenberger und viele mehr.

Die Ausbildung verlangte den Männern alles ab, der Tag begann mit Frühsport, dann folgte »Reinschiff« machen (Stubenreinigung sowie Ausrüstungs- und Waffenreinigen, einschließlich der Kleiderordnung). Nach dem Frühstück gab es meistens theoretischen Unterricht, danach ging es weiter mit Exerzieren – und wieder Exerzieren. Und bald wussten die Männer der Crew 34 auch, aus wie viel Teilen das Gewehr bestand.

Nach einigen Wochen war der Zeitpunkt für die Vereidigung gekommen. Die Kompanien standen angetreten auf dem Sportplatz, Anzug grau – mit Stahlhelm. Jedem der Männer, natürlich auch Teichert, war bewusst, welche große Verpflichtung sie eingingen. In der Mitte des Karrees war die Kriegsflagge, die beim Spruch der Eidesformel der Jüngste aus jeder Kompanie berührte – im Namen aller. Danach folgten die Ansprachen des evangelischen und katholischen Pfarrers und des Abteilungskommandeurs. Für Teichert war es wohl der bedeutungsvollste Tag in Stralsund.

Trotzdem war die Grundausbildung auf dem Dänholm für Teichert und viele seiner Kameraden keine angenehme Sache. Aber diese »harte« Zeit ging schnell vorüber. Im Juni 1934 wurden die angehenden Seeoffiziere auf die »Gorch Fock«, das Segelschulschiff der deutschen Reichsmarine, zu einer dreimonatigen praktischen seemännischen Ausbildung versetzt. Die »Gorch Fock« war ein Dreimaster. (Sie wurde am

1. Mai 1945 vor Stralsund von der eigenen Besatzung versenkt. 1948 wurde das Segelschulschiff gehoben und repariert und unter sowjetischer Handelsflagge unter dem Namen »Towarischtsch« geführt.)

Auf ihr erlebten die Seekadetten eine ausgedehnte Fahrt durch die Ostsee. Auf der »Gorch Fock« leistete Teichert, zusammen mit den anderen seiner Crew, am 2. August 1934 den neuen Eid, der nach dem Tod von Reichspräsident Hindenburg alle Angehörigen der Wehrmacht auf eine Person – Adolf Hitler, den Reichskanzler und Reichspräsidenten – verpflichtete.

Im Oktober 1934 begann der Höhepunkt der seemännischen Ausbildung für jeden Offiziersanwärter: eine Ausbildungsreise, die Teichert mit etwa der Hälfte der Crew 34 für neun Monate auf dem Leichten Kreuzer »Emden« um Afrika herum in den Indischen Ozean bis nach Trincomalee auf Ceylon (Sri Lanka) führte. Von dort ging es zurück durch den Suezkanal und das Mittelmeer. Teichert freute sich, das Leben und die Verantwortung auf einem Kriegsschiff kennenzulernen. Sein Kommandant während dieser Reise auf der »Emden« war kein anderer als Karl Dönitz, der spätere Führer und Befehlshaber der deutschen U-Boot-Waffe. Vielleicht war es nicht überraschend, dass ein relativ hoher Prozentsatz der Offiziere der Crew 34 später im Zweiten Weltkrieg unter Dönitz als U-Boot-Kommandanten und Leitende Ingenieure dienten und ausgezeichnete Leistungen zeigten.

Während die »Emden« die Reise in den Orient machte, besuchte die andere Hälfte der Crew 34 die Ost- und Westküste Amerikas auf dem Leichten Kreuzer »Karlsruhe«. Im Juni 1935 lieferten beide Kriegsschiffe ihre Zöglinge wieder in der Heimat ab. Am 1. Juli 1935 beförderte man Teichert und die anderen Crewangehörigen zu Fähnrichen zur See. Auf die jungen Fähnriche warteten bereits die Lehrer und Ausbilder der Marineschule Mürwik, Deutschlands Marineakademie an der Flensburger Förde, südlich der dänischen Grenze.

In den nächsten neun Monaten erhielten sie hier theoretischen Unterricht. Teichert, intelligent und natürlich schulisch gut vorgebildet, genoss die Zeit an dieser altehrwürdigen Anstalt. Mit den 16 anspruchsvollen Unterrichtsfächern des Lehrplans kam er sehr gut zurecht. Während dieser Zeit nahm er an zwei kurzen Navigationsbelehrungsfahrten, je einmal auf dem Tender »Nordsee« und dem Dampfer »Hecht«, teil.

Die auf die Marineschule folgenden Lehrgänge für Fähnriche in den Bereichen Torpedo-, Fla- und Sperrwaffen, Nachrichten- und Fernmeldewesen sowie Infanterie-, Schiffs- und Küstenartillerielehrgänge führten Teichert in die Marinestandorte Flensburg-Mürwik, Wilhelmshaven, Stralsund und Kiel-Wik.

Im Oktober 1936 kommandierte man ihn schließlich zur 3. Torpedoboot-Flottille auf das Torpedoboot »Iltis«. Noch einmal musste Teichert eine Bordausbildung absolvieren, wurde aber während dieser Zeit am 1. Januar 1937 zum Oberfähnrich zur See befördert. Am 1. April 1937 erfolgte dann seine Beförderung zum Leutnant zur See. Anschließend wurde er als Wachoffizier auf verschiedenen Torpedobooten der 3. Torpedoboot-Flottille eingesetzt.

Am 1. Juli 1937 wurde Teichert zur III. Schiffsstammabteilung der Nordsee nach Wilhelmshaven versetzt. Hier kam er als Kompanie- und Ordonnanzoffizier zum Einsatz.

Aber bereits am 1. Oktober 1937 wurde Teichert zur 4. Kompanie der Ausbildungsabteilung der 6. Zerstörerdivision kommandiert. Jetzt gehörte er zum Besatzungsstamm des Zerstörers »Z-9 Wolfgang Zenker«. Dazwischen war er noch einmal in der Zeit vom 18. Januar bis 1. Februar 1938 als Wachoffizier auf dem Torpedoboot »Iltis« eingesetzt. Am 28. März 1938 wurde er schließlich zur 8. Schiffsstammabteilung kommandiert. Während dieser Zeit bekam er mit der Dienstauszeichnungsmedaille IV. Klasse (1. April 1938) sein erstes Ehrenabzeichen verliehen. Vom 19. September bis 17. Dezember 1938 folgte die Teilnahme an einem Torpedolehrgang für Offiziere an der Torpedoschule in Flensburg-Mürwik. Danach kam er zur 4. Kompanie der Ausbildungsabteilung der 8. Zerstörerdivision. Endlich, am 4. Februar 1939, erhielt er sein erstes Kommando als Kommandant eines Kriegsschiffes, und zwar des Hilfsminensuchbootes »Wotan«. Doch nur wenige Wochen später wurde Teichert als II. Wach- und Torpedooffizier auf den Zerstörer »Z-14 Friedrich Ihn« kommandiert. Dazu erfolgte am 1. April 1939 seine Beförderung zum Oberleutnant zur See. Auf dem Zerstörer »Friedrich Ihn« erlebte Teichert den Ausbruch des Zweiten Weltkrieges. Die Stimmung am 3. September 1939, als England und Frankreich Deutschland den Krieg erklärten, war düster und fatalistisch, ganz anders als die überschwengliche Freude, die es zu Beginn des Ersten Weltkrieges 1914 gegeben hatte. Viele schienen zu denken, dass dieser Krieg ohne besondere Rücksicht auf die Konsequenzen begonnen worden war. Ein Vorwurf, der gegen Hitler, aber auch gegen die anderen Teilnehmer an diesem Drama – Chamberlain, Daladier, Stalin und Mussolini – erhoben werden kann. Was auch immer die tieferen Gründe und Zusammenhänge des Krieges sein mochten, eines war für Teichert klar: Sein Dienst würde bald an der Front benötigt werden.

Kriegsbeginn auf dem Zerstörer »Z-14 Friedrich Ihn«

Bereits seit dem 21. August 1939 lag der Zerstörer »Friedrich Ihn« in Swinemünde. Teichert war, wie auch die anderen Offiziere, damit beschäftigt, die Kriegsbereitschaft des Zerstörers herzustellen. Zusätzlich musste er das Laden und Scharfmachen der Munition überwachen. Als die scharfen Gefechtsköpfe für die Torpedos an Bord kamen, war es für den jungen Oberleutnant keine leichte Aufgabe, aber er freute sich über die Verantwortung, die ihm vom Kommandanten übertragen worden war. Und auch Korvettenkapitän von Pufendorf, der Kommandant der »Friedrich Ihn«, war zufrieden mit seinem II. Wachoffizier.

Am 24. August 1939 wurde Kriegsbereitschaft hergestellt. Wieder wartete eine neue Aufgabe auf Teichert, der dafür zu sorgen hatte, dass die Männer schnell und ordentlich in die ihnen zugedachten Aufgaben eingewiesen wurden. Kurz vor Mitternacht lief die 1. Zerstörer-Flottille, bestehend aus der 1. Zerstörerdivision mit den Zerstörern »Georg Thiele«, »Richard Beitzen« und »Max Schultz« sowie der 3. Zerstörerdivision mit »Erich Steinbrinck«, »Friedrich Eckholdt« und »Friedrich Ihn«, von Swinemünde aus. Der Verband sammelte sich in der Pommerschen Bucht und nahm danach unter der Führung des B. d. A., Vizeadmiral Densch, eine Wartestellung zwischen Bornholm und der Danziger Bucht ein. Der B. d. A. hatte sich auf dem Leichten Kreuzer »Nürnberg« eingeschifft. Zu dem Verband gehörten noch die Leichten Kreuzer »Köln« und »Leipzig«, die 1. Zerstörer-Flottille, die 5. Torpedoboot-Flottille und weitere kleinere Einheiten.

Als am 25. August 1939 der Angriffsbefehl widerrufen wurde und Hitler nach der britisch-französische Beistandserklärung für Polen mit der Aufnahme neuer diplomatischen Gespräche mit England, Frankreich und Polen begann, atmeten Teichert und seine Kameraden auf. Sollte es der deutschen Reichsregierung gelingen, den Krieg abzuwenden? Schließlich hatten sie alle große Hoffnung, als am 23. August der deutsche Außenminister von Ribbentrop den Nichtangriffspakt mit der Sowjetunion abschloss.

Am 26. August 1939, früh um 04.00 Uhr kam der Befehl zum Abbruch der Blockadeaufstellung.

Gleich hellten sich die Gesichter an Bord auf, die »Hartgesottenen« rissen bereits wieder ihre ersten Scherze oder erzählten sich Witze. Auch Teichert war erleichtert, aber noch traute er der Sache nicht richtig, denn die Streitkräfte des B. d. A. erhielten Befehl, westlich der Stolpebank zu Übungen in See zu bleiben. Der Verband lief danach mit wechselnden Kursen zwischen Bornholm und der pommerschen Küste auf und ab. Dabei fuhr die 3. Zerstörerdivision Sicherung für den Leichten Kreuzer »Leipzig«.

In der Nacht zum 27. August 1939 wurde die 3. Zerstörerdivision von der »Leipzig« zur Ölübernahme aus dem Tanker »Samland« entlassen. In den frühen Morgenstunden übernahm »Friedrich Ihn« Öl und war kurze Zeit später wieder einsatzbereit.

In der Zwischenzeit hatte sich ein Unglück ereignet, das zum ersten Schiffsverlust der Kriegsmarine führte, noch bevor der Krieg ausgebrochen war. Bei der 1. Zerstörerdivision, die mit der 5. Torpedoboot-Flottille zur Sundbewachung eingesetzt war, ging das Torpedoboot »Tiger« nach einem Zusammenstoß mit dem Zerstörer »Max Schultz« verloren. Der ebenfalls beschädigte Zerstörer, der sogleich die Besatzung der »Tiger« rettete, wurde zuerst von »Georg Thiele«, dann durch die Schlepper »Jomsburg« und »Taifun« über Swinemünde nach Stettin zu den Oderwerken geschleppt, wo »Max Schultz« am 29. August 1939 zur Reparatur eingedockt wurde. Somit konnte der Zerstörer nicht mehr am Polenfeldzug teilnehmen.

Mittlerweile fanden sich am Morgen die »Leipzig« und die 3. Zerstörerdivision wieder beim B. d. A.-Verband ein und steuerten zusammen in wechselnden Kursen die südliche Stolpebank an. In der Nacht ankerte die »Leipzig-Gruppe« vor Stolpmünde.

Am Nachmittag des 28. August 1939 traf der Rückmarschbefehl für die »Leipzig« und die 3. Zerstörerdivision ein. Gegen Abend machte die Kriegsschiffgruppe in Swinemünde fest.

Aber für Teichert und die Besatzung der »Friedrich Ihn« gab es keine Ruhepause. Es wurde sofort eine Telefon- und Urlaubssperre ausgegeben, außerdem eine dreistündige Bereitschaft befohlen. Für Teichert war es besonders schlimm, denn durch die damit verbundene Postsperre konnte er seine vor Tagen an die Eltern und Freunde geschriebenen Briefe nicht aufgeben. Die nächsten Stunden gingen bei eintönigen Bereitschaftstätigkeiten nur langsam vorbei.

Am 30. August 1939 wurde um 07.30 Uhr die einstündige Bereitschaft befohlen. Teichert und seine Offizierskameraden wussten, dass jeden Augenblick ein Auslaufbefehl eintreffen konnte. Bei Beginn der Dunkelheit lief die 3. Zerstörerdivision mit dem Zerstörer »Friedrich Ihn« von Swinemünde aus, ankerte aber später beim Ankerplatz Groß-Horst vor der pommerschen Küste. Gegen Mittag ging der Leichte Kreuzer »Leipzig« dort ebenfalls vor Anker. Viele warteten auf das Unvermeidliche, einige hofften noch auf die Politik, auch Max-Martin Teichert – wird es zum Krieg mit Polen kommen?

Um 20.10 Uhr gab es an Bord der deutschen Kriegsschiffe Alarm. Sofort wurden die Anker gelichtet und Dampf für die Höchstfahrt aufgenommen. Um 21.40 Uhr schrillte erneut die Alarmglocke, danach wurde »Klarschiff zum Gefecht« befohlen. Was war passiert?

»Friedrich Ihn«, »Erich Steinbrinck« und »Friedrich Eckholdt« wurden die polnischen Zerstörer »Blyskawica«, »Burza« und »Grom« in der mittleren Ostsee mit hoher Fahrt Richtung Westen flüchtend gemeldet. Sie waren auf dem Weg von Gdynia (Gotenhafen) westwärts zum Skagerrak. Wegen der ungenügenden Wassertiefe konnten die deutschen Zerstörer zuerst nicht mit Höchstfahrt laufen. Auch der Kreuzer »Leipzig«, der an der Verfolgung beteiligt war, konnte erst nach Erreichen der 30-Meter-Linie auf Höchstfahrt gehen. Als die deutschen Zerstörer tieferes Wasser erreichten, erhöhten sie sofort die Geschwindigkeit auf 35 Seemeilen. Mit voller Fahrt setzten sie zur Verfolgung an. Aber als die drei polnischen Zerstörer kurz nach Mitternacht das Feuerschiff »Falsterbo« passierten, war ihnen der Ausbruch aus der Ostsee gelungen, ohne dass die deutschen Kriegsschiffe sie daran hätten hindern können. Die polnischen Zerstörer erreichten schließlich

Großbritannien, wo sie für die Royal Navy im Verlauf des Krieges eine willkommene Verstärkung bildeten.

Nachdem die drei deutschen Zerstörer die Verfolgung abgebrochen hatten, erhielten sie den Befehl, nach Pillau zu marschieren. Kurz nach Mitternacht ankerte die 3. Zerstörerdivision in der Einfahrt vor Pillau und nahm Öl aus der »Samland« an Bord.

Unterdessen vergingen die letzten Friedensstunden. Nach dem Scheitern der letzten diplomatischen Versuche der deutschen Seite, in letzter Minute noch einen Krieg abzuwenden, befahl Adolf Hitler am 31. August 1939 den Angriff gegen Polen, der für den 1. September um 04.45 Uhr festgesetzt wurde.

Am 1. September 1939 um 03.00 Uhr ging die 3. Zerstörerdivision ankerauf. Sie sollte eine Blockadeposition vor Hela einnehmen. Es war eine klare und mondhelle Nacht mit leicht auffrischendem Wind aus Nordwesten. Ideale Bedingungen zur Entdeckung von Blockadebrechern. Gegen 05.00 Uhr hatten die Zerstörer ihre Position vor Hela eingenommen.

Seit 04.45 Uhr lief der deutsche Angriff auf Polen, der mit einem Feuerüberfall des Linienschiffes »Schleswig-Holstein« auf die befestigten polnischen Stellungen der Westerplatte begann.

Zu Beginn des Polenfeldzuges hatte die Kriegsmarine folgende Streitmacht, unter der Führung des B. d. A. Vizeadmiral Densch, aufgeboten. Sein Flaggschiff »Nürnberg« sowie die Leichten Kreuzer »Köln« und »Leipzig« waren der Kreuzerverband. Der F. d. T. Konteradmiral Lütjens auf dem Zerstörer »Leberecht Maass« befehligte die Zerstörer »Georg Thiele«, »Richard Beitzen«, »Bruno Heinemann«, »Wolfgang Zenker«, »Bernd von Arnim«, »Erich Steinbrinck«, »Friedrich Eckholdt«, »Hans Lody und »Friedrich Ihn«. Dazu kamen noch Schnellboote, Geleitboote, Minensuchboote und einige Unterseeboote.

Nach einem kurzen Aufenthalt von »Friedrich Ihn« in Pillau ging es abends und nachts wieder auf Blockadeposition in die Danziger Bucht. Um die Mittagszeit des 2. September gab es plötzlich U-Boot-Alarm. Zwei Ausgucks der »Friedrich Ihn« meldeten eine Torpedolaufbahn.

Teichert, der gerade auf der Brücke des Zerstörers stand, riss sich sein Fernglas an die Augen, blickte in die angegebene Richtung, konnte aber nichts erkennen. Mittlerweile nämlich hatte der Torpedo das Achterschiff trotz des sofortigen Ausweichmanövers unterlaufen, ohne detoniert zu sein. Sekunden später schon erfolgte der Befehl zum Wasserbombenangriff zusammen mit »Erich Steinbrinck«. Durch den Gegenangriff wurde das angreifende polnische U-Boot »Wilk« beschädigt, allerdings nur geringfügig, denn es konnte später seine Operation fortsetzen. Max-Martin Teichert hatte sein erstes Gefecht miterlebt, zuerst erregt, dann erleichtert, war er doch froh, dass der auf »Friedrich Ihn« geschossene Torpedo nicht getroffen hatte. Noch am Nachmittag wurde zweimal U-Boot-Alarm gegeben, ohne dass eine Torpedolaufbahn gesichtet worden war. Am Morgen des 3. September lief »Friedrich Ihn« in Pillau zur Öl- und Wasserbomben-Ergänzung ein. Gegen Mittag lief sie wieder aus, um ihre Blockadeposition in der Danziger Bucht erneut einzunehmen. Um 13.40 Uhr wurde in einer Sondermeldung bekanntgegeben, dass sich Deutschland nach Ablauf des britischen Ultimatums um 11.00 Uhr mit England im Krieg befand. Nur wenige Stunden später erfolgte auch die Kriegserklärung Frankreichs an Deutschland, was die Stimmung an Bord merklich dämpfte. Auch Teichert überlegte sich, wie es wohl gelingen sollte, die mächtige Royal Navy zusammen mit der französischen Flotte zu schlagen. Kleinere Siege konnten eigentlich nur mit der sogenannten Nadelstichtaktik erzielt werden. Als am Nachmittag noch ein Gefallener der »Leberecht Maass« an Bord genommen wurde, sank die Stimmung fast auf den Nullpunkt.

Am Abend wurde der Rückmarsch der 3. Zerstörerdivision nach Swinemünde befohlen. Daraufhin ließ Korvettenkapitän von Pufendorf seine Offiziere auf der Brücke sammeln, um eine kurze Ansprache zu halten. Am Ende seiner Rede sagte er nur noch kurz:

»Meine Herrn, England und Frankreich haben uns heute den Krieg erklärt. Sie werden bereits in den nächsten Tagen und Wochen spüren, dass Sie es jetzt mit einem anderen Gegner zu tun bekommen!«

Wie recht er hatte, sollte auch Max-Martin Teichert bald erfahren.

Am Morgen des 4. September machten die Zerstörer in Swinemünde fest, und schon am nächsten Morgen liefen sie wieder aus zum Verlegungsmarsch in die Nordsee. Im Nachtmarsch ging es bei dichtem Nebel durch den Kaiser-Wilhelm-Kanal und am Morgen des 6. September wurde auf Wilhelmshaven-Reede geankert. Hier sammelte sich ein Minenwurfverband zum Legen der »Westwallsperre« westlich der Deutschen Bucht. Auch die Kreuzer »Nürnberg« und »Leipzig« waren wieder dabei, sie waren bereits schwer mit Minen beladen.

Die 3. Zerstörerdivision sollte als Sicherung für den Minenwurfverband eingesetzt werden. Gegen Mittag liefen die Kriegsschiffe aus und nach anfänglichen Scheinkursen wurde gegen Mitternacht die Position des Wurfgebietes erreicht. Schnell wurden zwei Minensperren auf der Höhe von Hartlepool geworfen, danach erfolgte der Rückmarsch des Verbandes.

Am Morgen lief »Friedrich Ihn« in Wilhelmshaven ein. Noch am selben Tag baute man Minenabwurfschienen an Deck ein und zugleich wurden Sprengbojen für das nächste Minenunternehmen geladen. Diese Unternehmung, diesmal unter Führung von Korvettenkapitän von Pufendorf, führte die 3. Zerstörerdivision direkt vor die Emsmündung. Dort warteten bereits die Minenschiffe »Cobra« und »Roland«. Von Mitternacht bis in die frühen Morgenstunden wurden zwei Minensperren gelegt. Bei Hellwerden fuhren die Zerstörer »Ihn« und »Erich Steinbrinck« nach Wilhelmshaven zurück. Danach verholte der Zerstörer »Friedrich Ihn« in die Westwerft ins Dock zur Reparatur.

Am 15. September 1939 sammelte sich auf der Schilling-Reede ein weiterer Minenwurfverband unter der Führung der 2. Zerstörer-Flottille, dessen Chef, Kapitän zur See Friedrich Bonte, auf »Erich Steinbrinck« eingeschifft war. Als Minenschiffe fungierten »Kaiser«, »Cobra« und »Hansestadt Danzig«. Am Nachmittag lief der Verband aus und marschierte nach Hornsriff.

Kurz nach Mitternacht wurde mit dem Auslegen zweier Minensperren begonnen. Anschließend erfolgte der Rückmarsch nach Wilhelmshaven, wo am Nachmittag des 16. September geankert wurde.

Am Morgen des 18. September 1939 kam der Verlegungsbefehl in die Ostsee. Kurze Zeit später ertönte der Befehl: »Anker auf!«

Der Marsch in die Ostsee ging durch den Kaiser-Wilhelm-Kanal nach Swinemünde, wo der Zerstörer »Friedrich Ihn« am Morgen des nächsten Tages eintraf und festmachte. Bis zum 25. September blieben die Zerstörer in Swinemünde liegen. Eintöniger Wachdienst beschäftigte die Männer in diesen Tagen, von denen viele hofften, dass mit dem Ende des Polenfeldzuges auch der Krieg mit den Westmächten England und Frankreich zu Ende wäre. »Z-14 Friedrich Ihn« unterstand jetzt der 4. Zerstörer-Flottille, zusammen mit »Erich Steinbrinck« und »Hans Lody«. Chef der Flottille war Korvettenkapitän Erich Bey, der bereits vom 1. November 1938 bis 1. April 1939 Kommandant der »Friedrich Ihn« gewesen war. Natürlich machte Bey sofort seinen »ehemaligen« Zerstörer zum Führerboot der 4. Zerstörer-Flottille.

Am Abend des 25. September 1939 stieg Erich Bey auf »Friedrich Ihn« ein. Kurz vor Mitternacht erfolgte der Auslaufbefehl nach Kiel, wo am Morgen des 26. September festgemacht wurde.

Bereits am Abend des gleichen Tages lief »Friedrich Ihn«

zusammen mit »Georg Thiele« und »Erich Steinbrinck« sowie der 6. Torpedoboot-Flottille mit »Iltis«, »Wolf«, »Seeadler« und »Leopard« wieder aus. Die Fahrt ging ins Kattegat, wo die deutschen Kriegsschiffe die feindliche und neutrale Handelsschifffahrt überwachen sollten. Nachdem der Verband das Kontrollgebiet erreicht hatte, bildete »Friedrich Ihn« zusammen mit »Iltis« eine Gruppe. Max-Martin Teichert freute sich, dass er zusammen mit seinem alten Torpedoboot, der »Iltis«, auf der er als Fähnrich und Wachoffizier seinen Dienst versehen hatte, operieren konnte.

Noch im Laufe des Tages wurden von der Gruppe die schwedischen Dampfer »Magna«, »Jutta«, »Kattegat« und »Rudolf« sowie der dänische Dampfer »Knut« kontrolliert. Am nächsten Morgen, dem 27. September 1939, wurden der estländische Dampfer »Peet« und wenig später der Dampfer »Kronprinsessan Margareta« gestoppt und überprüft. Auf Letzterem befanden sich die Seeleute des britischen Fischdampfers »Caldew«, der am 24. September von dem deutschen U-Boot U 33, unter dem Kommando von Kapitänleutnant von Dresky, mit Artillerie versenkt worden war. Sie waren nach der Versenkung ihres Trawlers vor der nordschottischen Küste von dem schwedischen Dampfer gerettet worden. Die Engländer brachte man zuerst auf die »Friedrich Ihn«, später wurden sie der »Iltis« übergeben.

Am 28. September 1939 hielten »Friedrich Ihn« und »Iltis« den finnischen Dampfer »Orient« an. Bei der Kontrolle des Dampfers, an der auch Teichert persönlich beteiligt war, stellte sich heraus, dass dieser Bannware, also Ware für das kriegsführende England, geladen hatte. Deshalb wurde die »Orient« als Prise nach Kiel überführt. Am selben Tag gelang es noch, den finnischen Dampfer »Raune« und den schwedischen Dampfer »Osbur« anzuhalten und zu kontrollieren. Dabei konnte nichts Verdächtiges festgestellt werden. Danach kam der Befehl zum Rückmarsch. Mitten in der Nacht lief die Kriegsschiffgruppe in Kiel ein und machte fest.

In den nächsten Tagen ergänzten die Zerstörer Brennstoff und Proviant. Am Abend des 3. Oktober 1939 lief »Friedrich Ihn«, zusammen mit »Erich Steinbrinck«, »Hermann Schoemann« sowie den drei Torpedobooten »Falke«, »Greif« und »Albatros« der 5. Torpedoboot-Flottille, wieder aus. Der Führer dieser Unternehmung war Kapitän zur See Friedrich Bonte. Der Befehl lautete: »Handelskriegsführung im Kattegat«.

Am 4. Oktober 1939 war das Operationsgebiet erreicht. An diesem Tag kontrollierte »Friedrich Ihn« den estnischen Dampfer »Aarne«, der ebenfalls Banngut mitführte und als Prise nach Kiel geschickt wurde. Danach wurde vor dem Oslo-Fjord der norwegische Frachter »Gadar« gestoppt und überprüft.

Während des 5. Oktober kontrollierte »Friedrich Ihn« nacheinander den schwedischen Dampfer »Oscar«, den dänischen Dampfer »Ellen«, die norwegischen Dampfer »Toratre«, »Scandra«, »Knut« sowie den finnischen Dampfer »Vienti«. Zusammen mit Leutnant zur See Albert Langfeld musste Teichert an diesem Tag Schwerstarbeit verrichten. Immer wieder von Neuem mussten sie ins Motorboot springen, zu den angehaltenen Dampfern fahren, über Strickleitern an Deck klettern und die Frachtpapiere sowie die Ladung überprüfen. Danach ging es wieder zum Zerstörer zurück. In diesen Tagen wurden Max-Martin Teichert und Albert Langfeld Freunde. Auch Langfeld ging wie Teichert später zur U-Boot-Waffe. Er wurde I. Wachoffizier auf U 571 und stellte im Sommer 1942 U 444 als Kommandant in Dienst. Am 11. März 1943 wurde U 444 von dem britischen Zerstörer »Harvester« und der freifranzösischen Korvette »Aconit« versenkt. Es gab nur wenige Überlebende – Albert Langfeld war nicht unter ihnen.

Als abends kurz nach Einsetzen der Dunkelheit der Rückmarsch befohlen wurde, marschierte »Friedrich Ihn« zusammen mit »Greif« nach Kiel zurück. Am Morgen des nächsten Tages machten beide Schiffe in Kiel fest. Bereits in der Nacht zum 7. Oktober traf ein erneuter, sofortiger Auslaufbefehl ein. Zusammen mit »Erich Steinbrinck« marschierte »Friedrich Ihn« durch den Kaiser-Wilhelm-Kanal und ankerte auf der Cuxhaven-Reede. Beide Zerstörer wurden an einer vom OKM geplanten Operation gegen die Royal Navy beteiligt. Die britische Home Fleet sollte in eine aus U-Booten und Flugzeugen gebildete Falle gelockt werden. Für die Unternehmung waren das Schlachtschiff »Gneisenau«, das Flaggschiff des Flottenchefs Admiral Boehm, und der Leichte Kreuzer »Köln« sowie zehn Zerstörer vorgesehen.

Dem deutschen Flottenverband wurde befohlen, in einem Täuschungsmanöver bis zur Küste Südnorwegens vorzustoßen, dabei durften leichte Seestreitkräfte angegriffen, dem überlegenen Feind musste jedoch ausgewichen werden. Die 5. Zerstörer-Division mit »Wilhelm Heidtkamp«, »Diether von Roeder«, »Hans Lüdemann«, »Hermann Künne« und »Karl Galster« vereinigte sich mit der 1. Zerstörer-Flottille, bestehend aus »Max Schultz«, »Paul Jacobi« und »Bernd von Arnim«, in der Elbmündung, um Prisenkommandos an Bord zu nehmen. Hier trafen auch »Friedrich Ihn« und »Erich Steinbrinck« auf den Verband.

Am Abend des 7. Oktober 1939 lief der Flottenverband aus. Kurz nach Mitternacht des 8. Oktober fiel die »Hans Lüdemann« wegen Maschinenschaden aus und musste umkehren. Der Verband fuhr mit hoher Geschwindigkeit entlang der dänischen Küste nordwärts, als er um die Mittagszeit auf Höhe des Lister-Leuchtturms von einem britischen »Hudson«-Aufklärer der 224. Squadron des Coastal Command entdeckt und gemeldet wurde. Die darauffolgende britische Reaktion entsprach der beabsichtigten Wirkung, die der deutsche Verband erzielen wollte. Die Engländer schickten die Schlachtkreuzer »Hood« und »Repulse« mit Kreuzern und Zerstörern, von Scapa Flow aus, auf eine Position nordwestlich von Stadlandet. Die Humber-Force, bestehend aus Leichten Kreuzern und Zerstörern, lief zum Eingang des Skagerraks, während sich das Gros der Home Fleet nordöstlich der Shetland-Inseln aufstellte.

Inzwischen lief das deutsche Geschwader weiter mit hoher Fahrt nach Norden. »Friedrich Ihn« patrouillierte am rechten Flügel des Verbandes, als am Nachmittag ein Dampfer in Sicht kam. Es war der spanische Frachter »Hispania«, der nach der Kontrolle von »Friedrich Ihn« die Fahrt fortsetzen durfte. Am Abend stand der Verband auf der Höhe von Stavanger, als der Rückmarsch befohlen wurde. Obwohl das britische Coastal Command seit Stunden die deutschen Schiffe beschattete, gelang es den Briten nicht, ihre Kriegsschiffe oder Kampfflugzeuge des Bomber Command heranzuführen. Aber auch der deutschen Luftwaffe gelang es im Laufe des 9. Oktober nicht, die britischen Streitkräfte zu finden und anzugreifen, obwohl die Luftwaffe hierfür 127 »Heinkel He-111« des Kampfgeschwaders 26 und Lehrgeschwaders (Kampf) 1 sowie 21 »Junkers Ju-88« des Kampfgeschwaders 30 aufbot. Insgesamt schlug das Operationsziel fehl. Zwar gelang es Admiral Boehm, die Briten aus ihren Stützpunkten herauszulocken, aber weder den U-Booten noch Bombern gelang der erhoffte Erfolg. Mittlerweile passierte das Geschwader Skagen, dampfte durch das Kattegat und traf am Abend in Kiel ein.

Am 10. Oktober 1939 verlegte »Friedrich Ihn« nach Swinemünde. Bereits am 13. Oktober ging es wieder zurück nach Kiel. In der Nacht zum 14. auf den 15. Oktober marschierte der Zerstörer durch den Kaiser-Wilhelm-Kanal und ging am Morgen auf Wilhelmshaven-Reede vor Anker. Bis 21. Oktober verblieb der Zerstörer »Friedrich Ihn« in Bereitschaft auf der Schilling-Reede. Am Vormittag dieses Tages fuhr die »Friedrich Ihn« Geleitsicherung für den Kreuzer »Köln« von Feuerschiff »Elbe 1« nach Wilhelmshaven.

Am Abend des 22. Oktober lief die 1. Zerstörer-Flottille

mit »Friedrich Ihn«, »Erich Steinbrinck« und »Max Schultz« von Wilhelmshaven aus. Zur gleichen Zeit verließ die 4. Zerstörer-Flottille mit »Hans Lody«, »Erich Giese« und »Bernd von Arnim« Wesermünde.

Der Befehl für beide Zerstörer-Flottillen lautete erneut: »Handelskriegführung im Skagerrak und vor der Südküste Norwegens«.

Am Morgen des 23. Oktober 1939 trafen die 1. und 4. Zerstörer-Flottille in der Deutschen Bucht aufeinander und marschierten gemeinsam nach Norden. »Friedrich Ihn« bildete zusammen mit »Bernd von Arnim« einen Suchstreifen. Noch am selben Tag kontrollierten sie nacheinander den dänischen Dampfer »Sophie« und den schwedischen Dampfer »Brigitta«.

Am Morgen des folgenden Tages wurde noch der dänische Dampfer »Knud Villemoes« angehalten und untersucht. Anschließend ging der Rückmarschbefehl ein, den beide Zerstörer sofort befolgten. Nachdem sich beide Flottillen wieder gesammelt hatten, liefen sie mit hoher Fahrt heimwärts. Bereits am späten Nachmittag ankerte die 1. Zerstörer-Flottille auf der Schilling-Reede.

Der 25. Oktober 1939 begann auf »Friedrich Ihn« mit einer Überraschung. Die Besatzung erfuhr, dass ihr bewährter Kommandant Fregattenkapitän von Pufendorf abkommandiert worden war. Er sollte die in der Neuaufstellung befindliche 2. Zerstörer-Flottille übernehmen. Neuer Kommandant wurde der bisherige I. Offizier Korvettenkapitän Wachsmuth. Max-Martin Teichert, der ein gutes Verhältnis zu seinem neuen Kommandanten hatte, war erleichtert. Mit Korvettenkapitän Wachsmuth verband ihn eine Freundschaft seemännischer Art. Schließlich hatte Teichert unter ihm viel gelernt und war nun froh, dass er und kein anderer Kommandant der »Friedrich Ihn« geworden war. Am Nachmittag des 27. Oktober 1939 liefen »Max Schultz«, »Erich Steinbrinck« und »Friedrich Ihn« erneut zur Handelskriegführung aus.

In der Nordsee vereinigten sie sich mit den Zerstörern der 4. Zerstörer-Flottille »Hans Lody«, »Bernd von Arnim« und »Erich Giese«. Einige Stunden später kam ein schwerer Sturm auf, der sich bis zum Orkan steigerte. Teichert hatte so etwas noch nicht erlebt, ja selbst erfahrene Seeleute konnten sich nicht an so einen Sturm erinnern. Der Wind blies aus Nordosten und brauste mit Windstärke 11, während die schwere See tosend über die Decks tobte. Die Zerstörer stampften und schlingerten stark. Wegen des schlechten Wetters war auch keine Luftaufklärung möglich, ohne die der Vorstoß sowieso sinnlos wurde, weshalb die Marinegruppe West am frühen Morgen des 28. Oktober die Operation abbrach und die Zerstörer zurückbefahl.

Mittlerweile aber hatte die schwere See auf »Friedrich Ihn« ein Brückenfenster zerschlagen. Das danach ins Brückenhaus eindringende Wasser verursachte schwere Schäden an den Bedien- und Kommandoelementen, und der dadurch entstandene kurzfristige Ausfall dieser Geräte brachte die »Friedrich Ihn« zeitweilig in eine gefährliche Situation.

Aber dem Kommandanten Wachsmuth gelang es zusammen mit der Brückenwache, zu der auch Max-Martin Teichert gehörte, in kurzer Zeit das Brückenfenster abzudichten. Damit war vorerst die Gefahr eines größeren Wassereinbruchs auf der Brücke gebannt. Die Besatzung auf dem Zerstörer atmete langsam wieder auf, und auch Teichert war erleichtert und stolz auf seine Männer, die schnelle und gute Arbeit geleistet hatten und sich in der Notsituation nicht aus der Ruhe bringen ließen.

Die Zerstörer hatten inzwischen die Große Fischerbank erreicht, als sich das nächste Unglück ereignete. Die »Max Schultz« hatte eine schwere Havarie. Durch den Ausfall der Hauptkesselspeisepumpe und der zu spät eingeschalteten Reservepumpe geriet Wasser in eine Turbine, die daraufhin explodierte. Heißer Dampf füllte den Kesselraum. Zwar konnte die Maschinenwache aus dem Inferno entkommen, aber ein

Stabsmaschinist erlag später seinen schweren Verbrennungen. Beim Verlassen des Maschinenraumes war es leider versäumt worden, ein Bilgepumpenventil zu schließen. Man hatte es durch die eilige Flucht aus dem mit Dampf überfüllten Kesselraum vergessen. Durch das offene Ventil drang Wasser ein und der verlassene Raum begann allmählich vollzulaufen.

Zudem war die gesamte Befehlsübermittlung zusammengebrochen, und die übrigen Kessel verloren langsam an Druck. Gegen 22.00 Uhr war die Lage der »Max Schultz« mehr als kritisch. Der Zerstörer torkelte und rollte ohne Antrieb in der stürmischen See. Die Besatzung konnte sich kaum auf den Beinen halten, während sie versuchte, die Schäden zu beheben.

Nachdem Abschleppversuche durch die Zerstörer »Friedrich Ihn« und »Erich Steinbrinck« scheiterten, gelang auch das Ankern nicht. Die »Max Schultz« war jetzt völlig hilflos. Glücklicherweise herrschte stockfinstere Nacht. Die an der Unglücksstelle verbliebenen Zerstörer sicherten zwar die »Max Schultz«, konnten ihr aber auch nicht helfen. Schließlich gelang es dem Maschinenpersonal im harten Einsatz kurz nach 23.00 Uhr, die Kessel in Raum 3 zu zünden. Langsam konnte der Druck wieder hochgefahren werden, so dass nach 40 Minuten genügend Dampf für eine Turbine vorhanden war, die es ermöglichte, den Zerstörer zeitweise wieder mit 17 Knoten zu fahren. Eskortiert von den Zerstörern »Friedrich Ihn« und »Erich Steinbrinck« gelang die glückliche Rückkehr nach Wilhelmshaven.

Am Mittag des 29. Oktober 1939 erfolgte der Verlegungsmarsch von Wilhelmshaven durch den Kaiser-Wilhelm-Kanal nach Swinemünde, wo der Zerstörer am 30. Oktober festmachte.

Bis zum 6. November 1939 blieb »Friedrich Ihn« in Swinemünde. Am Mittag verließ er zusammen mit »Friedrich Eckholdt« Swinemünde zur Verlegung durch den Kaiser-Wilhelm-Kanal. Am Mittag des 7. November ankerten die Zerstörer auf Schilling-Reede. Noch an diesem Tag bekamen

Teichert und Langfeld vom Kommandanten den Befehl, mit der Freiwache die taktische Nummer der »Ihn« zu überpinseln. Auch auf den anderen Zerstörern wurde das gemacht.

Am Mittag des 8. November 1939 ging es wieder in See. Unter der Führung des F. d. Z. Kapitän zur See Friedrich Bonte, der sich auf »Karl Galster« eingeschifft hatte, sollte eine offensive Minenoperation gegen die Themse- und Humbermündung durchgeführt werden. Außer »Karl Galster« und »Friedrich Ihn« waren noch »Friedrich Eckholdt«, »Hans Lüdemann«, »Paul Jacobi«, »Hermann Künne«, »Hermann Schoemann« und »Theodor Riedel« beteiligt. Aber wieder brach ein heftiger Sturm los, der zum Abbruch der Unternehmung führte.

Bereits am Abend lagen die Zerstörer wieder auf der Schilling-Reede vor Anker.

Am 10. November 1939 erfolgte der nächste Auslaufbefehl. Die abgebrochene Minenoperation gegen die britische Ostküste sollte erneut durchgeführt werden. Die »Wilhelm Heidkamp« war jetzt Führerboot des F. d. Z. Kapitän zur See Friedrich Bonte, zusammen mit »Friedrich Ihn«, »Erich Giese«, »Friedrich Eckholdt«, »Hans Lüdemann«, »Karl Galster« und »Hermann Künne«.

Aber am Nachmittag erfolgte erneut der Abbruch der Unternehmung. Bei »Hermann Künne« war das Treiböl durch Seewasser verunreinigt worden, was zum Ausfall des Zerstörers führte. Am Abend ankerte der Verband erneut auf der Schilling-Reede.

Am nächsten Tag konnte wegen Nebels keine Unternehmung stattfinden. Am nächsten Tag ankerte »Friedrich Ihn«, immer noch auf der Schilling-Reede, in Bereitschaft. Sie war dafür vorgesehen, das zurückkehrende Panzerschiff »Deutschland« in der Nordsee aufzunehmen.

Am 13. November 1939 erfolgte der Dienstantritt des neuen I. Offiziers (I. O.) Kapitänleutnant von Mutius. Natürlich stellte sich auch Teichert bei ihm vor, schließlich war von Mutius sein Vorgesetzter und nach dem Kommandanten der zweite Mann an Bord. Gegen 18.00 Uhr kam an Bord Hektik auf. In der Funkbude herrschte erhöhte Spannung und Aufmerksamkeit. Funker gaben die eingetroffenen Funksprüche an die Offiziere weiter. Diese erteilten die Befehle an die Läufer weiter, und auf der Brücke ertönte bereits der Auslaufbefehl. Teichert erfuhr jetzt, dass sich die »Deutschland« mit einem kodierten Funksignal gemeldet habe. Der Funkspruch beinhaltete den Durchbruch des Panzerschiffes durch die Enge zwischen den Shetlands und dem norwegischen Bergen.

»Also setzt die ›Deutschland‹ gerade zum Durchbruch an, Herr Kaleu?«, fragte Teichert leise den neben dem Kommandanten stehenden neuen I. O. von Mutius.

Dieser nickte nur und sagte kurz zu Teichert: »Hoffentlich klappt die Sache!«

Mittlerweile wurden die Anker gelichtet. Unter der Führung von Fregattenkapitän Bey auf »Bruno Heinemann« marschierten »Friedrich Eckholdt«, »Erich Steinbrinck« und die »Friedrich Ihn« nach Norden, um die »Deutschland« noch vor dem Skagerrak aufnehmen zu können.

Danach sollten sie das Panzerschiff nach Kiel geleiten.

Gegen Mittag des 14. November standen die Zerstörer auf der Höhe von Kristiansand an der norwegischen Küste, als man auf der »Friedrich Ihn« die »Deutschland« sichtete. Schnell nahmen die Zerstörer ihre Sicherungspositionen ein und geleiteten das Panzerschiff durch Skagerrak und Kattegat.

Als am 15. November die letzten Minensperren im Großen Belt passiert waren, drehte die »Deutschland« mit hoher Fahrt ab und marschierte nach Gotenhafen, während die Zerstörer Kiel anliefen. »Friedrich Ihn« wurde nach Swinemünde detachiert.

Erst am Abend des 21. November 1939 ging es wieder in See. Die »Friedrich Ihn« verlegte durch den Kaiser-Wilhelm-Kanal nach Wilhelmshaven.

Am 24. November 1939 lief der auf der Schilling-Reede vor Wilhelmshaven liegende deutsche Flottenverband, bestehend aus dem Panzerschiff »Lützow« (frühere Bezeichnung »Deutschland«), den Leichten Kreuzern »Köln« und »Leipzig«, den Zerstörern »Bruno Heinemann«, »Bernd von Arnim«, »Karl Galster«, »Friedrich Ihn« und der 6. Torpedobootflottille mit »Leopard«, »Wolf«, »Iltis« und »Seeadler«, aus. Eilig ging es in hoher Fahrt nach Norden.

Der Zweck dieses übereilten Auslaufens sollte darin bestehen, die im Nordatlantik operierenden deutschen Schlachtschiffe »Scharnhorst« und »Gneisenau« zu unterstützen. Die beiden Schlachtschiffe waren, nachdem sie den britischen Hilfskreuzers »Rawalpindi« versenkt hatten, weiter nach Norden ausgewichen. Zur Ablenkung der britischen Luftaufklärung sollte der deutsche Flottenverband den Durchbruchsversuch eines Panzerschiffes in den Nordatlantik vortäuschen. Am nächsten Tag steuerte der Verband mit wechselnden Kursen durch die Nordsee, allerdings ohne von der feindlichen Luftaufklärung erfasst zu werden.

Schließlich wurde am Nachmittag der Rückmarsch befohlen, und am Abend ankerten die Kriegsschiffe bereits wieder auf der Schilling-Reede. Einen Tag später lief der Zerstörer »Friedrich Ihn« in Wilhelmshaven ein und machte an der Gazellebrücke fest. Erst am 7. Dezember 1939 war der Zerstörer wieder bereit zum Auslaufen. Gegen Mittag ankerte »Friedrich Ihn« auf der Schilling-Reede, als sie beim Längsseitsgehen eines Minentransporters von diesem gerammt wurde. Dabei erlitt die »Friedrich Ihn« Schäden an der Bordwand und an einem Ölbunker. Dadurch konnte sie an der vorgesehenen Minenoperation gegen die britische Ostküste nicht teilnehmen.

Am Morgen des 9. Dezember lief die »Friedrich Ihn« wieder in Wilhelmshaven ein und ging in die Westwerft zur Reparatur der Schäden. Nach nur einem Tag meldete der Zerstörer wieder einsatzklar und verholte zur Schilling-Reede.

Am Morgen des 12. Dezember 1939 lief »Friedrich Ihn« zusammen mit »Richard Beitzen« aus. In der Deutschen Bucht vereinigten sie sich mit »Erich Steinbrinck«, »Bruno Heinemann« und dem Führerboot »Hermann Künne«. Mit Scheinkursen steuerten sie Richtung Norden. Auf der Höhe von Jütland ging es mit hoher Geschwindigkeit durch die Nordsee.

Gegen 03.00 Uhr des 13. Dezember legten die Zerstörer ohne Zwischenfall die Minensperren vor Newcastle-on-Tyne. Die Navigation im Küstengebiet des Tyne wurde den Zerstörern leicht gemacht, da noch alle Leuchtfeuer brannten, mit deren Hilfe sie ihre genauen Positionen bestimmen konnten. Auf dem Rückmarsch zeigte sich wieder einmal die Anfälligkeit der Maschinenanlagen. Bei dem Zerstörer »Bruno Heinemann« brach ein Brand im Turbinenraum 2 aus, zu dessen Bekämpfung das Schiff stoppen musste. Die »Erich Steinbrinck« blieb über eine Stunde in der Nähe und fuhr Sicherung für den Havaristen, bis es der Mannschaft der »Bruno Heinemann« gelang, den Brand unter Kontrolle zu bringen.

Mittlerweile standen in der Deutschen Bucht die Leichten Kreuzer »Nürnberg«, »Leipzig« und »Köln« bereit, die auf die Rückkehr der Zerstörer warteten. In der Nähe dieses Verbandes befand sich das britische U-Boot »Salmon«, das nur wenige Tage zuvor das deutsche U-Boot »U 36« vor Stavanger versenkt hatte. Am Vortag war es der »Salmon« nicht gelungen, auf den von Murmansk heimkehrenden Schnelldampfer »Bremen« zum Schuss zu kommen. Gerade als zwei Heinkel He-115-Schwimmerflugzeuge der Küstenfliegergruppe I./406 für die U-Boot-Abwehr beim Verband eintrafen, ließ der Kommandant der »Salmon«, Kapitänleutnant Bickford, sechs Torpedos auf die Leichten Kreuzer abschießen. Trotz der Warnung durch die Flugzeuge, die die Torpedobahnen im Wasser erkannten, wurde die »Leipzig« mittschiffs getroffen. Die Detonation zerstörte den vorderen Kesselraum. Ein weiterer Torpedo traf Sekunden später die »Nürnberg« und riss ihr den Bug ab. Die drei Kreuzer, zwei von ihnen schwer beschädigt, befanden sich in einer äußerst kritischen Lage. Ihr Glück war, dass die »Salmon« schnell wegtauchte, um den beiden deutschen Flugzeugen zu entkommen.

Inzwischen hatten sich die fünf Zerstörer wieder gesammelt, nachdem sie am Vormittag von eigenen Flugzeugen angegriffen worden waren. Anschließend erhielten sie Order, so schnell wie möglich zu den Kreuzern vorzustoßen. Der B. d. A., Admiral Lütjens, hatte befohlen, mit allen Zerstörern zu den havarierten Kreuzern zu laufen. Nur die »Friedrich Ihn« und »Erich Steinbrinck« wurden wegen Seewassers im Treiböl nach Wilhelmshaven geschickt. Auf der Brücke der »Friedrich Ihn« war man darüber nicht sehr erfreut. Korvettenkapitän Wachsmuth stand mit gespannter Miene auf der Brücke. Bevor er das Fernglas hob, streifte sein Blick kurz die beiden Wachoffiziere. Dann befahl er:

»Mutius und Teichert – verschärfter U-Boot-Ausguck, passen Sie auf Blasenbahnen von Torpedos auf – machen Sie das den Männern klar!«

Sofort nahm Teichert sein Glas an die Augen. Befehle ertönten und wurden schnell ausgeführt. Teichert starrte auf das Meer, seine Gedanken waren bei den Kameraden auf den Kreuzern. Was wird mit ihnen geschehen? Hoffentlich kann die »Friedrich Ihn« schnell wieder auslaufen. Er – nein, natürlich alle wollten den Kameraden auf den angeschossenen Kreuzern helfen.

Kurz nach Mitternacht erreichten die beiden Zerstörer die Schilling-Reede.

Sofort übernahm »Friedrich Ihn« Treiböl aus der »Samland«. Anschließend lief sie unverzüglich zusammen mit der »Hermann Schoemann« zur Unterstützung der havarierten Kreuzer aus. Als beide Zerstörer auf den langsam heimmarschierenden Verband trafen, wurden sie als U-Boot-Sicherung zur »Köln« beordert, die zur Sicherung bei der »Leipzig« geblieben war.

Mittlerweile waren noch zwei Geleitboote und vier Minensuchboote eingetroffen.

Das Geleit steuerte mit den beschädigten Kreuzern in Zickzackkursen die dänische Küste entlang nach Süden in Richtung Elbmündung.

Zur selben Zeit entdeckte das von der britischen Admiralität in Position gebrachte U-Boot »Ursula« den Verband. Es lag bereits in den flachen Gewässern vor der Elbmündung auf Lauer. Kapitänleutnant Philips befahl, unter den Zerstörern durchzutauchen. Danach ließ er sechs Torpedos aus geringer Entfernung abfeuern. Das Ziel waren die »Leipzig« und »Friedrich Ihn«, die zu diesem Zeitpunkt acht Seemeilen südlich von Helgoland in See standen.

Aber auf der »Friedrich Ihn« konnten sie rechtzeitig die Torpedolaufbahnen erkennen und reagieren. Auch Teichert stand mit klopfendem Herz auf der Brücke des Zerstörers und beobachtete mit seinem Glas die schnurgeraden Blasenbahnen der Torpedos, die langsam nach achtern auswanderten und hinter dem Heck der »Friedrich Ihn« vorbeiliefen. Zwei Torpedos des Fächers trafen jedoch das Geleitboot »F 9«, das nur drei Minuten nach den Treffern mit fast der gesamten Besatzung sank. Der ganz in der Nähe stehende Zerstörer »Richard Beitzen« bekam Order, Überlebende der »F 9« zu retten. Es gelang ihm, 15 Besatzungsangehörige des Geleitbootes aufzunehmen. Die Zerstörer »Friedrich Ihn« und »Hermann Schoemann« geleiteten die »Köln« bis Altenbruch-Reede und gingen dann selbst auf der Schilling-Reede vor Anker. Am Abend noch verlegte die »Friedrich Ihn« nach Wilhelmshaven und machte wieder einmal an der Gazelle-Brücke fest.

Am nächsten Tag erfolgte die Musterung der Besatzung durch den Flottenchef Admiral Marschall und den F. d. Z. Kapitän zur See Bonte. Vom Flottenchef persönlich wurde Max-Martin Teichert, ebenso wie vielen seiner Kameraden, das Eiserne Kreuz II. Klasse verliehen.

Am Nachmittag des 16. Dezember verlegte die »Friedrich Ihn« zusammen mit »Hermann Schoemann« und »Richard Beitzen« auf die Schilling-Reede. Auf der »Friedrich Ihn« erfolgte die sofortige Minenübernahme.

Am Morgen des darauffolgenden Tages liefen »Friedrich Ihn«, »Hermann Künne« und »Hermann Schoemann« zu einer Minenunternehmung vor Orfordness aus. Aber wegen eines Maschinenschadens des Zerstörers »Hermann Künne« musste die Operation abgebrochen werden.

Bereits am 18. Dezember 1939 vormittags verließ die 1. Zerstörer-Flottille mit »Friedrich Ihn«, »Hermann Schoemann« und »Friedrich Eckholdt« Wilhelmshaven mit dem Ziel Orfordness. Nach Einbruch der Dunkelheit marschierten die Zerstörer die deutsch-holländischen Küste entlang. Gegen Mitternacht des 19. Dezember erreichten sie ihr Zielgebiet. Aber mittlerweile hatten die Briten die Leuchtfeuer gelöscht. Wegen der unsicheren Navigation konnten die Zerstörer ihre Position nicht genau bestimmen. Die genaue Position aber war erforderlich, um den Minengürtel genau legen zu können. Deshalb brachen die Zerstörer die Operation ab und traten den Rückmarsch an. Am Nachmittag lief die »Friedrich Ihn« wieder in Wilhelmshaven ein. Unverzüglich wurden die Minen abgegeben.

Am Vormittag des 20. Dezember 1939 verlegte die »Friedrich Ihn« durch den Kaiser-Wilhelm-Kanal nach Swinemünde, wo sie am 21. Dezember festmachte. Der Zerstörer sollte für einige Tage in die Werft, um überholt zu werden. Deshalb bekam auch Max-Martin Teichert für einige Tage Urlaub und besuchte über die Weihnachtsfeiertage seine Eltern in Kiel. Am 2. Januar 1940 trafen die Urlauber wieder in Swinemünde ein. Auch Teichert meldete sich an diesem Tag an Bord zurück. Am 4. Januar 1940 war die »Friedrich Ihn« wieder einsatzbereit. Noch an diesem Tag verlegte sie durch den Kaiser-Wilhelm-Kanal nach Wilhelmshaven. Am Abend des 5. Januar ankerte sie auf der Schilling-Reede und übernahm sogleich Minen, die von den herbeibefohlenen Minentransportern »Rhein« und »Lauting« geliefert wurden.

Am Mittag des 6. Januar 1940 liefen die Zerstörer »Friedrich Ihn«, »Erich Steinbrinck« und »Friedrich Eckholdt« als Wurfgruppe von Wilhelmshaven aus, um sich mit ihrer Sicherungsgruppe, bestehend aus »Richard Beitzen«, »Hermann Schoemann« und »Karl Galster« mit dem F.d.Z. an Bord zu vereinigen. Die Zerstörer fuhren zuerst mit Scheinkursen, danach die holländische Küste entlang. Das Ziel der Schiffe war die Themsemündung. Etwa eineinhalb Stunden nach Mitternacht des 7. Januar passierten die drei Zerstörer der Wurfgruppe das Nordhinder-Feuerschiff. Zwei Stunden später hatten sie ihre Wurfposition in der Themsemündung eingenommen. Das Minenlegen verlief ohne Zwischenfälle, und es wurden 170 Magnetminen gelegt. Die drei Zerstörer blieben unentdeckt und traten unverzüglich den Rückmarsch an. Sie trafen gegen Mittag auf ihre Sicherungszerstörer und erreichten gemeinsam am Abend die Schilling-Reede, wo sie ankerten, während die »Friedrich Ihn« nach Wilhelmshaven einlief. Sie musste in die Westwerft verholen, um kleinere Reparaturen auszuführen.

Am 9. Januar 1940 mittags erfolgte die nächste Minenübernahme, diesmal beim Sperrzeugamt in Wilhelmshaven. Am Morgen des 10. Januar liefen die Zerstörer »Friedrich Ihn«, »Schmitt«, »Richard Beitzen« und »Karl Galster« als Wurfgruppe mit »Heidkamp« und »Friedrich Eckholdt« als Sicherungszerstörer aus. Sie sollten in der Nacht zum 11. Januar ihre Minen in die Zufahrtswege nach Newcastle werfen. Zur gleichen Zeit lief auch die 4. Zerstörer-Flottille, bestehend aus »Heinemann«, »Zenker« und »Koellner«, aus. Ihr Befehl lautete, das Fahrwasser vor Cromer zu verminen. Beide Operationen verliefen glatt, nur auf dem Rückmarsch traf es diesmal die »Friedrich Ihn« in der Deutschen Bucht. Der Zerstörer bekam Kesselrohrrisse. Der dadurch entstandene Kesselspeisewasserverlust führte zum Ausfall eines Kessels. Auch einige Pumpen arbeiteten nicht einwandfrei, was die Höchstgeschwindigkeit auf 27 Seemeilen herabsetzte. Die »Friedrich Ihn« wurde unter dem Geleit von »Richard Beitzen« auf dem kürzesten Weg nach Wilhelmshaven geschickt. Sofort nach dem Einlaufen ging der Zerstörer zur Reparatur in die Westwerft.

Nach der Feststellung der Kesselschäden stellte man den Zerstörer »Friedrich Ihn« dem Torpedo-Erprobungs-Kommando (T.E.K.) in Eckernförde zur Verfügung. An diesem Tag bekam Teichert die Medaille zur Erinnerung an den 1. Oktober 1938 (Sudetenmedaille) verliehen.

Am 16. Januar 1940 verlegte die »Friedrich Ihn« von Wilhelmshaven nach Eckernförde. Hier sollte der Zerstörer bei der Torpedo-Versuchsanstalt (T.V.A.) an der Untersuchung der Torpedokrise teilnehmen, die ganz in der Nähe der dänischen Grenze durchgeführt wurde. Doch die stark einsetzende Vereisung der Ostsee behinderte die notwendige Überprüfung. Das mag auch der Grund dafür gewesen sein, dass die Torpedokrise nicht ausreichend aufgeklärt wurde und deshalb die U-Boote im April 1940, während des Norwegenfeldzuges, kaum Erfolge erzielen konnten.

Am 20. Januar musste wegen der starken Treibeisfelder das Torpedoschießen zuerst eingestellt und später ganz abgebrochen werden. Anschließend verlegte die »Friedrich Ihn« nach Kiel und machte dort an der Blücherbrücke fest. Am 30. Januar 1940 ging es ins Kriegsmarine-Arsenal Kiel, zur Abgabe der Waffen und Ausrüstung. Danach verholte der Zerstörer zu den Deutschen Werken. Hier sollte die planmäßige Werftliegezeit durchgeführt werden. Neben der anfallenden Kesselreparatur war auch der Umbau der meisten Aufbauten vorgesehen, wobei man eine Werftliegezeit veranschlagte, die mindestens drei Monate dauern würde.

Gleichzeitig und auch noch in den kommenden Wochen wurde ein großer Teil der Besatzung abkommandiert, der dann später durch Neuzugänge ersetzt wurde.

Max-Martin Teichert selbst war vorerst noch einige Wochen mit der Abwicklung der Schäden und des in Verlust gegangenen Materials, mit dem Werftpersonal und den Marinebehörden vom Arsenal beschäftigt. Abends fuhr er zu seinen Eltern nach Hause, die ja in Kiel wohnten. Als er dann schließlich auch seinen verdienten Urlaub bekam, besuchte er täglich die Werft, um zu sehen, wie schnell die Arbeit am Zerstörer voranging.

Als im April 1940 das Unternehmen »Weserübung«, die Besetzung von Dänemark und Norwegen, anlief, an der die Kriegsmarine massiv beteiligt war, reifte in dem jungen Oberleutnant zur See ein Entschluss.

Teichert, der als Offizier allmählich befürchtete, dass der Krieg bald zu Ende sein würde, ohne dass er noch groß daran beteiligt wäre, beschloss nach langen Überlegungen, sich freiwillig zur U-Boot-Waffe zu melden. Auch er wollte ein Baustein dieser elitären Waffe sein, deren Ruhm durch die Waffentat Günther Priens bereits legendär war. Kapitänleutnant Prien war es als Kommandant von U 47 gelungen, in Scapa Flow, der stark bewachten Flottenbasis der Briten, einzudringen und das Schlachtschiff »Royal Oak« zu versenken. Was Prien dort gelang, war nicht nur eine große Waffentat, sondern auch eine navigatorische und seemännische Meisterleistung. Priens Name war in der gesamten Kriegsmarine, ja in aller Munde. Für seine Tat bekam er das Ritterkreuz des Eisernen Kreuzes verliehen. Wie viele andere, so dürstete auch Teichert nach großen Taten. Deshalb erfolgte auch seine freiwillige Meldung zur U-Boot-Waffe. Auf einem Zerstörer sah er seine Zukunft nicht mehr.

Und seine Meldung hatte Erfolg. Durch den nach Kriegsausbruch begonnenen beschleunigten U-Boot-Bau suchte die U-Boot-Waffe dringend Freiwillige, vor allem Offiziere. Als am 10. Mai 1940 die Werftliegezeit der »Friedrich Ihn« beendet war, musste sich Teichert beim Kommandanten melden. Korvettenkapitän Wachsmuth teilte ihm mit, dass er ab Juni

1940 dem Befehlshaber der Unterseeboote (B.d.U.) unterstellt sei. Vorher aber sollte er noch den neuen II. Wach- und Torpedooffizier, Leutnant zur See Peter Zschech, in seinen Dienst einführen. Teichert hatte sein Ziel erreicht.

Am nächsten Tag, dem 11. Mai 1940, lief der Zerstörer »Friedrich Ihn« zur Werfterprobungsfahrt in die Ostsee aus. Doch infolge von Materialfehlern fielen an diesem Tag drei Kessel wegen häufiger Rohrreißer aus. Nachdem es dem Maschinenpersonal nicht gelungen war, die Schäden zu beheben, lief der Zerstörer am Abend in Swinemünde ein. Da dem Werftpersonal trotz der Hinzuziehung eines Ingenieurs der Firma Askania aus Berlin leider auch keine vernünftige Reparatur gelang, musste die »Friedrich Ihn« für die nächsten Tage das Ausbildungsprogramm unterbrechen.

Am Morgen des 14. Mai lief sie, nachdem Stunden zuvor die Maschinen für eine geringere Fahrtstufe einsatzklar gemeldet worden waren, zu Schießübungen in die Pommersche Bucht aus. In der Nacht lagen sie dort vor Anker, um am folgenden Tag die Schießausbildung fortzusetzen.

Am 16. Mai 1940 führten sie zusammen mit der »Erich Steinbrinck« und »Karl Galster« Kaliberschießen auf das Zielschiff »Hessen« durch. Während der Nacht wurde vor Sassnitz geankert.

Am Morgen des folgenden Tages führte die »Friedrich Ihn« Messfahrten mit wechselnden Fahrtstufen bis zur Höchstfahrt durch. Am Abend lief der Zerstörer in Swinemünde ein.

In den ersten Morgenstunden des 20. Mai lief »Friedrich Ihn« wieder aus, musste aber wegen dichten Nebels vor Sassnitz ankern.

Am Vormittag des 21. Mai führte der Zerstörer Torpedoschießübungen mit der »Scharnhorst« durch. Außerdem diente sie als Zielschiff für das Schlachtschiff. Am Abend ankerte der Zerstörer wieder vor Sassnitz.

Am 22. Mai wurde tagsüber wegen Nebels geankert, in der

Nacht erfolgten Torpedoschießübungen. Am darauffolgenden Tag wurden Fahrten als Sicherheits- und Torpedofangboot für den Schweren Kreuzer »Admiral Hipper« und den Leichten Kreuzer »Nürnberg« durchgeführt.

Am 24. Mai waren wieder Torpedoschießübungen in der Pommerschen Bucht angesetzt, und einen Tag später erfolgte die Ausbildung der Besatzung während eines Gefechtes mit Trefferbildung. Am Abend ging es nach Swinemünde zurück.

An diesem Abend meldete Teichert dem Kommandanten der »Friedrich Ihn«, dass die Einführung seines Nachfolgers im Borddienst erfolgreich abgeschlossen sei. Schließlich hatte Teichert keine große Mühe mit Peter Zschech, da dieser bereits vorher auf dem Zerstörer »Hermann Schoemann« als III. Wachoffizier gefahren war. In den wenigen Wochen des Zusammenseins hatten die beiden Freundschaft geschlossen.

Das Leben von Peter Zschech endete 1943 auf tragische Weise. Auch er meldete sich freiwillig zur U-Bootwaffe, wurde I. Wachoffizier auf U 124 unter Eichenlaubträger Jochen Mohr, um schließlich im September 1942 Kommandant von U 505 zu werden. Während einer Feindfahrt beendete Peter Zschech am 24. Oktober 1943 sein Leben durch Freitod. Das Schicksal wollte es, dass beide – Peter Zschech und Max-Martin Teichert – als U-Boot-Kommandanten auf Booten fuhren (U 456 und U 505), die mit Schliersee dieselbe Patenstadt hatten. Am 26. Mai 1940 lief der Zerstörer »Friedrich Ihn« nach Kiel, um dort am Abend bei den Deutschen Werken festzumachen. In der Werft sollte nochmals die Maschinenanlage überholt und restliche Instandsetzungsarbeiten ausgeführt werden. Hier verließ Max-Martin Teichert die »Friedrich Ihn«. Von seinen alten Bordgefährten wurde er mit einem Bordfest gebührend verabschiedet.

Nach seiner Abmusterung meldete er sich vorübergehend bei der Marinestation Ostsee und wurde dem Führer der Torpedoboote F. d. T. zur Verfügung gestellt.

Endlich, am 3. Juni 1940, wurde er dem B. d. U. unterstellt –

etwas enttäuscht war er aber, als er erfuhr, dass sein erster U.W.O.-Lehrgang erst am 1. Juli 1940 beginnen sollte. Somit hatte er noch einen Monat Zeit, sich den Unterseebooten zu widmen. Teichert war über die bevorstehende Wartezeit nicht erfreut, jedoch hatte er wegen der aufreibenden letzten Wochen nichts gegen einige Tage des Müßigganges einzuwenden. Schließlich war er in Kiel und konnte jeden Tag seine Eltern besuchen.

Am 1. Juli 1940 begann in Kiel-Wik, mit dem Artillerielehrgang auf der Schiffsartillerieschule (S.A.S.), der erste Teil des U.W.O.-Lehrgangs. Einige Scheingefechte auf See brachten die gewünschte Abwechslung in den sonst allzu trockenen Lehrgangsstoff.

Mit einer gewaltigen Abschiedsfeier aller Lehrgangsteilnehmer wurde der Ausbildungsabschnitt beendet.

Danach wurde Teichert zur 1. U.L.D. nach Pillau kommandiert. Hier begann am 29. Juli 1940 der praktische Teil des U.W.O.-Lehrgangs. Fast jeden Tag und jede Nacht fuhren die Schüler zur See, wobei sie abwechselnd die Aufgaben des Kommandanten oder Leitenden Ingenieurs übernahmen. Die erfahrenen Ausbilder zeigten den Lehrgangsteilnehmern alle Tricks des nächtlichen Überwasserangriffs und des Unterwasserangriffs bei Tag.

Tauchmanöver wurden vorsätzlich gestört, und die Lehrgangsteilnehmer hatten alle Hände voll zu tun, ihre Boote vor dem Absaufen zu bewahren. Bald waren sie in der Lage, Routine- und Notmaßnahmen im Schlaf zu beherrschen. Sie bekamen nie genügend Ruhe, um sich von den rauen Übungen zu erholen. Nur wenige stillere Tage brachten ein klein wenig Erholung von der knallharten Ausbildung. Der Chef der I. Abteilung, Korvettenkapitän Paul Büchel, war ein hervorragender Lehrer. Zu Beginn des Krieges war er als Kommandant auf U 32 gefahren und hatte in den ersten Monaten zwei Minenunternehmungen, eine im Bristol-Kanal und eine vor Ailsa-Craig, durchgeführt.

Die U-Schüler, unter ihnen auch Teichert, hörten seinen Erfahrungsberichten mit besonderem Interesse zu.

Währenddessen gingen die Einsätze im Atlantik weiter. Die Radiosender ließen fast täglich die Fanfaren ertönen und unterrichteten die Bevölkerung von den Erfolgen der deutschen U-Boot-Waffe. Auf Tafeln wurden die Schiffe mit ihren Tonnagen registriert, die von den Torpedos der deutschen U-Boote auf den Meeresgrund geschickt worden waren.

Die Ausbildung in Pillau setzte sich bis Ende September 1940 fort. Anschließend wurde Teichert mit seinen Lehrgangskameraden wieder zur Marineschule in Flensburg-Mürwik kommandiert. Hier begann für sie am 1. Oktober 1940 der U.T.O.-Lehrgang. Die Teilnehmer sollten mit der Torpedowaffe auf U-Booten näher vertraut gemacht werden. Fünf Wochen theoretischer Unterricht verbunden mit praktischem Übungsschießen dienten dazu, die Lehrgangsteilnehmer im Umgang mit dieser Waffe gründlich zu schulen. Zu seiner großen Überraschung wurde Teichert während dieses Lehrgangs am 19. Oktober das Zerstörerkriegsabzeichen verliehen.

Für den am 3. November 1940 nachfolgenden U-Sperrlehrgang wurde Teichert zur Sperrschule nach Kiel-Wik versetzt. Der dreiwöchige Lehrgang verging schnell. Er freute sich, wieder in seiner Geburtsstadt zu sein, und konnte täglich nach Dienstschluss seine Eltern und Freunde besuchen.

Am 24. November 1940 ging es wieder zurück an die Marineschule in Flensburg-Mürwik. Der nun bevorstehende U-Nachrichtenlehrgang sollte der Abschluss der Unterseeboots-Ausbildung sein. Während dieses Lehrgangs wurde auch Seekriegstaktik gelehrt. Zudem führten die Ausbilder ihre Schüler in die neueste Nachrichten- und Funkmitteltechnik ein.

Am 21. Dezember 1940 war dieser letzte U-Lehrgang beendet. Teichert freute sich, nun endlich ein Kommando auf einem U-Boot zu bekommen. Aber ihm wurde mitgeteilt, dass er sich nach dem Weihnachtsurlaub bei der U. A. A. in Plön zu melden habe.

Etwas missmutig und schlecht gelaunt fuhr Teichert nach Kiel zu seinen Eltern. Als er vor dem Elternhaus stand, hatte seine Mutter ihn schon durch das Küchenfenster erspäht, denn sie erwartete ihren Sohn bereits vor der Haustür. Innerhalb weniger Minuten versuchte die Mutter alle Neuigkeiten zu erzählen, natürlich war sie voller Freude, dass Max-Martin über Weihnachten zu Hause sein konnte. Sie fragte nicht nach dem Krieg. Ihr Interesse galt hauptsächlich dem Gesundheitszustand und dem Appetit ihres Sohnes.

»Du hättest anrufen oder ein Telegramm schicken können, dann hätte ich dir einen Kuchen gebacken«, sagte Frau Teichert ihrem Sohn mit vorwurfsvollem Blick.

Der Kuchen wurde trotzdem gebacken. Als der Vater am Nachmittag nach Hause kam, grinste er Max-Martin freudig an. »Hallo, alter Krieger, wie lange haben sie dir diesmal Urlaub gegeben?«, fragte er.

»Nur einige Tage bis nach Weihnachten, Vater. Eigentlich bin ich nur auf der Durchreise nach Plön, von einem Kommando zum anderen.«

Nach dem Abendessen stellte der Vater ihm viele Fragen. Er wollte wissen, wie Max-Martin seine Auszeichnungen erworben habe, was er während der U-Boot-Ausbildung gelernt habe, ob eine Geleitzugschlacht exerziert worden war, wie sich die Schreckwasserbomben auf die Besatzung auswirken und vieles mehr. Ihm war auch daran gelegen, die Meinung seines Sohnes über die Aussichten im Kampf gegen England zu erfahren, und wollte möglichst in allen Einzelheiten wissen, was Max-Martin auf seinen Zerstörerfahrten erlebt hatte. Max-Martin beunruhigten die Fragen ein wenig, und so steuerte er das Gespräch auf für ihn erfreulichere Themen zurück.

Jener erste Abend zu Hause und der nächste – der Weihnachtsabend – waren besonders angenehm. Das Elternhaus bedeutete Sicherheit und Geborgenheit, es war eine Insel der Ruhe im Chaos dieses Krieges. Trotz all der Fragen seines Vaters berichtete Max-Martin wenig über seine Einsatzfahrten mit der »Friedrich Ihn« oder von den Gefühlen, die ihn während dieser Zeit bewegten. Er wollte seine Eltern mit der Gewissheit verlassen, dass er immer wieder zurückkehren würde.

Als sein Zug Ende des Jahres 1940 im Bahnhof von Plön eintraf, war es eisig kalt geworden. Steif gefroren kam er in der Kaserne an und meldete sich sogleich beim Kommandeur, Fregattenkapitän Albrecht Schmidt. Danach wurde ihm ein Zimmer zugewiesen, er packte seine Kleidungsstücke und Uniformen aus, legte sich in sein Bett und schlief erschöpft ein.

Am nächsten Morgen gab es beim Frühstück ein großes Wiedersehen. Teichert freute sich, viele der Kameraden aus den vorangegangenen U-Boot-Lehrgängen und auch einige Mitglieder seiner Crew 34 begrüßen zu können. Viele waren, aus ganz Europa kommend, hier wieder zusammengetroffen. In Plön, bei der Unterseeboots-Ausbildungsabteilung (U. A. A.), sollten sie ihren letzten Schliff erhalten, bevor sie endgültig auf die U-Boot-Frontflottillen aufgeteilt wurden. Gemeinsam feierten sie das Silvesterfest und den bitterkalten Neujahrstag 1941.

Trotz eintöniger Ausbildung vergingen die nächsten Wochen wie im Flug. Zumeist hatten sie theoretischen Unterricht, bei dem der Schwerpunkt der Ausbildung bei den physikalischen Eigenschaften eines U-Bootes lag. An den Wochenenden fuhr Teichert oft nach Kiel, um seine Eltern zu besuchen. Schließlich war auch dieser nun wirklich allerletzte U-Lehrgang und damit die Ausbildung zum U-Boot-Wachoffizier beendet. Alle warteten auf ihre Kommandierungen – auch Teichert, der sich nichts mehr wünschte, als nun endlich ein Kommando auf einem Front-U-Boot zu bekommen.

Beim Morgenappell am 24. Februar 1941 erfuhren die

Lehrgangsteilnehmer vom Kommandeur der U. A. A., dass sie alle zu Frontverbänden abkommandiert würden. Kurz nach dem Appell übergab ein Adjutant Teichert den Marschbefehl. Er sollte sich unverzüglich bei der 7. U-Flottille in St. Nazaire melden. Nur zu gern nahm er den Befehl entgegen. Admiral Dönitz machte Oberleutnant zur See Max-Martin Teichert zum I. Wachoffizier auf U 94. Er las das Fernschreiben zweimal durch, bevor er den Inhalt begriff. Hier stand es schwarz auf weiß, dass er auf einem bewährten U-Boot zum ersten Mann nach dem Kommandanten ernannt worden war. Die Aussicht, bald selbst U-Boot-Kommandant zu werden, rückte plötzlich in die Reichweite des Möglichen.

Als 1. Wachoffizier auf U 94 unter Kapitänleutnant Herbert Kuppisch

Als sich Teichert Ende Februar 1941 bei der 7. U-Flottille in St. Nazaire meldete, erlebte er eine Überraschung. Ihm wurde mitgeteilt, dass sich sein Boot U 94 in Lorient befand. Also reiste Teichert mit dem Bus weiter nach Lorient, wo er am 3. März 1941 ankam. Er fand U 94 in der Bunkerwerft. Das Boot, von Wetter und See stark mitgenommen, lag still längsseits einer neuen Betonpier. Ein Posten bestätigte Teichert, dass der Kommandant an Bord sei. Er stieg durch das vordere Luk in den Bugraum der Stahlröhre, fand den Kommandanten in seiner kleinen Nische, baute sich vor ihm auf und sagte:

»Melde mich gehorsamst an Bord, Herr Kapitänleutnant.«

Kapitänleutnant Kuppisch hob den Kopf, musterte Teichert mit scharfem Blick.

»Herzlich willkommen! Ich bin Kapitänleutnant Kuppisch, Herbert Kuppisch. Ich habe Sie schon vor zwei Tagen erwartet. Wir sind erst vor eineinhalb Wochen von Feindfahrt zurückgekehrt. Das Boot ist gerade ausgeräumt worden und kommt jetzt in die Werft. Ich möchte, dass Sie den Leitenden Ingenieur des Bootes kennenlernen. Er fährt nämlich nächste Woche in Urlaub.«

Der Kommandant, ein großer, kräftiger Offizier mit dunkelblonden Haaren, hatte das Aussehen eines alten Seefahrers. Teichert folgte ihm in die kleine Offiziersmesse. Hier wurde ihm der Leitende Ingenieur vorgestellt. Sie wechselten einige Freundlichkeiten, schließlich erzählte der Kommandant ihm die bisher kurze Geschichte von U 94.

Teicherts Vorgänger als I. Wachoffizier war Oberleutnant zur See Hans Ey gewesen. Er war bereits nach Deutschland abgereist. Nach einem Kommandantenlehrgang sollte er Kommandant eines neuen U-Bootes (U 433) werden. U 94 selbst hatte schon zwei Feindfahrten hinter sich gebracht. Dabei wurden sechs Schiffe mit 30706 BRT versenkt, ein weiterer Dampfer konnte torpediert werden.

Vom Leitenden Ingenieur, Leutnant (Ing.) Walter Heller, erfuhr Teichert, dass dieser verheiratet und Reserveoffizier war. Weiter wurde ihm berichtet, dass sich der II. Wachoffizier, Oberleutnant zur See Hermann Eckhardt, im Urlaub befand. Der II. WO und die halbe Mannschaft sollten in einer Woche nach Lorient zurückkehren, dann würden Kommandant und Leitender Ingenieur im zweiten Törn in Urlaub gehen. Teichert musste dann das Boot während der Werftliegezeit übernehmen und als Kommandant in Vertretung führen. Nach einer Woche, Kommandant und Leitender Ingenieur waren bereits abgereist, kam der II. Wachoffizier vom Urlaub zurück. Hermann Eckhardt gehörte der Crew 36 an. Mit ihm verstand sich Teichert auf Anhieb. Gleich am ersten Abend führten Hermann Eckhardt und er in der winzigen Messe des U-Bootes ein klärendes Gespräch. Beide verständigeten sich darauf, die Stellung des jeweils anderen vorbehaltlos zu akzeptieren und sich nicht gegenseitig zu befehden. Durch die kurze Plauderei entdeckten sie eine gewisse Sympathie füreinander, die sich durch längeres Zusammensein zu einer Freundschaft entwickelte. Nach Dienstschluss zogen beide durch die Bistros und Bars in Lorient.

Als nach zwei Wochen Kommandant und Leitender Ingenieur vom Urlaub zurückkamen, ging auch die Werftliegezeit von U 94 zu Ende, zumal inzwischen auch die gesamte Besatzung des Bootes eingetroffen war. Als man Kuppisch am 24. März 1941 U 94 wieder einsatzklar meldete, zog er sich mit Teichert in seine enge Nische zurück, wo er ihm kurz und bündig mitteilte, was er von seinem I. Wachoffizier erwartete.

Als I. WO von U 94 war er Torpedo- und Artillerieoffizier. Es war seine Aufgabe, bei nächtlichen Unterwasserangriffen die Feuerleitung zu überwachen. Als Stellvertreter des Kommandanten hatte er sich um das Wohl der Männer zu kümmern. Dienstpläne musste er erstellen, ihre Durchführung überwachen und die Ausbildung der neu an Bord gekommenen Männer beaufsichtigen.

Am 25. März 1941 wurde mit der Proviant- und Torpedoübernahme begonnen. Einen Tag später erfolgte der erste Trimmversuch des Bootes. Am 28. März meldete sich Kapitänleutnant Gerhard Feiler als Kommandantenschüler auf das Boot, der später Kommandant von U 653 werden sollte. Noch am selben Tag wurde die Schlusstrimmung durchgeführt, danach die letzten wichtigen Gegenstände von der Besatzung eingeräumt. Dann meldete Teichert dem Kommandanten:

»Boot ist klar zum Auslaufen!«

Das Auslaufen von U 94 war für Sonnabend, den 29. März 1941 vorgesehen. Um 19.30 Uhr legte das Boot zu seiner 3. Unternehmung und Teicherts erster Fahrt mit U 94 ab. Gemeinsam mit U 107/Hessler liefen sie hinter einem Geleit von Lorient aus. Um 21.45 Uhr traten beide Boote, jetzt einzeln und ohne Geleit, den Marsch ins Operationsgebiet an. U 94 war für eine U-Boot-Aufstellung westlich des Nordkanals vorgesehen. Ein eingehender Funkspruch vom B.d.U. befahl

U 94, das Planquadrat AK 02 anzusteuern. In der Nacht zum 1. April, U 94 hatte gerade die Biscaya durchquert, kam schlechtes Wetter auf. Gegen Morgen brach dann ein richtiger Sturm los, weswegen Kuppisch Tauchbefehl gab. Bei diesem Wetter war kein Waffeneinsatz möglich.

Am 2. April 1941 meldete U 74 einen Geleitzug im Quadrat AK 3585. Das Boot war auf den einlaufenden Konvoi SC 26 gestoßen. Die 22 Schiffe des Konvois wurden nur von dem 11 402-Tonnen-Hilfskreuzer »Worcestershire« begleitet. Der B. d. U. gab U 74 sofort die Weisung, Fühlung zu halten, Peilzeichen zu senden und nicht anzugreifen, bis andere Boote herangeführt seien. Kapitänleutnant Kentrat, dem Kommandanten von U 74, gelang es in der Nacht zum 3. April, U 46/Endrass, U 73/Rosenbaum und U 69/Metzler heranzuführen, die bis zum Morgen sechs Schiffe mit 33 615 BRT versenkten. U 74 gelang es dabei noch, die »Worcestershire« zu torpedieren und schwer zu beschädigen. Trotzdem schaffte es der Hilfskreuzer, im Geleit des Zerstörers »Hurricane« nach Liverpool zurückzulaufen.

Mittlerweile hatten sich auf Befehl des Escort Commanders die restlichen 16 Schiffe des Konvois zerstreut. Am Vormittag traf U 76/v. Hippel auf eines der versprengten Schiffe und versenkte es. Doch sieben herbeigerufenen britischen Geleitschiffen gelang es, die verstreuten Handelsschiffe wieder zu sammeln und in eine Geleitformation zu bringen.

Am Abend gewann U 94 ebenfalls Fühlung an die Hauptgruppe des Konvois und führte durch Peilzeichen in der Nacht vom 3. auf 4. April U 98/Gysae heran.

Kurz nach Mitternacht des 4. April entdeckte ein Ausguck von Teicherts Wache erneut den Geleitzug. Teichert schwenkte sein Glas in die angegebene Richtung und beobachtete vier mittlere Dampfer und einen Zerstörer. Wahrscheinlich handelte es sich um einen versprengten Teil des Konvois.

Inzwischen war der Kommandant auf der Brücke erschienen.

»Vier Dampfer und ein Zerstörer – Generalkurs 110 Grad, steuert Zickzackkurse – Kiel- und Dwarslinie wechseln ab, Herr Kaleu!«, meldete Teichert ihm.

»Funkspruch an den B. d. U. absetzen und Peilzeichen senden!«, befahl der Kommandant.

Wegen der fast taghellen Nacht war vorerst kein Angriff möglich. Erst um 03.27 Uhr schob sich eine Wolkendecke vor den Mond.

»Sofort zum Angriff ansetzen. Teichert, wir werden die vorderen drei Dampfer angreifen – den letzten von etwa 7000 Tonnen mit einem Doppelschuss!«, befahl Kuppisch forsch.

Aber der Zerstörer drehte ganz langsam mit Lage Null auf U 94 zu. Deshalb beschloss der Kommandant, die Torpedos auf eine Entfernung von 2000 Meter zu schießen.

Um 03.41 Uhr fielen die ersten beiden Torpedoschüsse aus Rohr I und II, die durch falsches Legen des Abfeuerungshebels auf der Brücke gleichzeitig abgefeuert wurden.

03.43 Uhr: Doppelschuss aus Rohr III und IV, aber der zweite Torpedo fiel nicht.

Inzwischen trafen die beiden zuerst geschossenen Torpedos den vorderen Dampfer. Zwei dumpfe Detonationen folgten, über dem Schiff breiteten sich hohe, schwarze Rauchwolken aus. Vom Dampfer war daraufhin nichts mehr zu sehen. Der Zerstörer schoss jetzt wie wild Leuchtgranaten und morste.

»Wir werden uns etwas absetzen und zwei Torpedos nachladen!«, befahl Kuppisch. Mit zusammengekniffenen Augen beobachtete er dabei den Zerstörer, bis dieser außer Sicht war. Nach einer halben Stunde wurde mit Höchstfahrt die Verfolgung des Konvois aufgenommen. Noch einmal wurde die Schussstelle passiert. Der getroffene Dampfer war in der Mitte durchgebrochen. Der Bug und das Heck ragten etwa fünf Meter aus dem Wasser. Beide Schiffsteile schienen noch auf einer Luftblase zu schwimmen. Nur drei Minuten nach den erfolgten Treffern war auf der 600-Meter-Welle ein Notruf des Dampfers aufgefangen worden. Dabei handelte es sich um den britischen Dampfer »Wellcombe« mit 5122 BRT. Dessen Standort aber lag 60 Seemeilen nach Norden versetzt. Nach dem Krieg stellte sich heraus, dass U 98 die »Wellcombe« und U 94 die »Harbledown« mit 5414 BRT versenkt hatte. Der Frachter war mit Weizen beladen, und sein Bestimmungsort war London.

An der Untergangsstelle, die er laufend umkreiste, nahm der Zerstörer noch Überlebende auf. Wie sich ebenfalls später herausstellte, konnten von den 39 Mann der Besatzung 23 gerettet werden.

Gegen 07.00 Uhr kam der Geleitzug wieder in Sicht. Aber durch die einsetzende Dämmerung wurde von einem Überwasserangriff abgesehen und vorgesetzt zum Tagesangriff unter Wasser.

Um 09.55 Uhr stand U 94 genau vor dem Geleitzug. Durch das Sehrohr beobachtete Kuppisch die Schiffe, er zählte jetzt neun Dampfer und zwei Zerstörer. Der Konvoi fuhr in zwei Kiellinien. Die beiden Zerstörer blieben zeitweise hinter dem Konvoi und kehrten dann wieder an beide Seiten des Geleitzuges zurück. Kuppisch ließ das Boot durch die Sicherung zwischen beide Kolonnen hineinsacken, um mit dem Bug- und Heckrohr schießen zu können. Vorne fuhren zwei Dampfer mit 3000 bis 4000 BRT, die übrigen waren kleinere Küstendampfer mit etwa 1000 bis 2000 BRT.

»Die beiden vorderen beabsichtige ich anzugreifen, Teichert!«, sagte Kuppisch zu seinem I. WO. Seine Augen hatte er fest ans Okular des Sehrohrs gepresst.

Schnell wurden die Gegnerwerte durchgegeben und eingestellt. Um 11.13 Uhr und 11.14 Uhr wurde je ein Torpedo geschossen, während der Heckschuss wegen Unterschneidens des Sehrohrs ausfiel. Nach 34 Sekunden Laufzeit konnte der Horchposten deutlich das bekannte erste Knacken der Torpedopistole beim Aufschlag erfassen, es erfolgte jedoch keine Zündung.

»Pi-Versager!« Verärgert schlug Kuppisch mit der Hand auf seinen Oberschenkel.

»Die Laufzeit von 34 Sekunden entspricht genau der geschätzten Entfernung!«, erklärte der Kommandant, sich zu Teichert wendend. Aber auch der zweite Torpedo wurde zum ungeklärten Fehlschuss. Bei den guten Schussunterlagen und einer Entfernung von 300 Metern hätte ein Treffer erzielt werden müssen. Es bestand aber auch die Möglichkeit, dass der Torpedo bei dem hohen Seegang sein Ziel untersteuert hatte.

Ärgerlich ließ Kuppisch dass Boot aus dem Konvoi heraussacken, um die Torpedorohre nachladen zu können. Danach setzte er erneut an der Grenze der Sichtweite zum Angriff vor.

Um 19.15 Uhr stand U 94 wieder genau vor dem Geleitzug. Der Kommandant beobachtete durch das Sehrohr den Konvoi, zu dem wahrscheinlich noch einmal Restteile gestoßen waren. Kuppisch erkannte jetzt 14 Dampfer und vier Zerstörer, wobei zwei Zerstörer vorn als »Feger« und je einer an der Seite fuhren. Von den Seitenzerstörern ließ sich immer einer zeitweise nach achtern zurückfallen.

Kuppisch beabsichtigte, von vorn zwischen die drei Kiellinien des Konvois zu kommen, obwohl die Zerstörer zwischendurch Wasserbomben, vermutlich Schreckbomben, warfen.

Die beiden vorderen »Feger« machten viel Ärger, sie passierten U 94 mehrmals in nur 50 bis 200 Meter Entfernung. Trotzdem gelang es Kuppisch durchzubrechen, und wenig später stand das Boot zwischen den Kiellinien der Frachter. Plötzlich zackte der Geleitzug auf U 94 zu. Dabei wurde das Boot beinahe von einem auf das U-Boot zudrehenden kleinen Dampfer gerammt. Die dabei ausgeführten Ausweichmanöver vereitelten den beabsichtigten Angriff auf die beiden größten Dampfer. Die nachfolgenden Ziele waren alle höchstens nur 1000-Tonnen-Frachter, die bei der vorhandenen starken See zu geringen Tiefgang hatten. Deshalb entschloss sich

Kuppisch zu einem Angriff mit dem Hecktorpedo auf einen 2500-Tonnen-Dampfer.

Um 20.38 Uhr fiel der Torpedo, der aber zu einem ungeklärten Fehlschuss wurde. Und das trotz sehr guter Schussunterlagen. Kuppisch schüttelte verzweifelt den Kopf. Da sich keine weitere Angriffsgelegenheit bot, ließ er das Boot langsam aus dem Geleitzug ausscheren.

Hinter den Konvoi wurde U 94 mehrmals von einem Zerstörer in Lage Null angelaufen. Kuppisch blieb aber auf Sehrohrtiefe, denn der Bewacher drehte jedes Mal bei 1500 Meter wieder ab. Hin und wieder warf er eine Schreckwasserbombe, trotzdem hielt er sich sehr lange in der Nähe des Bootes auf. Inzwischen wurde dem Kommandanten gemeldet, dass das Heckrohr nachgeladen worden sei.

Um 22.45 Uhr befahl Kuppisch aufzutauchen. Die See war rau, bei mittlerer Dünung.

Wegen der vorherrschenden Wetterlage versprach ein weiterer Angriff auf die kleinen Ziele des Konvois keinen Erfolg. Deshalb entschloss sich der Kommandant, die Verfolgung des Geleitzuges abzubrechen und ein neues Operationsgebiet anzusteuern. Mittlerweile war der 5. April 1941 angebrochen. U 94 befand sich auf Marschfahrt ins Quadrat AD 52. Während des ganzen Tages wurde kein Schiff entdeckt. Am 6. April 1941 sichtete die Brückenwache einen Dampfer, auf den Kuppisch sofort zuhalten ließ. Der Gegner zackte wenig. Als U 94 genau vor ihm stand, befahl der Kommandant zu tauchen. Jetzt wurde das Schiff als Motortanker mit etwa 6000 BRT identifiziert. Die Mündungsklappen der Torpedorohre I und II waren bereits geöffnet, die Rohre bewässert, und Kuppisch hatte noch kurz Zeit, alle in den Torpedorechner eingegebenen Werte zu überprüfen und zu korrigieren. Teichert als I. WO stand ihm dabei zur Seite.

Um 15.32 Uhr fiel der Einzelschuss aus Rohr I auf diesen Tanker, während die Distanz zum Gegner etwa 1000 Meter betrug. Nach einer Laufzeit von 64 Sekunden erhielt der

Tanker mittschiffs einen Treffer. Eine hohe Wassersäule stieg empor, schon krängte das Schiff nach Backbord. Durch das Sehrohr beobachtete Kuppisch, wie die Besatzung in die Rettungsboote ging. Am Bug war jetzt der Name des Tankers auszumachen: »Lincoln Ellsworth« – Heimathafen Oslo-Norwegen, 5580 BRT. Er fuhr in Ballast, mit Bestimmungshafen Trinidad.

Als er nach einer halben Stunde immer noch nicht gesunken war, entschied sich der Kommandant für einen Torpedofangschuss aus dem Heckrohr.

Um 16.01 Uhr wurde der Torpedo aus einer Entfernung von geschätzten 1200 Meter geschossen. Nach 90 Sekunden Laufzeit traf er die »Lincoln Ellsworth« achtern. Der Tanker krängte weiter nach Backbord, hatte aber noch eineinhalb Meter Freibord.

Um 16.04 Uhr entschloss sich Kuppisch zum Auftauchen. Da sie auf U 94 seit der Ausbildung kein Artillerieschießen mehr durchgeführt hatten, war dafür jetzt eine gute Gelegenheit.

Schließlich erfolgte ein knapper Befehl an seinen I. Wachoffizier:

»I. WO – wir werden ihn mit der Artillerie versenken!«

Teichert war wie elektrisiert, dieser Befehl galt ihm, er war der Artillerieoffizier. Eilig hasteten er und seine Männer den Turm hinauf und sprangen blitzschnell zu ihrem Geschütz. Nach wenigen Sekunden war die 8,8-cm-Kanone auf den Tanker gerichtet, und die erste Granate lag im Rohr.

»Feuer frei!«, befahl Kuppisch, der bereits auf dem Turm stand und sein Glas an die Augen drückte. Schon orgelte der erste Schuss zum Schiff hinüber und traf in die Aufbauten.

Bei einer abnehmenden Entfernung von 1500 auf 150 Meter wurden 121 Schuss, durchsetzt mit Brandmunition, abgefeuert. Davon waren 100 Treffer. Die Brückenaufbauten und das Achterschiff brannten lichterloh. Um 17.05 Uhr krängte der Motortanker weiter nach Backbord und sank über den Achtersteven.

»Ein zäher Bursche!«, meinte Kuppisch, an seinen I. WO gewandt.

»Jawohl, Herr Kaleu – aber glücklicherweise haben wir es geschafft!«, antwortete dieser. Danach wurde der Marsch fortgesetzt. Die Rettungsboote hatten inzwischen Segel gesetzt und nahmen Kurs auf Island. Alle 20 Besatzungsmitglieder konnten gerettet werden.

Um die Mittagszeit des 7. April kamen die ersten starken Eisfelder in Sicht. Als schließlich die Eisgrenze am Horizont auftauchte, änderte Kuppisch den Kurs auf 135 Grad. Gegen Abend nahmen Wind und Seegang wieder zu.

Am 8. April um 02.45 Uhr sichtete ein Mann der Brückenwache an Steuerbord achtern einen großen Schatten, der schnell als Passagierdampfer vom Typ »Cameronia«, mit zirka 15 000 BRT ausgemacht wurde. Das Schiff wich schnell nach Nordwesten aus und zackte nach jeder Seite um den Generalkurs 140 Grad. Die geschätzte Geschwindigkeit des Gegners betrug 15 bis 16 Seemeilen. Sofort ließ Kuppisch U 94 mit Höchstfahrt anlaufen. Aber wegen der rauen See und hohen Dünung lief das Boot nur 15 Seemeilen, so dass Kuppisch die Zacks des Schiffes ausnutzte, um in Schussposition zu kommen. Aber das Wetter war denkbar ungünstig für einen Nachtangriff. Es herrschte helle Mondnacht, wobei durch die hohe Geschwindigkeit ständig weiße Gischtwolken über das Vorschiff und den Turm spritzten. Doch allmählich gelang es Kuppisch, in Schussposition zu kommen. Er beabsichtigte, einen Torpedo-Zweierfächer zu schießen.

Um 04.02 Uhr fiel der Doppelschuss auf eine Entfernung von 2000 Meter. Nach zwei Minuten 30 Sekunden wurde auf U 94 ein Treffer beobachtet. Gleich danach gab es eine starke Detonation. Der Dampfer stoppte und zeigte mehrere Lichter an Deck. Nach eineinhalb Minuten folgte eine weitere, schwächere Detonation. Inzwischen ließ Kuppisch drehen, um erneut eine günstige Schussposition zu erreichen. Aber auch der Dampfer nahm wieder Fahrt auf und zeigte sein Heck. Deutlich konnte man sehen, dass es sich um ein Kühlschiff handelte. Der Torpedotreffer schien wenig Wirkungen zu zeigen, vermutlich lag es an der Raumaufteilung eines solchen Schiffes. Die Geschwindigkeit des Gegners wurde auf 11 Seemeilen geschätzt, was dafür sprach, dass der Dampfer doch etwas abbekommen hatte, da er nicht mehr so schnell lief wie zuvor. Aber der Dampfer zeigte dem U-Boot laufend sein Heck, so dass U 94 ständig hinter ihm blieb. Als er plötzlich seine Maschinen kurz stoppte, lief U 94 rasch zum Angriff heran. Als U 94 bis auf 4000 Meter Entfernung herangekommen war, fuhr er wieder an und zeigte dem U-Boot erneut das Heck. Er schien auf weitere Angriffe gefasst zu sein, wahrscheinlich konnte er bei dem ausgezeichneten Licht sogar U 94 sehen. Nach zwei Stunden Verfolgung bemerkte Teichert, dass der Dampfer die Fahrt auf 10 Seemeilen verringert hatte. Er meldete dies unverzüglich dem Kommandanten, dem es durch rasches Manövrieren gelang, erneut in Schussposition zu gelangen.

Um 06.35 Uhr fiel der nächste Torpedo, der zum Fehlschuss wurde. Der Dampfer stoppte sofort. Vorher war deutlich zu erkennen, wie die Bugwelle langsam weniger wurde, bis sie dann ganz verschwunden war. Kuppisch nahm an, dass das Schiff seine Abwehrmanöver erst nach dem Abschuss des Torpedos eingeleitet hatte. Es bestand die Möglichkeit, dass dieses wertvolle Schiff mit modernen Horchgeräten ausgerüstet war. Zur Benutzung dieses Gerätes musste es deshalb zeitweise stoppen.

Der Dampfer lief inzwischen wieder an und zeigte dem U-Boot wieder sein Heck. Durch die Kursberechnung erkannte Kuppisch, dass er die nächste Landzunge von Island, bei Kap Öndverdarness, ansteuerte. Um zu einem Tagesangriff vorzusetzen, reichte aber die Zeit nicht mehr, denn um den

Dampfer anzugreifen, musste U 94 erst einmal ablaufen, um dann von der Sichtgrenze wieder an ihn heranzukommen. Sehr nachteilig wirkte sich in dieser Nacht der helle Mond und die damit fehlende Dunkelheit aus.

Deshalb ließ Kuppisch abdrehen und nach Südwesten ablaufen. Schließlich musste man in diesem Seegebiet immer mit feindlichen Flugzeugen rechnen, da die Anwesenheit des Bootes bestimmt von den Briten bemerkt worden war.

Um die Mittagszeit, es wurde gerade wieder Nordkurs gefahren, traf folgender Funkspruch vom B. d. U. ein:

»U 94 – hinhaltenden Rückmarsch antreten, B. d. U.«

Sofort befahl Kuppisch, wieder auf Südkurs einzudrehen und mit fünf Seemeilen Marschgeschwindigkeit abzulaufen. Danach ordnete er um 19.15 Uhr noch ein Prüfungstauchen an.

Der 9. April begann ohne besondere Vorkommnisse. Gegen Mittag ließ Kuppisch wegen der schlechten Sicht zum Rundhorchen tauchen. Als bis 16.00 Uhr nichts gehört wurde, befahl der Kommandant wieder aufzutauchen.

Um 22.13 Uhr sichtete die Brückenwache eine Rauchfahne, die schnell als Dampfer ausgemacht wurde. Sofort leitete Kuppisch das Vorsetzmanöver ein. Der Dampfer fuhr sehr starke Zickzackkurse bei einem Generalkurs von 330 Grad. Seine Größe wurde auf etwa 8000 BRT geschätzt. Seine erkoppelte Gegnerfahrt betrug 15 bis 16 Seemeilen.

Nach drei Stunden Verfolgung war es nicht gelungen, Raum auf den Dampfer zu gewinnen. Auch der erwartete günstige Zack blieb aus. Mittlerweile war der 10. April angebrochen, als ein weiterer Dampfer auf Gegenkurs gesichtet wurde. Da das Erreichen einer Schussposition bei dem zuerst gesichteten Dampfer nicht wahrscheinlich war, wurde ein Zielwechsel vorgenommen. Der zweite Dampfer fuhr etwa neun Seemeilen, die geschätzte Größe betrug 2000 bis 3000 BRT.

Während des Vorsetzens kam noch ein dritter Dampfer mit derselben Größe und gleichem Kurs in Sicht. Leider hatte man auf U 94 nur noch einen Torpedo.

Es war 04.00 Uhr morgens und wegen der Helligkeit kein Überwasserangriff möglich. Kuppisch beabsichtigte, mit seinem letzten Torpedo einen sicheren Treffer zu erzielen. Er versuchte, das Boot bis zum Hellwerden weiter vorzusetzen, um bei Tage unter Wasser anzugreifen. Wegen aufkommenden schlechten Wetters musste die Gegnerfahrt noch einmal neu ermittelt werden, diesmal betrug sie fünf Seemeilen. Da es allmählich hell genug zum Angriff war, erfolgte der Befehl zum Tauchen.

Um 09.08 Uhr war der als Küstendampfer mit 1500 BRT ausgemachte Frachter auf eine Schussentfernung von 500 Metern herangekommen. Wegen des geringen Tiefgangs des Handelsschiffes und des zu hohen Seegangs wurde nicht geschossen, da die Gefahr des Untersteuerns bestand.

Kapitänleutnant Kuppisch äußerte gegenüber seinen Offizieren die Überzeugung, dass sie sich auf einem Dampferweg befanden. Besonders der in der Nacht beobachtete Nord-Süd-Verkehr war sehr auffällig.

Kurz nach dem Auftauchen um 10.50 Uhr wurde schon der nächste Dampfer gesichtet. Er hatte etwa 6000 BRT, zackte nach jeder Seite um den Generalkurs 230 Grad. Erneut begann das Vorsetzmanöver. Aber das Boot kam nicht richtig vorwärts, schon bei langsamer Fahrt stand der Turm vollends unter Wasser. U 94 machte kaum Fahrt, so dass der Dampfer nach 45 Minuten außer Sicht kam. Kuppisch war nun endgültig verärgert, er fluchte einige Minuten lang und meinte dann, an seinen I. WO Teichert gewandt:

»Es ist auf dieser Unternehmung wie verhext, viele gute Schussgelegenheiten werden durch höhere Gewalt vereitelt!«

»Vielleicht läuft uns noch einer vor die Rohre, Herr Kaleu!«, gab Teichert ruhig zurück.

Um dem B.d.U. mitzuteilen, dass hier auf 32 Grad eine

Dampferroute entdeckt worden war und starker Schiffsverkehr herrschte, wurde ein Kurzsignal abgegeben.

Um 18.45 Uhr kam wirklich der nächste Dampfer in Sicht. Er zackte sehr stark, kam aber schnell auf. Durch Zuzacken stand U 94 wenig später vor dem Dampfer.

»Zum Angriff tauchen!«, befahl Kuppisch, jetzt schon wieder mit zuversichtlicher Stimme.

Da der Angriff quer zur See erfolgte, war Tiefensteuerung möglich. Den Dampfer machten sie als Motorschiff mit etwa 4500 BRT aus, der aber weiterhin sehr stark zackte. Trotzdem kam U 94 bei einer Entfernung von 1200 Meter zum Schuss.

Um 19.27 Uhr fiel der Torpedo, doch schon nach wenigen Sekunden war klar, dass es ein Fehlschuss würde. Vermutlich hatte der Kommandant die Gegnerfahrt falsch eingeschätzt. Zudem gab es durch die vorherrschende Wetterlage auch sehr ungünstige Verhältnisse für die Tiefensteuerung der Torpedos.

Nun hatte Kuppisch endgültig die Nase voll. Er befahl, den Rückmarsch anzutreten, und setzte noch einmal einen Funkspruch an den B. d. U. ab, um ihn erneut auf den starken Schiffsverkehr in diesem Planquadrat in nordsüdlicher Richtung aufmerksam zu machen.

Am 11. April gab U 94 dreimal Kurzwetterberichte durch, ansonsten wurde während des ganzen Tages nichts gesichtet. Als sich am Tag darauf die Wetterlage besserte, gelang es dem Torpedopersonal, den vorderen, im Oberdeck gelagerten Torpedo ins Boot zu bringen. Da gleichzeitig die Tauchbunker umgestellt und zum Durchspülen mehrmals getaucht werden musste, war das Umladen achtern nicht möglich. Um die Mittagszeit, kurz nach dem Auftauchen, waren achteraus in nur 300 Meter Entfernung die Umrisse eines größeren Fischdampfers oder Küstenfrachters mit zirka 1000 BRT zu erkennen. Aber das Wetter ließ einen Waffeneinsatz auf diesen Dampfer nicht zu.

Nach dem Auftauchen um 17.20 Uhr betrug die Sicht 4000

bis 5000 Meter. Der Marsch wurde jetzt über Wasser fortgesetzt. Nach einer Stunde Fahrt kam voraus ein U-Boot in Sicht, das man schnell als eigenes erkannte. Durch Morse- und Blinkspruchaustausch stellte sich heraus, dass es sich um U 52 handelte. Das Kameradenboot wurde von Kapitänleutnant Salman geführt. Nach einer Stunde Erfahrungsaustausch zwischen beiden Kommandanten trennten sich die Boote wieder.

Zwischen dem 12. und 16. April verlief der Rückmarsch ohne besondere Vorkommnisse. Das Boot stand mittlerweile 36 Stunden vor dem Einlaufhafen Lorient.

Am Morgen des 17. April, kurz nach dem Frühstück, meldete die Brückenwache erneut ein deutsches U-Boot. Es war U 110 unter dem Kommando des Ritterkreuzträgers Fritz-Julius Lemp, das gleich darauf wieder außer Sicht kam. Um die Mittagszeit ging folgender Funkspruch des B. d. U. ein:

»Geleit für U 94 steht 18.04. / 08.30 Uhr Punkt L 2«

Am nächsten Tag um die vorgesehene Zeit traf das Boot auf das Geleit, hinter dem es nach Lorient einlief. Um 10.30 Uhr machte das Boot längsseits der »Ysère« fest.

An der Pier stand der B. d. U. Admiral Karl Dönitz mit seinem Stab. Sie waren vom nahen Stabsquartier in Kernével gekommen. Als das Fallreep gefallen war, kam Dönitz an Bord, und nach der Musterung sprach er den Männern Lob und Anerkennung aus.

Als die Besatzung nach der Begrüßung von Bord gegangen und in die Quartiere weggetreten war, blieb Teichert noch einige Zeit mit dem Kommandanten alleine an Bord. Er war stolz, als I. Wachoffizier auf U 94 zu sein. Schließlich hatte sich die Besatzung ihm gegenüber tadellos verhalten. Alle Befehle, die er gab oder von ihm weitergeleitet wurden, führten die Männer ohne Murren aus. Während der Feindfahrt verhielten sie sich diszipliniert und ordentlich und waren stets voll einsatzbereit. Personelles Versagen gab es nicht. Schlimm für Teichert aber war die Ablösung des II. Wachoffiziers, Hermann Eckhardt, mit dem er sich in den letzten Wochen angefreundet hatte. Eckhardt wurde in Deutschland zuerst Kommandant des Schulbootes U 28 und später dann Kommandant von U 432. Auf diesem Boot fand er am 11. März 1943 den Tod. Merkwürdigerweise verloren mit Albert Langfeld, als Kommandant von U 444, und Hermann Eckhardt, als Kommandant von U 432, am 11. März 1943 am Konvoi HX.228 zwei gute Freunde von Max-Martin Teichert am gleichen Tag ihr Leben. Dabei wurden beide U-Boote, im Abstand von nur einer Stunde, von demselben Kriegsschiff, der freifranzösischen Korvette »Aconit«, versenkt. Beide Boote liegen nur wenige Seemeilen entfernt auf dem Meeresgrund.

Neuer II. Wachoffizier auf U 94 wurde Leutnant zur See Walter Schmidt, ein Reserveoffizier und erfahrener Seemann. Auch mit ihm verstand sich Teichert auf Anhieb gut. Auch der Kommandantenschüler Gerhard Feiler ging von Bord. Er war bereits als zukünftiger Kommandant für U 653 vorgesehen.

Da U 94 schnell wieder zur Feindfahrt auslaufen sollte, wurden nur 10 Tage Werftliegezeit angesetzt. Deshalb durfte auch keiner der Besatzung in Urlaub fahren. Nur der Kommandant war für einige Tage verschwunden, angeblich war er beim B. d. U., um dort über die Erfahrungen der letzten Unternehmung zu berichten. Die Besatzung selbst konnte sich in den sogenannten U-Boot-Weiden ausruhen und neue Kraft tanken.

Bereits am 25. April waren die Werftarbeiten beendet, und sogleich erfolgte die Übernahme von Torpedos. Für den nächsten Tag hatte sich der Stabschef der SA, Viktor Lutze, zu Besuch auf U 94 angemeldet. Gemeinsam mit Admiral Dönitz besichtigte er das Boot und ließ sich dabei viele technische Details erklären.

Am 27. und 28. April wurde Proviant übernommen und das Boot eingeräumt. Schließlich erfolgten die Funkbeschickung und die erforderliche Schlusstrimmung. Danach war U 94 einsatzbereit und klar zum Auslaufen. Nur wenige Stunden vor dem Auslaufen kam mit Korvettenkapitän Walter Kölle ein neuer Kommandantenschüler an Bord.

Am 29. April 1941 um 20.30 Uhr legte U 94 von der »Ysère« zur 4. Unternehmung, der zweiten von Max-Martin Teichert mit U 94, ab. Hinter dem Sperrgeleit liefen sie von Lorient aus.

21.54 Uhr: Nachdem das Geleit entlassen war, begann der Marsch ins Operationsgebiet. Am Morgen des folgenden Tages konnte ein anfliegendes Flugzeug rechtzeitig ausgemacht werden. Sofort leitete der Kommandant das Alarmtauchmanöver ein, obwohl vorher noch die Brückenwache bemerkte, dass es eine deutsche »Junkers Ju-52« Maschine war. Kurz vor Mitternacht ließ Kuppisch noch eine Passiermeldung abgeben. Die nächsten beiden Tage verliefen dann ohne besondere Vorkommnisse.

Am Abend des 3. Mai sichtete die Brückenwache einen U-Bootturm, der sofort als nichtdeutscher Typ erkannt wurde. Wenig später stellte sich heraus, dass es sich um ein italienisches U-Boot handelte. Plötzlich kam achteraus vom italienischen U-Boot ein Dampfer in Sicht. Der Italiener tauchte, da er günstiger zum Angriff stand. Auch U 94 lief zum Angriff an, als es schlagartig aufklarte und das Boot tauchen musste. Trotz Höchstfahrt gelang es nicht, an den Dampfer heranzukommen. Nach dem erneuten Auftauchen um 23.35 Uhr beobachteten sie, wie der Dampfer in einer Nebelwand verschwand. Überraschend blitzte Artillerie-Mündungsfeuer an Steuerbord auf.

»Der Italiener greift an, Herr Kaleu!«, rief Teichert erregt.

Der neben ihm stehende Kommandant nickte nur, ohne dabei sein Fernglas abzusetzen. Aber es fielen nur zwei Schüsse, dann war es wieder ruhig. Wegen der immer schlechter werdenden Sicht befahl Kuppisch, zum Rundhorchen unter Wasser zu gehen.

»Horchpeilung 90 Grad!«, meldete sogleich der Funkmaat.

Rasch wurde wieder aufgetaucht und in 90 Grad Richtung gesucht. Mittlerweile war der 4. Mai angebrochen, als unerwartet an Backbord erneut ein Schuss fiel. Plötzlich kam auch der Dampfer in den Nebelschwaden wieder in Sicht. Er begann wild zu zacken, und nach wenigen Sekunden war er abermals verschwunden. Da die miserable Sicht wenig Erfolg versprach, befahl Kuppisch, noch einmal zum Rundhorchen zu tauchen. Diesmal gab es keine Horchpeilung, deshalb ließ er wieder auftauchen. Kaum an der Wasseroberfläche, blitzte erneut Mündungsfeuer auf, aber nur ein Schuss. U 94 hielt mit Höchstfahrt darauf zu, konnte aber nichts erkennen. Als nach einer Stunde von dem Dampfer nichts mehr zu sehen und zu hören war, brach Kuppisch die Verfolgung ab und ließ das befohlene Operationsgebiet ansteuern.

Am Nachmittag meldete einer der Ausgucks aufgeregt: »U-Boot-Turm in Sicht!«

Alle Gläser flogen in die angegebene Richtung.

»Italienischer Typ, Herr Kaleu!«, stellte Teichert fest.

Wenig später wussten sie, das es das italienische U-Boot »Bianchi« war, auf das sie hier mitten im Atlantik getroffen waren. Nach einem kurzen Erfahrungsaustausch trennten sich die beiden Boote wieder und setzten alleine ihren Marsch fort.

Am 7. Mai 1941 stand das Boot südlich von Island, als um 16.05 Uhr die Brückenwache Mastspitzen an Steuerbord beobachtete und sofort meldete. Umgehend operierte U 94 auf das erkannte Schiff, und nur eine halbe Stunde später kam ein großer Frachtdampfer in Sicht.

Unverzüglich befahl Kuppisch, mit Höchstfahrt das Vorsetzmanöver an der Sichtgrenze des Dampfers einzuleiten. Bis 18.20 Uhr kam das Boot langsam auf. Der Dampfer wurde immer größer, plötzlich aber drehte er hart nach Backbord ab, und nur kurze Zeit später war er außer Sicht.

Sofort ließ Kuppisch nachstoßen, und um 19.30 Uhr kam er wieder in Sicht. Doch als sich U 94 wieder näherte, drehte er erneut nach Süden ab.

»Viele Rauchwolken in 140 Grad!«, meldete ein Ausguck aufgeregt.

»Das ist ein Geleitzug, Herr Kaleu!«, hörte man jetzt Teicherts Stimme.

U 94 sichtete den auslaufenden Konvoi OB.318, der von der 7. Escort Group unter Commander Bockett-Pugh mit den Zerstörern »Campbeltown«, »Westcott« und »Newmarket«, den Korvetten »Nasturtium«, »Marigold«, »Primerose«, »Auricula«, »Dianthus« und der Sloop »Rochester« gesichert wurde. Zudem fuhr der Hilfskreuzer »Ranpura« den äußeren Geleitschutz.

Als Kuppisch und Teichert den Konvoi ausmachten, gab es beim Geleitschutz des OB.318 gerade eine Umstellung. Die 3. Escort Group unter Commander Baker-Cresswell traf mit den Zerstörern »Bulldog«, »Amazon« und »Broadway« ein, um die 7. Escort Group abzulösen. Einen Tag später stießen noch die Korvetten »Aubrietia«, »Hollyhock«, »Nigella« und die Trawler »St. Apollo«, »Angle« und »Daneman« dazu. Hastig, aber klar erfolgten die Befehle des Kommandanten. Der Dampfer hatte sie zu einem Geleitzug geführt. Beim Vorsetzen am Konvoi ermittelte man den Generalkurs mit 345 Grad und eine Geschwindigkeit von neun Seemeilen. Kuppisch beabsichtigte, noch am Tage unter Wasser anzugreifen. Zudem setzte Kuppisch folgenden Funkspruch an den B. d. U. ab:

»Feindlicher Geleitzug in Sicht. Quadrat 7772, steuert nordwestlichen Kurs, läuft geringe Fahrt. – U 94«

Als voraus ein Zerstörer sehr schnell aufkam, befahl der Kommandant zu tauchen, um nicht gesehen zu werden, denn U 94 stand bereits günstig und setzte zum Angriff an. Nur wenige

Minuten später fing man einen Funkspruch vom B. d. U. mit folgendem Inhalt auf. Das entschlüsselte Funksignal lautete:

»U 94 angreifen, daneben Fühlungshaltermeldungen abgeben«

Der Geleitzug OB.318 bestand aus 36 Dampfern, doch die Formation der Schiffe war ein ziemlich loser Haufen. Kuppisch hatte die Absicht, direkt in den Geleitzug hineinzustoßen, um nach allen Seiten und mit allen Rohren schießen zu können. Abgesehen von einem kurzen Schnelltauchen auf 16 Meter vor einem anlaufenden Zerstörer, kam das Boot auch gut in den Geleitzug hinein. Bei der aalglatten See musste Kuppisch sehr vorsichtig mit dem Gebrauch des Sehrohrs sein, denn die Gefahr war groß, dass das Seerohr und damit ihre Position entdeckt werden könnte. Durch einen Zack rückte das Boot zwischen zwei Passagierdampfer von je 10 000 Tonnen ein, die im Querabstand von ungefähr 300 Meter fuhren. Jetzt war die Schussposition günstig. Für die Bugrohre und auch für das Heckrohr lagen gute Schussbedingungen vor.

Um 23.09 Uhr und 50 Sekunden fiel der erste Torpedo auf einen Dampfer mit zirka 5000 bis 6000 BRT. Der zweite Schuss wurde um 23.10 Uhr und 12 Sekunden losgemacht, auf einen Dampfer mit etwa 5000 BRT. Der dritte Schuss, ebenfalls von 23.10 Uhr, war ein Rohrläufer. Aber durch sofortiges Nachfüllen der Patrone und nochmaliges Ausstoßen fiel er nur mit geringer Verspätung. Mit dem vierten Torpedo, um 23.11 Uhr und 50 Sekunden abgefeuert, visierte man einen Tanker mit ungefähr 6000 BRT an. Nur wenige Sekunden nach dem letzten Torpedoschuss traf der zuerst geschossene Aal einen Dampfer mittschiffs. Der sehr starken Detonation folgte eine hohe Sprengsäule. Kurz darauf war eine zweite hohe, weiße Sprengwolke zu sehen, vermutlich eine Kesselexplosion. Der Dampfer bekam gleich sehr starke Schlagseite nach Steuerbord und blieb liegen. Wegen der einsetzenden Abwehr konnte nicht weiter beobachtet werden.

Der zweite Torpedo traf kurz darauf einen Dampfer genau in der Mitte. Die Trefferwirkung war wie beim ersten, auch er schien, schwer getroffen, zu sinken.

Der dritte Torpedo traf das anvisierte Schiff infolge des Rohrläufers ziemlich weit achteraus.

Eine sehr schwere und laute Detonation hallte über das Wasser. Am Heck des Dampfers stieg eine schwarze Sprengsäule empor. Der Frachter sank achtern gleich weg und bekam Steuerbord-Schlagseite. Auch er blieb liegen und war dem Untergang nahe. Der vierte Torpedo traf nicht das beabsichtigte Ziel, sondern detonierte tiefer im Konvoi an einem unbekannten Dampfer. Auch hier war eine sehr starke Torpedodetonation zu hören. Weitere Beobachtungen konnten nicht gemacht werden, denn von vorn und der Seite rauschten die Zerstörer mit hoher Fahrt heran. Da U 94 inzwischen durch den ganzen Geleitzug gezackt war, befahl Kuppisch, schnell auf Tiefe zu gehen.

Doch was war inzwischen über Wasser passiert? Aus dem von U 94 angegriffenen Konvoi OB.318 sanken der britische Dampfer »Ixion« mit 10263 BRT und der norwegische Dampfer »Eastern Star« mit 5658 BRT.

Die 105 Mann starke Besatzung der »Ixion« konnte gerettet werden. Ihre Ladung bestand aus Stückgut für New York, während die Ladung der »Eastern Star« ebenfalls aus Stückgut sowie 16 Flugzeugen für Halifax in Kanada bestand.

Der britische Geleitzerstörer »Bulldog« und die Sloop »Rochester« sowie die Korvette »Amazon« nahmen den Kampf mit U 94 auf. Sie warfen insgesamt 67 Wasserbomben in 13 Anläufen auf das getauchte Boot, das dadurch leicht beschädigt wurde. Die Ortungsbedingungen für die Angreifer waren vorzüglich. Beim zweiten Anlauf lagen die Wabos genau über dem Boot und verursachten den Ausfall sämtlicher Kreiseltöchter, des Magnetkompasses und des Maschinentelegraphen auf U 94. Auch das hintere Tiefenruder fiel vorübergehend aus, etliche Manometer ebenfalls. Glühbirnen zerplatzten und die üblichen Glasschäden traten ein. Trotz aller Versuche zu entkommen blieben die Zerstörer immer in unmittelbarer Nähe des Bootes.

Kuppisch nahm an, dass U 94 an der Oberfläche eine Spur hinterließ. Es stellte sich auch alsbald heraus, dass die Pressluftflaschengruppe II laufend an Druck verlor und wohl leckgeschlagen war. Zudem vermutete der Kommandant wegen eines eigenartigen Gurgelns an der Bordwand eine Beschädigung der Außenbunker und eine dadurch austretende Ölspur. In Hinblick auf diese angenommene Ölspur ließ Kuppisch auf Gegenkurs steuern, was auch tatsächlich gelang, denn die Wasserbombenabwürfe wurden immer weniger und hörten nach einiger Zeit ganz auf. Am 8. Mai um 03.10 Uhr befahl Kuppisch, vorsichtig auf Sehrohrtiefe zu gehen. Plötzlich wurden Schraubengeräusche und sehr laute Asdic-Impulse wahrgenommen. Im Sehrohr war nichts zu erkennen, glücklicherweise blieb der Mond meist bedeckt. Eine halbe Stunde später befahl Kuppisch aufzutauchen. An der Wasseroberfläche war nichts zu sehen. Um leise von dem Ort des Geschehens abzulaufen, wurde erst einmal nur mit E-Maschinen gefahren. Jetzt konnten sie sehen, wie die Pressluftflaschengruppe II sprudelte wie eine geschüttelte Seltersflasche. Gott sei Dank waren die Tauchbunker nicht beschädigt.

Gegen 04.00 Uhr schaltete man die Diesel an und lief mit Höchstfahrt davon. Von einem Nachstoßen sah der Kommandant ab, da erst das Boot untersucht und mehrere Reparaturen ausgeführt werden mussten. Wegen des Ausfalls der Kreiseltöchter und des Kompasses steuerten sie vorerst nach den Sternen. Eine Stunde später war das Boot endgültig frei, es stand südlich von Island, als Kuppisch folgenden Funkspruch an den B. d. U. absetzen ließ:

»Beim Angriff 4 Dampfer mit etwa 20000 BRT. Viele Wabos, wegen zerschlagener Flaschengruppe Fühlung verloren. Stehe AD 8966. U 94«

Schon am Nachmittag ging ein Funkspruch vom B.d.U. ein, der besagte, U 94 solle das Planquadrat AK 1715 ansteuern und dabei absolute Funkstille halten. Das Boot werde zusammen mit U 93, U 556 und U 98 einer U-Boot-Gruppe zugeführt, die die Bezeichnung »Westgruppe« führte.

Kuppisch ordnete am Abend noch ein Prüfungstauchen und das Nachladen der Torpedorohre an.

Kurz vor Anbruch der Dunkelheit kam ein U-Boot in Sicht, das schnell als ein italienisches erkannt wurde. Nur Minuten später erfolgte ein E.S.- und Erfahrungsaustausch mit dem italienischen Kommandanten der »Cappelini«.

Am Morgen des 9. Mai sichtete die Brückenwache mehrere Rauchfahnen in 340 Grad. Beim Herankommen machte man einen Geleitzug aus, der nordöstlichen Kurs steuerte. Schon näherte sich ein Zerstörer am Horizont und zeigte laufend eine spitze Lage. U 94 drehte ab und versuchte sich vorzusetzen. Aber jeder Versuch, näher heranzukommen, wurde von dem Zerstörer vereitelt. Er drängte das Boot immer wieder ab. Kuppisch konnte sich nicht vorstellen, dass er U 94 gesehen habe. Vermutlich hatte er ein neuartiges Ortungsgerät an Bord. Daraufhin befahl Kuppisch, dass sie sich etwas vom Konvoi absetzten, zumal er einen Funkspruch an den B.d.U. abgeben wollte. Nur zwei Stunden später traf die Antwort von Dönitz ein:

»U 94, weiter Fühlung halten, bei Nacht angreifen. B.d.U.«

U 94 antwortete kurz darauf:

»Feind steht im Quadrat AL 1282, steuert etwa 60 Grad, werde z. Zt. abgedrängt. U 94«

Am späten Nachmittag kam der Geleitzug außer Sicht. Zeitweise war noch eine schwache Rauchfahne auszumachen. Aber trotz aller Versuche ließ der Zerstörer das Boot einfach nicht heran. Plötzlich tauchten neben dem Zerstörer zwei weitere Masten auf. Diese blieben jedoch alleine, es schien sich um einen begleitenden Hilfskreuzer zu handeln. Wenig später aber waren der Zerstörer und die beiden Masten kaum mehr zusehen. Mit Höchstfahrt setzte U 94 zur Verfolgung an, doch die beiden Kriegsschiffe kamen schnell außer Sicht.

Schließlich blieb auch die Suche nach dem Geleitzug erfolglos. Auf U 94 schüttelte man den Kopf. Wo war der Konvoi geblieben? Er musste einen enormen Haken geschlagen haben, um zu entkommen. Gegen Mitternacht brachen sie die Suche ab und traten den Marsch Richtung Westen in das eigentliche Operationsgebiet an.

Am Nachmittag des 11. Mai meldete U 201/Schnee, dass es den Geleitzug wiedergefunden habe. Sofort befahl Dönitz dem Boot, als Fühlungshalter zu fungieren.

Kuppisch steuerte unverzüglich den von U 201 genannten Standort an. Am Abend stand U 94 auf dem angegebenen Kollisionspunkt und erwartete den Konvoi. Aber es war nichts zu sehen, nichts als Nebel. Die Sichtweite betrug wechselnd zwischen 100 und 400 Meter.

»Tauchen zum Rundhorchen!«, befahl der Kommandant mürrisch.

Als auch unter Wasser nichts zu hören war, wurde wieder aufgetaucht und der Marsch nach Westen fortgesetzt.

Am Morgen des 12. Mai war das Operationsgebiet, südwestlich von Island, erreicht. Wegen Nebels tauchten sie, um zu horchen. Wieder wurde nichts gehört und daraufhin aufgetaucht. Plötzlich stürmte ein Zerstörer aus einer Nebelwand heran. Mit Alarmtauchen ging es unter Wasser. Gott sei Dank hatte er das Boot nicht gesehen. Durch das Sehrohr beobachtete Kuppisch das Kriegsschiff. Es war ein amerikanischer Typ mit vier Schornsteinen. Der Versuch, den Zerstörer anzugreifen, misslang, da es nicht möglich war, U 94 in eine Schussposition zu bringen. Der Zerstörer fuhr allein, machte noch einige Zacks und verschwand dann in einer weißen Nebelwand.

Am Abend des nächsten Tages sichtete man erneut einen Zerstörer. Rechtzeitig konnte das Boot wegtauchen und zum Angriff ansetzen. Diesmal handelte es sich um einen britischen Zerstörer der »Imogen«-Klasse. Doch auch dieser Zerstörer drehte in einer Entfernung von 3000 Meter ab und lief mit hoher Fahrt davon.

Am Vormittag des 17. Mai sichtete die Brückenwache bei unvermittelter Sichtbesserung einen Dampfer. U 94 stand jedoch zu nahe am Dampfer, und so musste das Boot sich etwas absetzen, um dann zum Angriff wieder ranzudrehen. Dabei wechselte die Sicht ständig zwischen 1000 und 3000 Meter. Mehrmals geriet der Dampfer außer Sicht. Plötzlich machte der Steuerbord-Ausguck die Umrisse eines großen Tankers aus. Sofort ließ Kuppisch auf ihn operieren, da der zuerst gesichtete Dampfer gerade im Nebel verschwunden war. Zehn Minuten später waren beide außer Sicht. Der Kommandant entschloss sich zum Tauchen, da er annahm, dass er unter Wasser besser horchen als über Wasser sehen konnte. Aber das Gruppenhorchgerät (G.H.G.) war seit der Wasserbombenverfolgung vom 7. Mai nicht mehr in Ordnung. Es war nichts zu hören.

»Auftauchen!«, befahl Kuppisch missmutig.

Kaum über Wasser, war auch der Dampfer wieder da. Doch nur Sekunden später löste er sich in den Nebelschwaden auf.

»Das ist ja wie verhext!«, polterte Kuppisch. Wütend schlug er mit der Hand auf die Brückenverkleidung. Teichert, der neben ihm stand, blieb ruhig und antwortete nur kurz:

»Das ist Pech, Herr Kaleu!«

Dichte Nebelschwaden hüllten nun auch U 94 ein, und die Sicht betrug keine 50 Meter mehr. Dem Kommandanten blieb nichts anderes übrig, als mit Höchstfahrt nach beiden Seiten Suchkurse zu steuern. Kurz nach Mitternacht des 18. Mai brach Kuppisch wegen der einbrechenden Dunkelheit und der schlechten Sicht die Suche ab. Zwei an sich gute Gelegenheiten zu nutzen war dem Boot durch den Nebel verwehrt geblieben. An Bord mussten sich alle zwingen, die gute Laune nicht zu verlieren. Ein mittlerweile eingegangener Funkspruch vom B. d. U. besagte, dass U 94 eine Position in einem neuen Vorpostenstreifen einnehmen sollte. Es steuerte daraufhin mit Marschfahrt das Quadrat AK 4441 an.

Am Morgen des 19. Mai war der befohlene Vorpostenstreifen südlich von Grönland erreicht. Bereits am Nachmittag kam der gemeldete Geleitzug in Sicht, der einen nördlichen Kurs steuerte und nur geringe Fahrt lief. Es handelte sich um den Konvoi HX.126. Voraus fuhr ein größerer Passagierdampfer, wahrscheinlich ein Hilfskreuzer. Rasch wurde das Vorsetzmanöver eingeleitet und ein Funkspruch mit der Meldung von dem Geleitzug an den B. d. U. abgegeben.

Auf die Antwort von Dönitz mussten sie nicht lange warten. Sein Funkspruch beorderte U 94, als Fühlungshalter am Konvoi dranzubleiben. Außerdem sollte es als Fühlungshalter erst selbst eingreifen, wenn andere Boote mit dem Angriff begannen.

Um 21.32 Uhr ging dann folgender Funkspruch vom Oberbefehlshaber (Ob. d. M.) ein:

> »U 94 und U 556: Der Führer hat den Kommandanten das Ritterkreuz des Eisernen Kreuzes verliehen. Ich übermittle für diese Anerkennung der Leistungen und Erfolge der Boote und ihrer Besatzungen meine herzlichen Glückwünsche.
> Oberbefehlshaber Raeder.
> Zusatz: Weiterhin Glück und Erfolg. B. d. U.«

Freude und Stolz herrschten im Boot, ihr Kommandant hatte das Ritterkreuz erhalten. Auch Teichert war stolz, Wachoffizier auf diesem Boot und unter solch einem Kommandanten zu sein. Aber zum Feiern war jetzt keine Zeit. Schließlich standen sie an einem Geleitzug, der wegen des miserablen Wetters mehrmals außer Sicht geriet. Inzwischen war der 20. Mai angebrochen. U 94 sendete laufend Peilzeichen für die Kameradenboote. Kuppisch hielt zur Spitzengruppe Fühlung. Diese bestand aus zwei Dampfern und zwei Tankern. Meistens war jedoch nur eines der Schiffe auszumachen, während U 94 im Abstand von nur 600 bis 800 Meter nebenher fuhr, da sonst die Fühlung ständig abriss.

Um 04.13 Uhr erhielt Kuppisch den längst erwarteten Befehl von Dönitz:

»U 94 Angriff frei!«

Auf U 94 war man erleichtert darüber, nun endlich aktiv werden zu können. Aber die Sicht war durch den einsetzenden Dauerregen noch schlechter geworden und die Dampfer waren nicht mehr zu sehen.

Aus einer Regenbö tauchten plötzlich die Umrisse eines Schiffes auf. Da die Gefahr des Fühlungsverlustes bestand, setzte Kuppisch den Angriff auf den in Sicht gekommenen Dampfer an. Um 04.53 Uhr erfolgte der Befehl des Kommandanten:

»Doppelschuss aus Rohr I und III auf Dampfer zirka 8000 BRT, Lage 90 Grad, Fahrt 9 Seemeilen, Entfernung 300 Meter.«

Der Anlauf verlief sehr unruhig. Da Teichert im UZO nichts erkennen konnte und es zum Schießen mit festem Schusswinkel zu spät war, befahl Kuppisch, die Torpedos über das Fernglas abzuschießen, da diese wegen der geringen Entfernung unbedingt fallen mussten. Nach dem Verlassen der Rohre lief ein Torpedo als Oberflächenläufer. An dem Torpedokurs erkannten Kuppisch und Teichert, dass er trotz der geringen Entfernung vor dem Bug des Schiffes vorbeilaufen würde. Auch der zweite Torpedo traf den Dampfer nicht.

Dafür knallte es 70 und 73 Sekunden nach dem Fallen der

Torpedos in der nächsten Geleitzugreihe, auf einen überlappend fahrenden Dampfer. Ein heller Feuerschein stand über dem Schiff. Die Entfernung der nächsten Schiffsreihe wurde von Teichert auf etwa 1200 Meter geschätzt. Deutlich war jetzt zu sehen, dass der getroffene Dampfer vier Masten besaß und etwa 6000 bis 7000 BRT groß war.

Sie hatten den britischen Dampfer »Norman Monarch« mit 4718 BRT torpediert, und dieser sank innerhalb kurzer Zeit. Der Dampfer transportierte 8300 Tonnen Weizen mit Ziel Barry Roads. Die 48 Seeleute der »Norman Monarch« wurden vom britischen Dampfer »Harpagus« aufgenommen. Dieser war am frühen Morgen hinter dem Konvoi zurückgeblieben, um die Überlebenden der »Norman Monarch« zu bergen. Beim Versuch, wieder Anschluss an den Konvoi HX.126 zu gewinnen, wurde die »Harpagus« um 21.20 Uhr von zwei Torpedos, die von U 109/Fischer abgefeuert wurden, an der Steuerbordseite getroffen und sank innerhalb von zwei Minuten. Dabei verloren 26 Mann der Besatzung der »Norman Monarch« ihr Leben. Von der »Harpagus«-Crew starben 24 Mann. Hinzu kamen noch vier Kanoniere und drei Passagiere. Nur 18 Mann der »Harpagus«-Besatzung konnten gerettet werden. Auch sie war mit einer Weizenladung nach Barry Roads unterwegs. Mittlerweile spritzte der Geleitzug auseinander, und an der Stelle des getroffenen Dampfers warf man eine Leuchtboje.

»Da kommt einer direkt auf uns zu, Herr Kaleu!«, rief Teichert ziemlich erregt.

Auch Kuppisch hatte den Dampfer erkannt. Mit »Äußerster Kraft« und einer Kursänderung nach Backbord gelang es dem Boot, aus der Rammposition des Frachters herauszukommen. Nun war aber die Fühlung an den Geleitzug verloren gegangen, weshalb der Kommandant danach in Richtung Norden suchen ließ. Als nach einer halben Stunde nichts zu sehen war, operierte Kuppisch wieder auf den alten Generalkurs des Konvois. Mit hoher Fahrt stieß das Boot dem Geleitzug nach.

Aber der Geleitzug hatte seinen alten Kurs nicht gleich weitergesteuert, sondern einen Haken geschlagen. Daher blieb die Suche nach Nordwesten erfolglos. Schließlich beabsichtigte der Kommandant, Suchkurse zu steuern, die aber eine Kursänderung des Gegners nach Westen oder Südwesten voraussetzten. Würde der Konvoi einen noch anderen Kurs einschlagen, würden sicher die in der Nähe befindlichen Kameradenboote Fühlung an ihn bekommen.

»Wir müssen ganz in der Nähe des Geleitzuges sein, Herr Kaleu!«, zeigte sich Teichert überzeugt.

»Ja, wenn nur endlich der Nebel verschwinden würde!«, war die Antwort von Kuppisch, der das Okular seines Fernglases fest an seine Augen presste und damit einen Bereich absuchte, in dem er den Geleitzug vermutete.

Endlich, um 08.55 Uhr, sichtete die Brückenwache den Konvoi wieder. Sogleich wurde die neue Position dem B. d. U. gemeldet. Auf die Antwort von Dönitz brauchte man nicht lange zu warten. Sie lautete:

»U 94 bei Tage nur angreifen, wenn andere Boote heran sind. B. d. U.«

Plötzlich setzte wieder Nebel ein, und die Sicht fiel auf unter 300 Meter. U 94 drehte hart auf den Geleitzug zu, um dann auf Parallelkurs zu gehen. Das Boot gab laufend zu den befohlenen Zeiten Peilzeichen mit Peilung und den Abstand zum Konvoi durch.

Gegen 15.00 Uhr hörten sie mehrere Torpedodetonationen. Ein Tanker mit Benzinladung stand in hellen Flammen, dabei konnte sehr starke Rauchentwicklung beobachtet werden. Erneut spritzte der Geleitzug in alle Richtungen auseinander.

Auf der 600-Meter-Welle konnte man die Hilferufe der Besatzungen der Dampfer »Darlington Court« und »British Security« hören, die meldeten, dass sie torpediert worden seien. Wie sich später herausstellte, wurden beide Dampfer durch

U 556, unter dem Kommando von Kapitänleutnant Herbert Wohlfarth, versenkt.

Inzwischen war der Geleitzug hinter Rauch- und Nebelschwaden außer Sicht gekommen. Nur der bereits mehrere Male beobachtete Hilfskreuzer war noch zu sehen. Kuppisch hielt durch ihn die Fühlung am Konvoi. Gegen 16.00 Uhr kamen einzelne Rauchfahnen in Sicht. Vermutlich fuhren hier mehrere Dampfer alleine weiter. Der Hilfskreuzer hielt zuerst auf die Fahrzeuge zu, um dann mit 18 Seemeilen und nördlichem Kurs abzulaufen. Kuppisch reagierte sofort und befahl, auf die Einzelfahrer zu operieren.

Aber nach eineinhalb Stunden Verfolgung waren die schnellen Frachtdampfer im Dunst verschwunden. Nur an einen etwas langsameren Tanker konnte noch Fühlung gehalten werden, und auch das Vorsetzmanöver gelang.

Der Tanker schien auch als Einzelfahrer zu fahren, denn von einem geschlossenen Schiffsverband war nichts mehr zu sehen.

Urplötzlich kam an Backbord ein Dampfer von etwa 9000 bis 10000 BRT auf Gegenkurs in Sicht. Ein Angriff auf ihn war nicht erfolgversprechend, da sich das Boot erst hätte vorsetzen müssen, was nicht möglich gewesen wäre, weil U 94 zwischen Dampfer und Tanker stand. Schließlich wurde sogar getaucht, um nicht gesehen zu werden. Danach aber befahl Kuppisch den Angriff auf den Tanker mit geschätzten 6000 BRT. Während des Angriffs wurden Torpedodetonationen gehorcht, die vermutlich aus der Mitte des Geleitzuges stammten, wahrscheinlich wilderte ein Kameradenboot in der Nähe. Als Reaktion darauf fing der Tanker an zu zacken, wodurch U 94 allmählich in eine gute Schussposition gelangte.

18.16 Uhr: Der Tanker zackte auf U 94 zu. Im Sehrohr war er nur schwach und verschwommen zu erkennen. Schon lief er mit Lage 70, Fahrt 10 Seemeilen in 600 Meter Entfernung, dem Boot direkt vor die Rohre.

»Wunderbar, er zackt genau auf uns zu!«, flüsterte Kuppisch, die Augen fest an das Okular des Sehrohrs gedrückt. In schneller Folge gab er dann die Befehle:

»Zweierfächer aus Rohr I und IV – Abkommpunkt vorn und hinten 30!«

Die Klarmeldungen folgten umgehend. Dann erteilte Kuppisch den Feuerbefehl.

»Fächer los!«

Mit dumpfem Knall verließen die beiden Torpedos die Rohre. Die Männer im Boot zählten die Sekunden 15 – 16 – 17 – 18 – 19. Die Zeiger der Stoppuhren liefen ruhelos weiter. 25 – 26 – 27 – 28 – 29. Jede Sekunde musste der Explosionsknall erfolgen. 32 – 33 – 34 – 35. »Achtung! Stopp!«

Jeden Augenblick müssten die Torpedos sitzen. Dann, bei 41 Sekunden, was einer Entfernung von ungefähr 600 Metern entsprach, plötzlich zwei aufeinanderfolgende starke Detonationen. Zwei hohe Stichflammen stiegen an der Bordwand des Tankers empor. Dann schnitt das Sehrohr kurz unter.

»LI! Boot auf Sehrohrtiefe halten!« Binnen weniger Sekunden gelang es Oberleutnant (Ing.) Heller, das Boot stabil auf Sehrohrtiefe zu bringen.

Erst jetzt erkannte Kuppisch das ganze Ausmaß der Torpedotreffer. Der erste Torpedo hatte den Tanker mittschiffs getroffen. Der zweite detonierte achtern. Der Inhalt eines Tanks lief aus und brannte an der Wasseroberfläche weiter. Ein weiterer Tank brannte völlig aus, danach kam das Feuer zum Stillstand. Aber der Tanker zeigte keine Schlagseite.

»Der braucht noch einen Fangschuss!«, sagte der Kommandant zu Teichert, der neben ihm stand. Durch das Sehrohr konnte Kuppisch den Namen am Bug des Schiffes lesen.

»John P. Pedersen, Heimathafen Oslo!«

Neben ihm wälzte Teichert bereits den Gröner.

»Ist ein moderner norwegischer Motortanker mit 6128 BRT, Herr Kaleu!«, gab er Kuppisch zur Antwort.

Da der Tanker mit einzelnen Tanks ausgestattet war, wollte er nicht sinken.

»Anlaufen zum Fangschuss!«, befahl Kuppisch.

Um 18.50 Uhr fiel der Torpedo aus dem Heckrohr. Nach 23 Sekunden traf er die »John P. Pedersen« vorn im Bug. Eine starke Detonation mit hoher Stichflamme erschütterte das Schiff. Der danach entstandene Brand kam aber auch wieder zum Stillstand. Der Treffer auf den Tanker selbst zeigte keine Wirkung, hatte dieser doch nur geringe Schlagseite, obwohl ihn dicke Rauchwolken einhüllten.

Auch nach diesem Fangschuss war das Sinken des Tankers nicht sicher. Die Besatzung der »Pedersen« war bereits von Bord gegangen, hielt sich aber in ihren Rettungsbooten noch in der Nähe auf. Daraufhin entschloss sich der Kommandant zu einem zweiten Fangschuss.

Dieser fiel um 19.20 Uhr und traf den Motortanker unterhalb des Schornsteins. Danach legte sich der Tanker auf die Seite und sank, innerhalb von 90 Sekunden, über den Achtersteven.

Um 19.30 Uhr tauchte U 456 wieder auf. Erst jetzt bemerkten sie, dass die »Pedersen« mit Schweröl beladen war. Zwei randvoll besetzten Rettungsbooten wurde ausgewichen.

Später wurde bekannt, dass der Motortanker 9100 Tonnen Treibstoff für die britische Armee geladen hatte. Sein Zielort sollte Clyde sein. Von der 22-köpfigen Besatzung verloren beim Untergang des Tankers drei ihr Leben. Am nächsten Tag gab U 71/Flachsenberg an drei Mann, die sich in einem dieser Rettungsboote befanden, Proviant und Wasser ab.

Schließlich befahl der Kommandant, dem Geleitzug nachzustoßen und dabei auf Nord- und Nordostkurs mit Suchschlägen zu operieren.

Mittlerweile war der 21. Mai angebrochen. Um 05.30 Uhr sichtete die Wache einen Feuerschein weitab, vermutlich von einen torpedierten Dampfer. Sofort steuerte das Boot mit Höchstgeschwindigkeit in diese Richtung, da schon die Dämmerung einsetzte. Etwa eine Stunde später machten sie schwache Rauchfahnen an Steuerbord aus. Davor war ein Zerstörermast zu sehen. Gegen 07.40 Uhr kam ein U-Boot in Sicht. Es war U 93, unter dem Kommando von Kapitänleutnant Claus Korth.

Kurz danach konnten in den Nebelfetzen die ersten Umrisse von Schiffen des Geleitzuges ausgemacht werden. Auch mehrere Zerstörer waren zu sehen. Besonders der hintere »Feger« sorgte mit unerwarteten Zacks für viel Wirbel. Er zeigte laufend Lage Null, weshalb U 94 immer wieder ablaufen musste. Außerdem war am Steuerbord-Diesel schon vor einiger Zeit der Abgaskrümmer von Zylinder 1 gerissen, wobei das Boot bei höheren Fahrtstufen eine Rauchfahne wie ein Dampfer entwickelte.

Um die Mittagszeit kam erneut ein Zerstörer schnell auf. Mit Alarmtauchen ging es unter Wasser. Das Kriegsschiff blieb in der Nähe und warf im Abstand von einer halben Stunde je vier bis fünf Wasserbomben, die aber alle mit über 4000 Meter weitab lagen.

Erst am Abend kam U 94 endlich frei und konnte auftauchen. Aber der Geleitzug fuhr jetzt etwa 100 Seemeilen vor dem Boot. Nach einer Überprüfung des Brennstoffbestandes durch den LI war ein Nachstoßen mit hoher Fahrt nicht mehr möglich. Und nur eine Stunde später zwang ein Zerstörer das Boot erneut unter Wasser.

Am Nachmittag des nächsten Tages sichtete die Brückenwache für kurze Zeit die Umrisse und Masten eines Dampfers. Davor fuhr ein Zerstörer oder Kanonenboot.

Als plötzlich die Sicht aufklarte, ließ Kuppisch tauchen. Gegen Abend wurde wieder aufgetaucht. Oben war nichts zu sehen, weshalb der Dampfer auch entkommen war. Der Kommandant ließ daraufhin die Suche abbrechen.

Am 23. Mai nahm U 94 zusammen mit U 109, U 93, U 111, U 43, U 557, U 66 und U 46 eine neue zugewiesene

Wartestellung in einem Vorpostenstreifen ein. Das erst ausgelaufene Boot U 75 steuerte die Position von U 94 an, um es dort abzulösen. Über diese Boote der »Westgruppe« sollte das deutsche Schlachtschiff »Bismarck« seine britischen Verfolger am 25. Mai ziehen.

Zugleich befahl der B.d.U. die Aufstellung der U-Boote U 73, U 556, U 97, U 98, U 74, U 48 und des italienischen U-Bootes »Barbarigo« in der westlichen Biscaya. Diese Boote sollten die beschädigte »Bismarck« aufnehmen und in die französischen Atlantikstützpunkte geleiten.

Aber die meisten U-Boote dieser Gruppe waren verschossen und befanden sich auf dem Rückmarsch.

In den nächsten Tagen durchpflügte das Boot mit den verschiedensten Suchkursen den Nordatlantik. Aber die See war wie leergefegt. Im Laufe des 27. Mai wurde bekannt, dass die »Bismarck« durch die überlegenen britischen Seestreitkräfte versenkt worden war. Danach sank die Stimmung im Boot auf den Nullpunkt.

Schließlich entschied der Kommandant, am 28. Mai den Rückmarsch anzutreten. Am darauffolgenden Tag um 21.30 Uhr quetschte sich Funkmaat Pallaschek beim Ausfahren des Funkpeilers durch Unvorsichtigkeit einen Finger der linken Hand halb ab. Ein zweiter Finger war so schwer gequetscht, dass er später im Hafen abgenommen werden musste. Die Behandlung der Verletzung bis zum Einlaufen erfolgte durch den II. Wachoffizier Walter Schmidt.

Kurz vor Mitternacht des 30. Mai sichtete die Brückenwache rechtzeitig einen schnell herannahenden Zerstörer vom Typ »Jervis«, vor dem es mit Alarmtauchen unter Wasser ging. Das Kriegsschiff passierte im Abstand von 6000 bis 7000 Meter. Nachdem der Zerstörer verschwunden war, tauchte man wieder auf und setzte den Rückmarsch fort. Bei dem herrschenden Gegenwind hatte das Boot sehr starken Fahrtverlust. Um Brennstoff zu sparen, befahl der Kommandant, mit der Fahrt herunterzugehen.

Am 3. Juni um 11.06 Uhr gab U 94 folgendes Kurzsignal ab:

»Stehe 24 Stunden vor dem Einlaufhafen. U 94«

Um 14.20 Uhr erfolgte die Antwort des B. d. U.:

»Geleit für U 94 steht 4. Juni 11.00 Uhr Punkt N 1«

Am Einlauftag, dem 4. Juni, ließ Kuppisch wegen des Zeitüberschusses tauchen und auf Sehrohrtiefe fahren. Im Umkreis konnten mehrere Fischerboote ausgemacht werden. Um 10.00 Uhr tauchte man auf und lief mit hoher Fahrt den Punkt N 1 an. Dort wartete bereits das Geleit auf das Boot, das es sicher nach St. Nazaire brachte, wo um 13.50 Uhr festgemacht wurde. Eine erfolgreiche Feindfahrt war beendet.

Wiederum stand der B. d. U. mit seinem Stab grüßend an der Pier. Hinter Dönitz und seinen Leuten stand eine große jubelnde Zuschauermenge. Rotkreuzschwestern und Wehrmachtshelferinnen winkten mit Blumensträußen. Die militärische Zeremonie begleitete eine Kapelle, die stramme Marschmusik spielte.

Als die Besatzung nach der Begrüßung von Bord gegangen war, überreichte Admiral Dönitz Kapitänleutnant Herbert Kuppisch feierlich das Ritterkreuz. Danach ging die Besatzung in ihre Quartiere, um sich zu kultivieren. Am Abend gab es dann eine große Feier. Am 7. Juni 1941 bekam Max-Martin Teichert, wie auch ein großer Teil der Besatzung von U 94, das Eiserne Kreuz I. Klasse und das U-Bootkriegsabzeichen 1939 verliehen.

Da das Boot für längere Zeit in die Werft musste, konnte Teichert mit dem ersten Törn in Urlaub fahren. Natürlich besuchte er seine Heimatstadt Kiel.

Während seines Urlaubs erhielt Teichert vom 2. Admiral der Unterseeboote, Admiral von Friedeburg, ein Telegramm.

Durch das Fernschreiben erfuhr er von seiner Abkommandierung von U 94 und dass er sich am 1. Juli 1941 zum Kommandantenlehrgang bei der 24. U-Flottille in Memel melden sollte. Die Freude war groß, schließlich wusste Teichert, dass er nach diesem Lehrgang Kommandant eines neuen U-Bootes werden würde. Schließlich hatte er von Kapitänleutnant Kuppisch, aber auch von der Besatzung von U 94 sehr viel gelernt und wirklichkeitsnahe Erfahrungen sammeln können. Er bekam auf U 94 seine »Reife« zum U-Boot-Kommandanten.

Doch es sollte anders kommen.

Am 22. Juni 1941 begann der Feldzug gegen die Sowjetunion, und nun war Memel für kurze Zeit eine Frontstadt. Damit der Ausbildungsbetrieb der Flottille vom Feind nicht gestört wurde, verlegte sie bis September 1941 nach Drontheim in Norwegen. Mit der 24. U-Flottille wurde auch die 25. U-Flottille, deren Flottillenchef Korvettenkapitän Ernst Hashagen war, nach Drontheim verlegt. Auch diese Flottille war für die Schießausbildung von U-Booten zuständig. Hier wurde die Ausbildung in den tiefen Gewässern des Hopla- und Lofjords weitergeführt. Dabei fungierten die »Heinz Horn« und die »Black Prince« als Begleit- und Stabsschiffe. Auch Max-Martin Teichert bekam einen Marschbefehl nach Drontheim.

Einige Tage vor Beginn des Kommandantenlehrgangs meldete sich Teichert in Drontheim bei Korvettenkapitän Hannes Weingärtner, dem Chef der 24. U-Flottille, der die Ausbildung der angehenden Kommandanten leitete. Weingärtner, ein geborener Innsbrucker, hatte den ganzen Ausbildungsbetrieb sehr gut organisiert und zweckmäßig aufgebaut. Er war ein U-Boot-Fahrer der ersten Stunde und als Kommandant von U 4, U 10 und U 16 auch im Kriegseinsatz sehr erfahren. Er wusste sehr gut, worauf es ankam, auch wenn er später während des Lehrgangs nicht mehr allzu häufig bei den Kommandantenanwärtern zu sehen war.

Bei der 24. U-Flottille sollte den angehenden Kommandanten die Torpedoschusspraxis beigebracht werden – und wirklich, gleich nach dem Empfang zog man sie Tag und Nacht durchs Wasser. Nun ja, es war schließlich die wichtigste Ausbildungsstation für die künftigen U-Boot-Kommandanten.

Die meisten Lehrgangsteilnehmer waren ältere Offiziere der Crews 26 bis 33. Max-Martin Teichert war mit 26 Jahren der Jüngste unter ihnen und der einzige Teilnehmer der Crew 34, obwohl zu diesem Zeitpunkt bereits einige Angehörige der Crew 34 als U-Boot-Kommandanten im Einsatz standen. Die berühmtesten waren wohl Engelbert Endrass, Erich Topp und Adalbert Schnee.

Für die Ausbildung standen außer den Booten U 148, U 151 und U 152 des Typs II-D ausschließlich Boote des Typs VII zur Verfügung. Dies waren die älteren VII-A-Boote U 28, U 29, U 30 und U 34, auf denen die Kommandanten Günter Kuhnke, Otto Schuhart, Fritz-Julius Lemp und Wilhelm Rollmann ihre Ritterkreuze erworben hatten. Außerdem standen der Flottille noch die Typ VII-C-Ausbildungsboote U 554, U 555 und U 560 zur Verfügung.

Mit diesen U-Booten und den Zielschiffen »Angelburg«, »Ahrensburg« und »Bolkoburg« übten die angehenden Kommandanten das Torpedoschießen.

Die Zielschiffe tobten unentwegt auf den verschiedensten Kursen und mit den unterschiedlichsten Geschwindigkeiten durch die in den verschiedenen Quadraten unter Wasser stehenden U-Boote, die versuchen mussten, ungesehen zum Schuss zu kommen. Es kam darauf an, das Sehrohr sorgfältig und sparsam einzusetzen. Zu dieser Jahreszeit war das Meer in den Fjorden oft so still und die Oberfläche des Wassers wie ein Spiegel, so dass schon das kürzeste Zeigen des Sehrohrs einen kleinen Wellenstreifen hinterließ, der das Boot verraten konnte. So waren die Bedingungen im Norden oft schwerer und damit lehrreicher als irgendwo sonst in einem anderen Weltmeer.

Natürlich wetteiferten sie untereinander. Die Treffer wurden aufgrund der Torpedodurchgänge unter dem jeweiligen Zielschiff errechnet, die Tiefgänge entsprechend an den Torpedos eingestellt.

Dann folgte das Schießen auf die gesichteten Objekte, wobei die Torpedofangboote als Sicherungsboote, also Geleit fuhren. Dann kamen die Zickzackkurse dazu, und schließlich stellte man regelrechte Geleitzüge zusammen, wobei meist noch die Zielschiffe der 25. U-Flottille und deren Fangboote dazutraten. Genauso intensiv übten sie das Überwasserschießen bei Nacht, mit sich steigernden Schwierigkeitsgraden und dem laufend bestehenden Gebot der Unsichtbarkeit. Es war wirklich die hohe Schule der U-Boot-Taktik, und der ganze Lehrgang war mit Begeisterung dabei.

Daneben erhielten sie Einblicke in die Kriegstagebücher von Frontbooten und in die »Laufenden Befehle des B. d. U.«, in denen den ständigen Veränderungen draußen an der Front Rechnung getragen wurde. Die Berichte in den KTBs waren durchweg unmittelbar vom Kampfgeschehen geprägt und trotz aller Unterschiede meist eine spannende Lektüre.

Teichert hörte hier auch zum ersten Mal von den Torpedoversagern bei den U-Booten im Norwegenfeldzug und von den damit entgangenen Erfolgen gegen die Kriegsschiffe des Gegners. Aber auch über die eigenen Verluste erfuhren sie jetzt die Wahrheit.

Verständlicherweise hörten sie wenig über die Verlustursachen. Trotzdem wurde viel diskutiert und geredet. Die Ausbildung in Drontheim war für die angehenden U-Boot-Kommandanten von großem Nutzen. Sie vermittelte ihnen die Sicherheit, die jeder von ihnen später als Kommandant auf einem U-Boot unbedingt benötigte. Auch Teichert war sich dieser Tatsache bewusst.

Nach Beendigung des Kommandantenlehrgangs wurde jedem Lehrgangsteilnehmer sein Zielort genannt und ihm mitgeteilt, in welcher Werft er welches U-Boot in Dienst stellen sollte. Bei der Bekanntgabe von Teicherts Kommandierung nach Kiel zu den Deutschen Werken wollte dieser vor Glück beinahe jubilieren. Freudig nahm er den Marschbefehl von Hannes Weingärtner entgegen.

Für ihn war die Zeit gekommen, dass er endlich Kommandant eines U-Bootes werden würde und dass er in den nächsten Wochen die Abende zu Hause bei seinen Eltern verbringen konnte. Noch am selben Tag packte er seinen Seekoffer zusammen und flog mit einer Junkers »Ju-52«, der legendären »Tante Ju«, über Oslo nach Kiel. Am Abend stand Teichert vor der Tür seines Elternhauses.

Am nächsten Tag meldete er sich bei der Kriegsschiffbau-Lehrabteilung (K.L.A.) U-Ost in Kiel, die auf dem Werftgelände ihre Büros und Unterkunftsstätten hatte. Erst jetzt gab man ihm bekannt, dass er im nächsten Monat bei den Deutschen Werken U 456 in Dienst stellen sollte. Davor musste er wie auch seine Besatzung, vor allem das technische Personal, an der Baubelehrung seines zukünftigen Bootes teilnehmen.

Noch einmal drückte er für einige Wochen die Schulbank oder inspizierte das in Bau befindliche Boot auf der Werft. Baupläne wurden geprüft, technische Details untersucht und besprochen. Hier lernte Teichert auch seine Offiziere kennen. Als I. Wachoffizier stellte sich Oberleutnant zur See Rudolf Zorn bei ihm vor. Bereits bei diesem Gespräch wusste Teichert, dass Rudolf Zorn ein vorzüglicher I. WO sein würde. Er sollte sich nicht irren, schon bei der ersten Besichtigung der Besatzung merkte Teichert, das der I. WO von den Männern respektiert wurde, vor allem der freimütige Eindruck von Rudolf Zorn machte ihn bei allen und überall beliebt.

Der II. Wachoffizier stellte sich als Leutnant zur See Adolf Thies vor. Er war zuvor Handelsschiffsoffizier (HSO) und jetzt Reserveoffizier. Auch er machte einen klaren, unkomplizierten und zackigen Eindruck. Wie sich später herausstellte, war sein seemännisches Geschick und Können für das Boot von großer Bedeutung. Er hatte den Blick und das Gespür sowie die Abgebrühtheit eines alten Seemannes.

Als Leitender Ingenieur wurde ihm Oberleutnant (Ing.) Lothar Nerlich zugeteilt. Teichert erkannte sofort seinen fachkundigen und technischen Verstand. Immer wieder schauten sich beide das fast fertige Boot an, an dem noch viele Arbeiter tätig waren, die meisten von Zulieferfirmen, die ihre Geräte justierten und überprüften. Dutzende von Stromkabeln liefen noch durch das Turmluk, und auch äußerlich sah das Boot noch nicht wie ein Neubau aus.

Schließlich, nach vierwöchiger Arbeit und Schulung, teilte man Teichert mit, dass er sein U-Boot mit der Baunummer 287 bei der Deutsche Werke AG in Kiel am 18. September 1941 in Dienst stellen sollte.

Kommandant von U 456

Ausbildung in der Ostsee und 1. Feindfahrt

18. September 1941: Endlich war es so weit – U 456 wurde nach einer kurzen Ansprache durch Max-Martin Teichert für die 6. U-Flottille in Dienst gestellt.

»Heißt Flagge und Wimpel!«, schallte der Kommandoruf über das Hafenbecken, während von den Helligen der Werft, den Bauplätzen der U-Boote, das Dröhnen der Presslufthämmer herüberdrang.

U 456 war ein Boot vom Typ VII-C und sollte möglichst schnell an die Front kommen. Deshalb erfolgten noch im September die Erprobungen in der westlichen Ostsee durch die U. A. K. Kiel. Anfang Oktober 1941 stand U 456 zu Unterwasser-Schallerprobungen vor Rönne (Bornholm). Am 10. Oktober 1941 kam der Verlegungsbefehl über Swinemünde nach Danzig und von dort weiter nach Gotenhafen. Ab 15. Oktober mussten in der Danziger Bucht die T. E. K.-Erprobungen sowie Meilenfahrten durchgeführt werden. Danach ging es wieder zurück nach Danzig, in die Danziger Werft, zu einem kurzen Werftaufenthalt. Ab 1. November 1941 trat das Boot zur Agru-Front in Hela. Erfahrene U-Boot-Offiziere führten mit dem Boot und der Besatzung Einzelausbildungen wie Alarmübungen, Alarmtauchen und ähnliche Maßnahmen durch.

Das Bekämpfen von Ausfällen aller Art wurde gefechtsmäßig exerziert. Als nach zehntägiger Ausbildung jeder einzelne Handgriff saß, setzte man die Übungen ab 17. November mit Artillerieschießen fort. Am 25. November trat das Boot zur 25. U-Flottille, der eigentlichen Schießflottille in Danzig, zudem beförderte man den Kommandanten Max-Martin Teichert am 1. Dezember 1941 zum Kapitänleutnant, was natürlich eine große Feier nach sich zog.

Vor Danzig erfolgten weitere Einzelausbildungen, Artillerie- und Flak-Seezielschießen und Torpedoschießen, die schulmäßig durchgeführt wurden. Zunächst fuhr das Boot gegen einzeln fahrende Überwasserschiffe bei Tag und Nacht Angriffe. Stufenweise wurden die Schwierigkeitsgrade erhöht. Immer mehr wurde von Boot und Besatzung bei den Übungsangriffen gefordert, immer härter und kriegsmäßiger waren die Bedingungen bei den Anläufen. Schließlich hatte U 456, auf sich allein gestellt, gegen einen völlig willkürlich zackenden, durch schnelle Seestreitkräfte gesicherten Geleitzug zu operieren.

Die Sicherungsfahrzeuge bemühten sich dabei, das Boot möglichst lange unter Wasser zu zwingen und es nicht zum Schuss kommen zu lassen. Nichts wurde den Männern geschenkt. Selbst Wasserbombenangriffe mussten sie, allerdings in einem entsprechenden Sicherheitsabstand, über sich ergehen lassen. Nach einer gut vierzehntägigen Schießausbildung waren dann so ziemlich alle denkbaren Möglichkeiten durchprobiert und das Boot in der Lage, »schießtechnisch« einen Torpedo an den Feind zu bringen. Aber damit waren die Vorbereitungen noch lange nicht abgeschlossen, denn nun begann in der mittleren Ostsee zwischen Bornholm und Memel die eigentliche taktische Ausbildung bei der 27. U-Flottille. U 456 operierte von Gotenhafen aus. Die jetzt geforderte Zusammenarbeit mit anderen U-Booten setzte schon einen erheblichen Ausbildungsstand voraus. Die Übungen wurden auf immer größere Seegebiete ausgeweitet, und die Übungsfahrten nahmen immer längere Zeiträume in Anspruch. Ob Kälte, Nässe, schwerer Seegang oder Nebel, es gab keine größeren Pausen mehr. Im Rahmen der lang ausgedehnten, kriegsmäßigen Übungen verbrachte man immer mehr Zeit auf See.

Dann endlich kam der Tag, an dem die Ausbildung beendet war. Am 20. Dezember 1941 lag U 456 in Danzig. Die Besatzung machte noch Ausbildungsdienst nach Vorschrift, anschließend bekamen sie den Befehl zum Marsch nach Kiel.

Am 22. Dezember legte U 456 in Kiel an der Tirpitzmole an. Einen Tag später verholte das Boot nach den Deutschen Werken, um mit den Restarbeiten zu beginnen. Noch einmal konnte Max-Martin Teichert Weihnachten zu Hause bei den Eltern sein. Auch nach Jahresbeginn 1942 besuchte er nach Dienstschluss seine Eltern und wohnte daheim.

Ab 22. Januar 1942 waren die Arbeiten am Boot abgeschlossen. Sofort begann man mit der Ausrüstung zur ersten Feindfahrt.

Während dieser Zeit ging die Besatzung noch einmal in zwei Törns in den Urlaub. Als die Crew wieder vollzählig an Bord war, konnte U 456 einsatzbereit gemeldet werden.

Brennstoff, Proviant, Ausrüstung aller Art und Torpedos mussten verstaut werden. Nachdem die Torpedorohre gefüllt und die Torpedos zum Nachladen im Boot verstaut waren, war im Bugraum kaum noch ein Platz zu finden.

Jeder freie Winkel war mit Verpflegung vollgestopft. An allen nur möglichen Stellen stapelten sich die Behälter, Kisten und Dosen. Einer der beiden Toilettenräume wurde gesperrt und mit Proviant und Ausrüstung bestückt. Selbst in der Zentrale, dem Herzen des Bootes, hingen Würste und Schinken von verschiedenen Haken und Handgriffen herab, und auch das Kommandantenschapp blieb nicht verschont. In dem ohnehin niedrigen Unteroffiziersraum schaukelte eine bis zum Rand mit hartem Kommissbrot gefüllte Hängematte unter der Decke. Das Entmagnetisieren des Bootes, die Funkbeschickung und das Kompensieren erfolgten in Kiel.

Am 31. Januar 1942 war U 456 klar zum Auslaufen. Der Kommandant stieg mit den Offizieren noch einmal hinüber auf das Wohnschiff. In der Messe wartete der Flottillenchef, der 5. U-Flottille, Korvettenkapitän Moehle, mit seinem Stab.

Der Korken einer Flasche Champagner knallte laut durch den Raum, als Teichert und seine Offiziere die Messe betraten. Vor dem ersten Auslaufen eines deutschen U-Bootes war es Tradition, eine Flasche Champagner auf das Wohl und die Wiederkehr eines Bootes zu trinken. Letzte Instruktionen folgten.

»Hals und Beinbruch und ein gesundes Wiedersehen«, wünschte der Flottillenchef U 456 und seiner Besatzung.

Dann stiegen die Offiziere zusammen mit dem Flottillenchef und seinem Adjutanten an Bord von U 456. Noch einmal meldete Teichert die angetretene Besatzung. Langsam und bedächtig schritt Moehle die Front ab. Pünktlich um 12.00 Uhr mittags war es dann so weit:

»Beide Maschinen – Achtung!«

»Vor- und Achterleine los!«

Die Diesel sprangen an, das Boot begann zu vibrieren, ein zweiter Pfiff, und das Boot löste sich von der Tirpitzmole. Drei »Hurras« schallten vom Wohnschiff zu U 456 herüber. Die Männer auf der Brücke und an Deck, die noch die Festmachleinen verstauten, antworteten mit gleichem Gruß zurück.

Mit wehender Kriegsflagge verließ das Boot den Kieler Hafen, um in die Holtenauer Schleuse einzubiegen. Es ging durch den Kaiser-Wilhelm-Kanal mit Eisbrecherhilfe nach Westen. Bei Rendsburg an der Kolonialschule begann noch einmal ein großes Tücherschwenken. Die Mädchen dort machten es sich zur Aufgabe, jedes auslaufende deutsche Kriegsschiff zu verabschieden.

Gegen Mitternacht wurden die Schleuse sowie die Signalstation von Brunsbüttel am westlichen Ende des Kanals passiert. Als das Boot Brunsbüttel verlassen hatte, war es wieder in seinem Element. Mit »Beide Maschinen voraus halbe Fahrt!« strebte U 456 der Nordsee zu. Doch zunächst machte die Nordsee dem kleinen Boot gehörig zu schaffen. In der Nähe von Cuxhaven wurde das Boot von der schweren

Grundsee der Elbmündung gepackt. Das tiefliegende, schwer beladene Boot schlingerte stark und holte weit über. Unten im Boot rutschte alles, was nicht genügend befestigt war, hin und her. Draußen liefen kurze, aber gewaltige Seen. Die geringe Wassertiefe machte die Elbmündung zu einem schlimmen Gewässer. Zudem schoben sich riesige meterdicke Eisschollen, vom Gezeitenstrom getrieben, in den Weg. Krachend rammte der Steven dagegen an, so dass es durch das ganze Boote dröhnte. Schurrend und polternd glitten die Eisklötze an den Bordwänden entlang. Indessen wummerten die Diesel gleichmäßig ihren Lauf. Die Gesichter und Hände mit Öl verschmiert, turnten die Heizer auf ihnen herum und ölten die sich frei bewegenden Kipphebel der Zylinderventile und deren Schubstangen.

Im Geleit des Sperrbrechers »Möwe« ging es die Elbe abwärts. In der Nähe des Feuerschiffes »Elbe I« ließ der Seegang nach, aber dafür kam Nebel auf. In diesem milchigen Brei den Weg durch die Minensperren zu finden war keine leichte Aufgabe. Der Sperrbrecher »161« nahm jetzt U 456 auf und begleitete es nach Helgoland. Seit dem Auslaufen wurden Kriegswachtörns gegangen. Dauernd standen ein Wachoffizier, ein Unteroffizier und zwei Ausguckposten auf der Brücke. Jetzt im Nebel mussten alle Offiziere, einschließlich des Kommandanten, nach oben. Es hieß höllisch aufpassen, denn man wollte keine Bekanntschaft mit einer eigenen Mine machen. In der Nähe von Helgoland blies der Wind stärker, und die See begann rauer zu werden.

Alle im Boot waren froh, als sie am 1. Februar um 15.15 Uhr auf Helgoland im Bunker »Nordsee III« festmachten. Sofort wurde der Eisschutz abgegeben. Doch auf Befehl des Befehlshabers der Sicherungskräfte der Nordsee (B. S. N.) sollte der Weitermarsch erst am nächsten Morgen fortgesetzt werden.

»Auf Manöverstationen!«, befahl der Kommandant am Morgen des 2. Februar 1942.

Der I. Wachoffizier Leutnant zur See Rudolf Zorn meldete:

»Boot ist seeklar!«

»Bitte ablegen, I. WO!«, befahl Teichert.

»Alle Leinen los und rein!« – Die erste Feindfahrt begann.

Der Nebel vom Vortag hatte sich gelichtet. Die Männer auf der Brücke atmeten auf. Der erste heiße, vom Smut durch das Turmluk heraufgereichte Kaffee tat den nach wenigen Minuten durchgefrorenen Körpern gut.

Doch bald steckte U 456 im dichtesten Schneetreiben. Das Boot rollte und tanzte in der nassen Wand hin und her. Mit dem Steven stieß es in die Brecher, so dass die Gischt den Turm übersprühte. Wiederum war bei so einem Wetter an Sicht nicht zu denken. Dafür rauschte von Zeit zu Zeit ein ordentlicher Schwall Seewasser durch das offene Turmluk in das Innere des Bootes, klatschte den Männern in der Zentrale auf Kopf und Nacken.

Obwohl während der Überwasserfahrt dauernd durchgelüftet wurde, gab es bald keine trockene Stelle mehr im Boot. Alle Kleidungstücke waren klamm. Die Kartoffeln begannen schon zu faulen, am Brot zeigte sich schon nach den wenigen Tagen der erste Schimmel.

Gegen Ende jeder Tauchfahrt stand modrige Luft im Boot. Der typische U-Boot-Mief aus Dieselöl, Küchendunst und Menschenausdünstungen breitete sich an Bord aus.

Am anderen Morgen war das Wetter etwas besser geworden. Kommandant Max-Martin Teichert nutzte die Ruhe aus, um Alarm, Schnelltauchen und ähnliche Dinge zu üben.

Tags darauf war die See ziemlich ruhig, der Wind mäßig, die Sicht aber nicht allzu groß. Weit und breit war nichts als Himmel und Wasser zu sehen. Plötzlich bekam U 456 die Stimme der Front zu hören. In der Ferne hörte man dumpfe Schläge, die aus dem Wasser kommen mussten. Besonders unten im Boot wurden sie deutlich wahrgenommen. Wasserbomben irgendwo in der Ferne. U 456 stand bereits ziemlich weit im Norden, östlich der Shetland-Inseln. Entweder übten die Briten mit ihren U-Jagd-Booten oder sie hatten ein deutsches U-Boot gesichtet, das sie verfolgten. Trotz angestrengten Suchens war von den Wasserbombenwerfern nichts zu erkennen. U 456 setzte seine Fahrt ohne Ausweichmanöver und ohne zu tauchen fort.

Am 8. Februar passierte das erste Unglück an Bord. Während des Alarmtauchvorgangs brach sich der Matrose Lütjen den Oberarm. Trotzdem hielt sich die Besatzung auch bei dem hohen Seegang vorzüglich. Doch nach einiger Zeit musste Teichert beidrehen, da die Pumpen das eindringende Wasser nicht aus dem Boot bekamen.

Gegen Mitternacht des 12. Februar meldete die Brückenwache ein eigenes VII-C-Boot an Backbord voraus mitlaufend. Die Entfernung betrug etwa 3000 Meter. Der dreimalige E. S.-Anruf blieb unbeantwortet. Anscheinend hatte das Kameradenboot U 456 nicht bemerkt. Schließlich kam es außer Sicht und U 456 setzte seinen Marsch alleine fort.

Kurz darauf traf ein Funkspruch ein:

»U-Teichert, 15. Februar / 09 Uhr ab Ansteuerungspunkt Kjelmoey-Sund einlaufen – Admiral Nordmeer«

Jetzt schon einlaufen? Noch hatten sie keinen Feind gesehen, alle Torpedos waren noch an Bord, Proviant und Brennstoff für einen Monat noch vorhanden. War U 456 vielleicht für einen Sondereinsatz vorgesehen?

Nach nur 15 Tagen auf See machte das Boot am 15. Februar um 10.30 Uhr in Kirkenes fest. Am Nachmittag verholte U 456 in die Storebucht im Neidenfjord, wo das Versorgungsschiff »Südmeer« ankerte, das die U-Boote mit Brennstoff versorgte und darüber hinaus Reparaturen ausführte.

In Kirkenes residierte mit Admiral Hubert Schmundt der Admiral Nordmeer auf seinem Kommandoschiff »Tanga«, der die operative Leitung der deutschen Kriegsschiffe im

Nordmeer, hauptsächlich gegen die alliierten Geleitzüge, innehatte.

Ab 1. März 1942 wurde der Ritterkreuzträger Kapitänleutnant Jürgen Oesten als U-Boot-Admiralstabsoffizier (U-Asto) dem Admiral Nordmeer zugeteilt. Oesten, als erfahrener U-Boot-Kommandant von U 61 und U 106, sollte Admiral Schmundt in U-Boot-Fragen unterstützen.

Erst im Mai 1942 verlegte der Admiral Nordmeer mit seinem Stab und dem Befehlsschiff »Tanga« nach Narvik.

Die 2. Feindfahrt

Nach kurzer Instandsetzung, kleineren Reparaturen und Übernahme neuer Ausrüstung sowie einer einwöchigen Ruhepause für die Besatzung war das Boot wieder einsatzbereit.

Nach einigen Trimmversuchen und Übungstauchmanövern im Bökfjord lief U 456 am 23. Februar in den Hafen von Kirkenes ein. Dort wurde die Proviantübernahme abgeschlossen. Außerdem musste der Kommandant zur Besprechung zu Admiral Hubert Schmundt, um sich letzte Instruktionen und Befehle abzuholen.

Gemäß Operationsbefehl Nr. 8 bildeten die beiden VII-C-Boote U 456 und U 436, Letzteres unter dem Kommando von Kapitänleutnant Günther Seibicke, die Gruppe »Umhang«. Der Einsatz der beiden Boote erfolgte nordöstlich der Kola-Bucht gegen den feindlichen Geleitverkehr. Der Angriffsraum von U 456 zwischen 34° Ost und 35°20' Ost unter der Küste wurde später bis 33 Grad Ost erweitert. Die Aufstellung sollte in nächster Küstennähe erfolgen, nach Norden nur so weit abgesetzt wie erforderlich. In den Angriffsräumen vor der Küste war der warnungslose Angriff freigegeben.

In den frühen Morgenstunden des 24. Februar verholte U 456 noch einmal zur »Südmeer«.

Gegen 15.00 Uhr legte das Boot von dem Marineversorger ab, noch einmal ging es nach Kirkenes. Hier erfolgte die Verabschiedung durch Admiral Schmundt. Um 17.15 Uhr begann die zweite Feindfahrt des Bootes.

Beim Marsch durch den Varangerfjord herrschte dichter Nebel. Von nun an ging es mit großer Fahrt auf den Zwangsweg, dem Ausgang des Varangerfjord entgegen. Anschließend trat das Boot den Marsch zur Murmanskküste an, die bereits in den frühen Nachtstunden in Sicht kam. Die beiden Feuer von Kap Teriberski sowie Kildin-Nord brannten nur teilweise.

Am folgenden Morgen meldete der Mann am Horchgerät schnell lauter werdende Schraubengeräusche. Hastig wurde das Boot auf Sehrohrtiefe eingependelt. Teichert konnte einen sowjetischen Bewacher ausmachen. Der Kommandant steuerte U 456 zwischen den Bewacher und die Küste. Der Gegner entpuppte sich mittlerweile als Minensucher.

»Auf Gefechtsstationen!«, befahl Teichert.

Mit schäumender Bugsee kam der Minensucher immer näher heran. Er zeigte seine Breitseite, und es schien so, als würde er dem U-Boot genau vor die Rohre laufen.

Um 08.20 Uhr fiel der Dreierfächer auf eine Entfernung von 700 Metern. Schon liefen die Torpedos aus Rohr I und III ihrem Ziel entgegen, während beim Torpedo aus Rohr II ein Abfeuerungsversager vorlag. Nach der abgelaufenen Zeit warteten sie im Boot auf eine Detonation. Doch es erfolgte kein Treffer, vermutlich waren die Torpedos Versager oder Fehlschüsse. Nach siebeneinhalb Minuten hörte die Besatzung eine Detonation.

»Endstrecken-Detonierer«, meinte Teichert enttäuscht.

Durch das Sehrohr konnte er beobachten, wie der Gegner jetzt abdrehte und verschwand.

»Wir setzen uns nach Nordosten ab!«, befahl Teichert danach.

Er begründete seinen Entschluss, aufgetaucht zu fahren, damit, dass im Sehrohr wenig zu sehen sei und auch die Horchergebnisse in dem flachen Küstengewässer nur mäßig seien. Außerdem sollte eine Störung in der Feuerleitanlage beseitigt werden.

Am Mittwoch, dem 27. Februar, ging es mit Alarmtauchen vor zwei Eindecker-Flugzeugen in den Keller. Gerade als das Boot auf 100 Meter angekommen war, detonierten zwei Bomben achteraus. Um 11.39 Uhr folgte eine weitere. Sie lag besser, aber weit über dem Boot. Daraufhin setzte sich U 456 weiter nach Norden ab.

Gegen 18.00 Uhr ließ der Kommandant wieder auftauchen, um auf der Westseite des Angriffsraumes die Kola-Bucht zu beobachten. Im Laufe des 28. Februar stand das Boot erneut getaucht vor der Kola-Bucht.

Am 1. März kam im Osten an der Kimm ein Fahrzeug in Sicht. Anscheinend handelte es sich um ein U-Boot, das sich mit hoher Fahrt näherte. Teichert ließ tauchen. Die Horchpeilung meldete, dass die Geräusche stehen blieben und schwächer wurden. Der Kommandant nahm an, dass es sich um das Kameradenboot U 436 handelte. Nach dem Auftauchen war es verschwunden.

Wenig später sichtete die Brückenwache im Norden ein weiteres Fahrzeug, welches sich, während U 456 darauf zuhielt, schnell als Bewacher oder Zerstörer mit einem kleinen Begleitfahrzeug daneben herausstellte. Als Teichert eine weitere Bewachergruppe wahrnahm, befahl er, sofort zu tauchen, um sich unter Wasser abzusetzen. Als das Boot am nächsten Morgen auftauchte, war die See wie leergefegt.

U 456 war gerade eine Stunde über Wasser, als erneut vor einem achtern schnell anlaufenden Turbinen-Fahrzeug getaucht werden musste. Die Ausgucks bemerkten das Schiff zu spät. Anscheinend war es ein Zerstörer, der das U-Boot im hellen Mond gesehen hatte, da die Sichtverhältnisse fast wie am Tag waren. Der Zerstörer stoppte.

Wahrscheinlich versuchte er mit dem Horchgerät das Boot

Max-Martin Teichert als Fähnrich zur See 1935/36 (von Thomas Huß »German Historica«).

Max-Martin Teichert 1937 in Infanterieuniform als Kompanieoffizier der II. Schiffs-stabsabteilung der Nordsee in Wilhelmshaven (von Thomas Huß »German Historica«).

Deutscher Zerstörer »Z-14 Friedrich Ihn« – auf dem Max-Martin Teichert II. Wach- und Torpedooffizier war.

Zerstörer »Z-14 Friedrich Ihn« ca. 1943 in Brest.

Deutscher Zerstörer »Z-14 Friedrich Ihn« mit hoher Fahrt laufend. »Z-14 Friedrich Ihn« überstand den II. Weltkrieg und wurde sowjetische Beute. In der Roten Flotte fuhr er unter dem Namen »Zorki«. 1961 wurde er außer Dienst gestellt und abgewrackt.

Kommodore Friedrich Bonte – Flottillenchef der 2. Zerstörerflottille vom 1. November 1938 bis 23. Oktober 1939 und Führer der Zerstörer (FdZ) vom 26. Oktober 1939 bis 10. April 1940.

Admiral Hermann Boehm – Flottenchef vom 1. November 1938 bis 20. Oktober 1939.

Erich Bey – Chef der 4. Zerstörerflottille vom 2. April 1939 bis 10. Mai 1940.

Leutnant zur See Albert Langfeld war zusammen mit M.-M. Teichert auf dem Zerstörer »Friedrich Ihn«. Er fiel als Kommandant von U 444 am 11. März 1943.

Kapitänleutnant Herbert Kuppisch in St. Nazaire.

Leutnant zur See Hermann Eckhardt. Er fuhr als II. Wachoffizier auf U 94. Er fiel als Kommandant von U 432 am 11. März 1943.

U 94 in St. Nazaire einlaufend. Deutlich ist das Emblem des Bootes am Turm zu erkennen. Auf U 94 fuhr Max-Martin Teichert als 1. Wachoffizier.

Indienststellung von U 456 am 18. September 1941 bei der Deutsche Werke AG in Kiel.

Nach der Indienststellung – Das Maschinenpersonal (II. Division) von U 456 beim Gruppenbild.

Kapitänleutnant Teichert auf dem Turm stehend. Die Beschriftung auf dem Turm ist wohl zum Anlass der Beförderung zum Kapitänleutnant aufgemalt worden.

Während einer Übungsfahrt in der Ostsee.

Ausbildung in der Ostsee. Begegnung mit einem Kameradenboot, das ebenfalls zu Übungszwecken ausläuft.

»Äußerste Kraft voraus.«

Die Brückenwache ist in Ölzeug gehüllt.

Ausguck auf U 456.

Rückkehr von der Feindfahrt aus dem Nordmeer. Turm und Kanone sind mit Eis überzogen. Auf dem Turm stehend vorne links: Rudolf Zorn (I. WO), daneben Adolf Thies (II. WO).

U 456 trifft auf U 88. Die Aufnahme wurde von der Brücke von U 456 aus gemacht.

U 456 kommt längsseits. Mit Hilfe der »Flüstertüte« tauschen sich die Kommandanten Heino Bohmann (U 88), links im Bild, und Max-Martin Teichert (U 456), rechts im Bild, aus.

Kapitänleutnant Max-Martin Teichert – neben ihm ist die vereiste Unterwasserzieloptik zu erkennen.

Kapitänleutnant Heino Bohmann, Kommandant von U 88 und Crewkamerad von Max-Martin Teichert (Crew 34). Er fiel am 12. September 1942 im Eismeer südlich von Spitzbergen.

Der britische Kreuzer »Edinburgh«, dahinter die Kreuzer »Sheffield« und »Kenia«.

Der torpedierte Kreuzer »Edinburgh«. Deutlich sind die Zerstörungen durch die Torpedodetonationen zu sehen. Das Heckteil ist vollkommen zertrümmert. Links hat das britische Minensuchboot »Harrier« festgemacht, um die letzten Besatzungsangehörigen des Kreuzers an Bord zu nehmen.

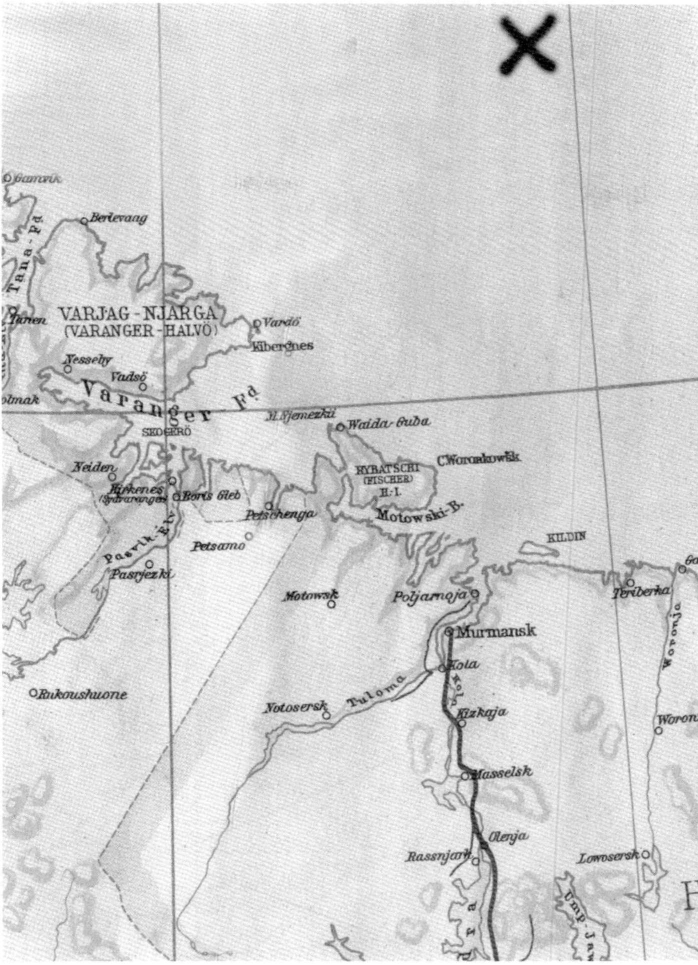

Mit »X« gekennzeichnet ist die ungefähre Untergangsstelle des Kreuzers »Edinburgh«.

U 456 vor der Küste von Kirkenes.

Zigarettenpause an Deck.

Die Heizer an Deck von U 456 in Kirkenes …

… und beim Frühsport.

U 456 in Kirkenes längsseits der »Südmeer«. Das Maschinenpersonal des Bootes hat sich zum Gruppenbild vor dem Turm des Bootes aufgestellt.

Gruppenbild mit EK II. Nach der Feindfahrt wurden in Kirkenes die Auszeichnungen verliehen. Deutlich ist das Emblem von U 456 am Turm zu erkennen, ein Hufeisen, in deren Mitte ein Würfel ist.

zu orten. Plötzlich meldete der Mann am Horchgerät schnell laufende Schraubengeräusche einer Turbinenanlage. Der Gegner lief an. Teichert befahl, auf 120 Meter Tiefe zu steuern. Beim zweiten Anlauf fielen zwei Wasserbomben, die allerdings zu hoch lagen. Da die Horchverhältnisse recht schlecht waren, befahl der Kommandant, langsam auf Gegenkurs zu gehen. Nach etwa einer Stunde verlor der Zerstörer die Ortung. Im Unterwassermarsch steuerte U 456 Kap Teriberski an, um dort tagsüber auf Lauer zu liegen. Die Küste war gut im Sehrohr zu erkennen.

Am folgenden Tag erfolgte um 06.20 Uhr eine neue Geräuschpeilung. Das ausgefahrene Sehrohr vereiste schnell durch Spritzwasser. Trotzdem war ein Bewacher in großer Entfernung auszumachen, der in Richtung Westen verschwand. Im Laufe des Vormittags kam mehrfach in der Nähe des nur zwei Seemeilen vor der Küste stehenden U-Bootes ein kleiner Fischdampfer in Sicht.

In der folgenden Nacht unternahm U 456 einen Abstecher zur Kola-Bucht. Erneut wurde ein Bewacher mit wechselnden Kursen im Abstand von 1200 bis 1300 Metern gesichtet.

Vergeblich versuchte Teichert zum Schuss zu kommen. Gegen 12.00 Uhr lief auch dieses Schiff Richtung Westen ab. Dafür erschienen aber weiter nördlich zwei kleine Fischdampfer. Im Sehrohr beobachtete der Kommandant ihren Morseverkehr mit der Signallampe.

Auch am folgenden Tag kamen wieder zwei Bewacher in Sicht. Am 5. März erkannte Teichert im Periskop das Leuchtfeuer von Teriberski, welches pro Nacht stündlich zehn Minuten lang brannte. U 456 stand dicht zwischen zwei und fünf Seemeilen unter der Küste, wobei mehrmals Bewachern ausgewichen werden musste. Diese warfen etwa alle 20 Minuten einige Schreckbomben.

Am 8. März ging folgender Funkspruch der Gruppe Nord an das U-Boot:

»U 456. Luft meldet 7. März, 14 Uhr etwa in AC 8988 zwischen Insel Oleni und Küste nördlich Sachrebeunojo einen Leichten Kreuzer und einen Zerstörer vor Anker. Absperrung durch Minen nicht ausgeschlossen. Angriffsgelegenheit suchen. Gruppe Nord«

Die Küste war zeitweise zu sehen, aber genaue Einzelheiten konnten nicht ausgemacht werden. Der Kommandant versuchte, dichter unter Land zu gehen. In den Buchten herrschten Eisrauch und Dunst. Die Einfahrt der Oleni-Straße war nicht zu sehen. Als dann die Sicht etwas besser wurde, ging das Boot vor die Osteinfahrt der Oleni-Straße. Dort sichtete man aber keine Fahrzeuge, und die Beobachtungen nach Einbruch der Dämmerung wurden abgebrochen. Daraufhin fuhr das Boot vor der Einfahrt auf und ab.

Der nächste Morgen begann mit Schneetreiben, das Beobachtungen stark einschränkte. U 456 stand bei Tag getaucht vor Bolshoj Oleni. Gegen 14.30 Uhr fuhr ein Fischkutter mit Kriegsflagge aus der Sachrebetnaja-Bucht heraus in die Oleni-Straße und verschwand im Dunst. Teichert wechselte jetzt die Position zur Westeinfahrt. Aber auch hier war nichts zu sehen. Durch das Sehrohr erkannte er die Signalstelle und den Leitstand. Auf der Spitze der Südosthuk befand sich ein Geschütz, anscheinend 15-cm-Kaliber. Verschiedene Telefonleitungen ließen aber auf weitere Geschütze schließen. Als am 12. März um die Mittagszeit ein Funkspruch von U-Hackländer, dem VII-C-Boot U 454, einging, befahl Teichert, sofort auf dieses Funksignal hin zu operieren. Mit Höchstfahrt steuerte U 456 die Kola-Bucht an. Es herrschte Nebel, als um 15.32 Uhr ein britischer Zerstörer der »V«- oder »W«-Klasse voraus in Sicht kam.

»Alarmtauchen!«, befahl Teichert.

Als wenig später der Zerstörer verschwand, tauchte das Boot wieder auf. Inzwischen war das Schneetreiben noch dichter geworden. Einem kurz darauf gesichteten Bewacher, ebenfalls ein Zerstörer, der in Lage Null von Süden her in einer Entfernung von 3000 bis 4000 Meter querab in Sicht kam, konnte ausgewichen werden.

U 456 tauchte und legte sich bei 80 Meter auf Grund. Zwei S-Geräte-Ortungen waren zu hören, mehrfach überliefen zwei Zerstörer das U-Boot, allerdings ohne Wasserbomben zu werfen. Gegen 17.40 Uhr drehten die Zerstörer in Richtung Kola-Bucht ab.

Am 13. März beabsichtigte Teichert, in den nächsten beiden Tagen vor der Kildin-Straße Bewacher aufzuspüren und zu versenken. Danach wollte er an der Westseite des Operationsgebietes vor der Kola-Einfahrt auf und ab stehen.

Am Morgen des 14. März nahm man im Horchgerät leise Schraubengeräusche wahr, die plötzlich sehr laut wurden. Auf Sehrohrtiefe beobachtete Teichert in 400 Meter Entfernung querab einen großen Sperrbrecher mit vier Masten, einem Schornstein, Tarnbemalung und etwa 6000 Tonnen auf Gegenkurs. Wegen der glatten See musste der Gegner das Sehrohr erkannt haben, denn er beschoss es mit seinen Maschinenwaffen, während er abdrehte.

Nach diesem Zwischenfall war es die Absicht des Kommandanten, sich für einige Zeit abzusetzen und dann bei Tage aufgetaucht vor der Kola-Bucht zu stehen, in der Hoffnung, dass hier der Küstenverkehr lief, um das von deutschen U-Booten gefährdete Gebiet zu umgehen. An den beiden folgenden Tagen passierte nichts, außer dass wegen der immer wieder sich bildenden Vereisung getaucht werden musste.

Am 16. März wurde U 456 als Sicherung und zur Aufklärung für das Minenunternehmen »Bantos« in die Planquadrate AC 8829 und AC 8837 befohlen. Obwohl man später das Unternehmen verschob, blieb das Boot auf Position.

Am 17. März, kurz nach Mitternacht, sichtete die Brückenwache erneut einen Bewacher. Der bereits angelaufene Angriff musste wegen Eingang eines Funkspruches vom Admiral Nordmeer abgebrochen werden. Der Funkspruch meldete starken Verkehr vor Murmansk, der auf das Auslaufen eines

Geleitzuges schließen ließ. Und schon kam der erste Bewacher in Sicht. Ihm wurde ausgewichen, da er vermutlich die Einfahrt der Kola-Bucht sicherte. Gegen 05.15 Uhr des 18. März sichteten sie in sechs bis acht Seemeilen Abstand ein VII-C-Boot. Wahrscheinlich war es wieder U 436, weshalb sich Teichert dazu entschloss, weiter nach Norden abzusetzen. Am folgenden Tag zwang die immer wieder auftretende Vereisung das Boot laufend zum Tauchen. Gegen 16.00 Uhr erschienen drei sowjetische Minensucher mit südlichem Kurs. Im Süden konnte man den gestrigen Bewacher ausmachen, der drei bis sechs Seemeilen nördlich der Linie Kildin-Set-Nawolok patrouillierte. Die Minensucher verschwanden später in der Motowski-Bucht.

Um 16.57 Uhr musste U 456 vor einem Flugzeug tauchen, das als Eindecker identifiziert wurde. Nachdem die Maschine abgeflogen war, befahl Teichert aufzutauchen. Daraufhin fuhr er zur Sicherung des Unternehmens »Bantos« wieder auf seine alte Position zurück.

Am 20. März erhielt das Boot den Rückmarschbefehl. U 456 trat diesen am folgenden Tag um 12.00 Uhr an und machte am 22. März um 09.15 Uhr erneut in Kirkenes fest.

Die 3. Feindfahrt

Am 27. März 1942 sichtete ein Blohm & Voss 138-Flugboot der 2./Küstenfliegergruppe 406 den am 10. März von Loch Ewe ausgelaufenen Konvoi PQ.13. Darauf wurden am 28. März U-Strelow (U 435), U-Seibicke (U 436), U-Hackländer (U 454), U-Lohse (U 585), U-Horrer (U 589) und U-Teichert sowie die 8. Zerstörerbootflottille angesetzt.

U 456 lag zu diesem Zeitpunkt noch in Kirkenes, längsseits der »Südmeer«. Nach kurzer Instandsetzung und kleineren Reparaturen sowie der nachfolgenden Übernahme von Proviant lief das Boot am 29. März um 01.20 Uhr zu seiner dritten Feindfahrt aus. U 456 verließ Kirkenes auf dem Zwangsweg.

In den Morgenstunden musste das Boot zweimal, wahrscheinlich vor eigenen Flugzeugen, tauchen. Nach einer kurzen Mittagsruhe stand der Kommandant wieder auf der Brücke. Oben empfing ihn als Wachhabender der II. WO Leutnant zur See d. R. Thies mit einem Achselzucken und der Meldung, dass nichts Besonderes vorlag.

Der Wind hatte zwar nachgelassen, die Dünung aber war noch wuchtiger geworden. Tiefe, lang gestreckte Wellentäler folgten den sich schwer herumrollenden Wellenbergen.

Das Boot musste gewaltig arbeiten gegen die schwere See. Die Bordwände dröhnten, durch die Zwischenräume der Planken des aufgesetzten Decks schossen in langen Reihen die Wasserfontänen. Und weit und breit war nichts zu sehen außer Wellen und Wasser. Immer grauer wurde der Himmel, immer unklarer der Horizont. Im Osten zog schon der erste Schatten der Dämmerung herauf. Die Hoffnung, am ersten Tag der Unternehmung im Nordmeer ein lohnendes Ziel zu finden, nahm rasch ab.

30. März um 04.30 Uhr. Der II. Wachoffizier hatte erneut Wache, als er plötzlich wie besessen zu schreien anfing: »Fahrzeug in Sicht! Steuerbord drei Dez!« Teichert hastete die Leiter zum Turm hinauf. Oben angekommen, sah er mit dem Doppelglas das Schiff.

»Scheint eine Korvette zu sein! Der Geleitzug muss irgendwo in der Nähe stehen!«, meldete Thies dem Kommandanten, ohne dabei sein Glas abzusetzen.

»Wir setzen uns vor und gehen auf die Backbordseite des Bewachers, um den Geleitzug zu suchen!«, befahl Teichert auf der Stelle.

Kurz darauf meldete der neben dem II. Wachoffizier stehende Brückenmaat aufgeregt:

»Zwei Dampfer achteraus!«

Sofort hatte der Kommandant den Gegner erfasst. Von

Zeit zu Zeit tauchten in der rollenden Dünung des Nordmeers Mastspitzen auf. Mit ziemlich querab liegendem Kurs steuerten die Schiffe der nahen Kola-Küste zu.

Urplötzlich nahm die Sicht zu, und man konnte bis zu vier Seemeilen weit sehen. Hinter den beiden Dampfern schlingerte ein weiterer Frachter. Es musste der gesuchte Geleitzug sein.

Und schon klang aus dem Mund des Kommandanten der Alarmruf durch das Boot:

»Alle Mann auf Gefechtsstation! Überwasserangriff auf feindliche Handelsdampfer! Kurs 260 Grad! Beide Maschinen äußerste Kraft voraus!«

Innerhalb weniger Sekunden war U 456 gefechtsklar. Auf rund 4000 Meter war das Boot inzwischen an den Dampfer herangekommen. Plötzlich preschte von Backbord kommend ein Zerstörer mit hoher Fahrt auf U 456 zu. Nach einer Viertelstunde drehte der Bewacher allerdings wieder und lief zum Geleitzug zurück. Teichert blieb bei diesem Manöver ruhig und wie erstarrt auf der Brücke stehen, sein Glas fest an die Augen pressend. Und er hatte Glück, denn ohne einen Tauchbefehl zu geben, löste sich die allmählich ernst gewordene Situation von alleine auf. Danach gab der Kommandant folgende Fühlungshaltermeldung ab:

> »Geleitzug in Sicht, Quadrat AC 8612, steuert Südwestkurs, wurde von Zerstörer gejagt.«

Mittlerweile gab auch U 435 eine Meldung ab, dass es Fühlung am Geleitzug habe.

Gegen 08.00 Uhr kamen die Dampfer erneut in Sicht. Vermutlich waren es die von U 435 gemeldeten Schiffe der südlichen Gruppe des Geleitzuges. Der Kommandant gab kleinere Kurskorrekturen an, dann jagte U 456 dem Feind entgegen. Der Kurs des Bootes war so abgesetzt, dass es in einiger Entfernung den des Gegners kreuzen musste. Im Boot herrschte atemlose Stille. Um 10.00 Uhr wurde zum Angriff getaucht.

Auf Sehrohrtiefe waren deutlich drei Dampfer in Kiellinie im Abstand von etwa 300 Metern auszumachen. Ein Zerstörer lief weiter östlich etwas herausgestaffelt. U 456 ließ sich durch die schwierige Tiefensteuerung als Folge der Dünung kaum auf Sehrohrtiefe halten. Während des Angriffs brach es fünfmal durch die Wasseroberfläche heraus, zum Glück vom Gegner unbemerkt.

Im Boot standen die Männer auf ihren Gefechtsstationen, fieberhaft wurde gearbeitet. Vorhalt und Entfernung wurden am Zielgerät eingestellt. Um 10.35 Uhr war es so weit.

»Rohr I und II klar!«

Die Klarmeldungen erfolgten rasch. Teichert beobachtete im Sehrohr den Dampfer. Er schien beladen zu sein und hatte etwa 3000 BRT. Die volle Breitseite des Frachters wanderte ins Zielgerät. Der Kommandant gab zur Errechnung der Schusswerte Entfernung, Lage und Geschwindigkeit des Dampfers durch.

»Rohr I und II ...!«, tönte es durch das Boot.

»Los!«

Mit einem zischenden Schnaufen schossen die Torpedos aus den Rohren und jagten dem Dampfer entgegen.

»Rohr III – fertig!«

»Los!« Doch der Schuss aus Rohr III fiel aus ungeklärter Ursache nicht. Auch die beiden zuvor geschossenen Torpedos liefen am Ziel vorbei und verfehlten es, denn Detonationen wurden nicht aufgefasst. Aber schon wanderte der zweite Dampfer langsam ins Zielgerät.

»Rohr IV – fertig!«

»Scheint ein Dampfer vom Typ ›Baron Douglas‹ zu sein!«, stellte Teichert fest.

Um 10.36 Uhr erfolgte der Befehl: »Rohr IV – los!«

Im Boot standen die Männer wie gebannt auf ihren Stationen. Die Zeiger der Stoppuhren kreisten über ihr Zifferblatt. Endlich – nach 55 Sekunden Laufzeit detonierte der Torpedo in einer grellen Stichflamme am Dampfer.

»Treffer vor dem vorderen Mast!«, rief Teichert den Männern in der Zentrale zu.

Eine hohe schwarze Sprengwolke stand über dem Frachter. Gleich darauf erfolgte eine ohrenbetäubende Explosion. Der Dampfer sackte sofort hinten drei bis vier Meter tiefer. Er blieb gestoppt liegen und blies Dampf ab.

»Den müssen wir mit einem Fangschuss erledigen!«, meinte Teichert lakonisch.

Sofort folgten die Befehle zur Kursänderung. Schussunterlagen und Entfernung wurden erneut überprüft. Um 10.45 Uhr fiel der Fangschuss aus Rohr V, blieb aber wirkungslos, denn es wurde keine Detonation vernommen.

Der deutsche B-Dienst identifizierte das von U 456 angeschossene Schiff als hondurianischen Tanker »Mana«. Möglich wäre auch, dass es sich um das norwegische Wachboot »Sulla« handelte, das zur gleichen Zeit als Hilfsminensucher zur sowjetischen Nordmeerflotte überführt werden sollte und in diesem Seegebiet als verschollen gilt. Die »Sulla« könnte aber auch von »Ju-88«-Bombern des Kampfgeschwaders 30 versenkt worden sein. Plötzlich raste ein Zerstörer aus einer Regenwand genau auf U 456 zu.

»Schnell auf 120 Meter gehen, LI!«, brach es aus Teichert heraus.

Schon stieß das Boot in die rettende Tiefe, hatte aber die schützende Tauchtiefe noch nicht erreicht, da knallte es bereits im nächsten Umkreis. U 456 bekam einen gewaltigen Stoß.

Die Männer fielen durcheinander. Doch der LI Oberleutnant (Ing.) Nerlich war auf dem Posten. Geschickt fing er mit den Leuten am Tiefenruder das Boot ab, so dass er es bei 120 Meter sicher in eine stabile Lage bringen konnte.

»Ruder hart Steuerbord! Backbord E-Maschine voraus äußerste Kraft!«, erfolgte nun der Befehl des Kommandanten.

An der Oberfläche suchte der Zerstörer seinen getauchten

Gegner. Im Boot wurden die Schraubengeräusche gehört und seine Suchschläge wahrgenommen. Doch nach einer Stunde lief er plötzlich ab, vermutlich zurück zum Geleitzug.

Kapitänleutnant Teichert wollte mit dem Auftauchen bis zur Nacht warten. Zum Glück musste die Dämmerung bald einsetzen. In der Zwischenzeit waren die Torpedorohre nachgeladen worden. Zwar dauerte das Nachladen recht lange, war aber trotzdem eine gute Arbeit des Personals.

Plötzlich, gegen 16.30 Uhr, meldete Funkmaat Urbild verschieden starke Schraubengeräusche.

»Auf Sehrohrtiefe gehen!«

Schon war Teichert am Sehrohr. Doch oben herrschte schlechte Sicht. Nichts war zu erkennen.

»Auftauchen!«, befahl Teichert.

Sekunden später durchbrach U 456 die Wasseroberfläche. Teichert, der I. WO Rudolf Zorn und die Brückenwache enterten die Leiter im Turm empor. Das Turmluk sprang auf, und schon standen die Männer auf der Brücke und besetzten sofort ihre Ausgucksposten.

»Beide Diesel voraus äußerste Kraft, auf 60 Grad gehen!«, lautete Teicherts Befehl.

Kaum waren die Maschinen auf Touren, da kam im Dunst die Silhouette eines Torpedobootes oder Zerstörers in Sicht. Mit schnellen Fahrt- und Ruderkommandos konnte dem Gegner ausgewichen werden. Unverhofft erschien im dichten Schneetreiben der Geleitzug. Vier Dampfer und zwei Sicherungsfahrzeuge machten die Männer auf der Brücke aus.

Sofort leitete der Kommandant das Vorsetzmanöver ein.

»Alarm, Flugzeug von achtern im Anflug. Entfernung 2000 Meter!«, schrie plötzlich der Mann von der Brückenwache, der den hinteren Sektor absuchte. »Tauchen!« Ruhig und klar folgten nun die Befehle des Kommandanten. Innerhalb weniger Sekunden war U 456 unter Wasser und steuerte die befohlene Tiefe von 80 Meter an. In den nächsten zehn Minuten detonierten fünf Bomben ganz in der Nähe des Bootes.

Von den verschiedenen Stationen liefen die Meldungen in der Zentrale zusammen. Keine Ausfälle.

»Na, da hat der liebe Gott den Daumen dazwischengehalten«, sagte Teichert und zwinkerte den Männern in der Zentrale zu.

Das Boot lief unter Wasser nach Norden ab, während noch weitere Bomben in der Nähe detonierten. Der Kommandant vermutete, dass sein Boot noch nahe am Geleitzug stand.

Um 20.03 Uhr tauchte U 456 wieder auf, und die Brückenwache nahm ihre Sektoren ein. In der Turmverkleidung wurden MG-Einschüsse festgestellt, die wahrscheinlich von dem angreifendem Flugzeug stammten. Danach setzte Teichert folgenden Funkspruch an Admiral Schmundt ab:

»Geleitzug AC 8869, Kurs Kildin-Straße. Alarmtauchen vor Flugzeug. Teichert«

Gegen 21.45 Uhr waren wieder Hektik und Bewegung an Bord. Befehle und Meldungen schwirrten hin und her. Der Kommandant hatte sich entschlossen, auf einen 7000-Tonner zu operieren, den U-Marks (U 376), ebenfalls ein VII-C-Boot, um 20.11 Uhr im Quadrat AC 8835 gemeldet hatte.

Bis kurz vor Mitternacht suchte das Boot nach dem Frachter, doch trotz guter Sicht war nichts zu sehen. Um 23.53 Uhr brach der Kommandant die Suche ab und steuerte auf Befehl des Admiral Nordmeers Kap Teriberski an. Am 31. März lief U 456 vor dem Kap auf und ab, ohne etwas zu entdecken. Zweimal wurde das Leuchtfeuer zur eigenen Standortbestimmung gepeilt. Um 20.00 Uhr des gleichen Tages ging ein Funkspruch von Admiral Schmundt ein, der für U 456 das Einlaufen in Kirkenes am 2. April vorsah.

Noch einen Tag blieb das Boot auf Beobachtungsposten vor Kap Teriberski, doch die See war wie leergefegt. Trotz guter Sicht war weit und breit kein Feind zu sehen. Die für das Nordmeer verhältnismäßig ruhige See und das gute Wetter würden jede Angriffsmöglichkeit auf gegnerische Schiffe begünstigen. Nur die leichte Dünung schwappte klatschend gegen die Bordwand.

Missmutig entschloss sich der Kommandant am 1. April um 20.25 Uhr zum Rückmarsch. Ohne weitere Vorkommnisse lief U 456 nach Kirkenes zurück und machte am 2. April um 12.45 Uhr im Stützpunkt fest. Hier erfuhr Teichert in einem Gespräch mit dem Kommandanten von U 589, Kapitänleutnant Horrer, dass dieser an der Schussstelle von U 456, im Planquadrat AC 8649, am 30. März ein Rettungsboot und Ölflecken gesehen hatte.

Deshalb nahm Teichert an, dass das von ihm getroffene Schiff gesunken sei. Zudem bescheinigte der Admiral Nordmeer der Besatzung von U 456 besonders geschicktes Verhalten bei Angriff und Abwehr.

Die 4. Feindfahrt

U 456 ging noch am 2. April in Kirkenes längsseits des Dampfers »Südmeer«. Das Boot sollte bald wieder auslaufen, deshalb waren nur wenige Tage zur Überholung angesetzt.

Kleinere Reparaturen und die Ausrüstung des Bootes mit Torpedos und Proviant wurden im Eiltempo durchgeführt. Auch den Besatzungsmitgliedern wurde in kurzen Törns die verdiente Ruhepause gewährt. Bereits am 7. April war das Boot wieder einsatzklar, und nach der Verabschiedung durch Admiral Schmundt legte das Boot um 20.50 Uhr von der »Südmeer« ab zur 4. Feindfahrt.

Am 8. April lief der Konvoi PQ.14 von Island mit 24 Schiffen, gesichert von fünf Zerstörern, vier Korvetten, zwei Minensuchern und vier U-Jägern, aus. Bei Jan Mayen geriet der Geleitzug ins Packeis. 16 Frachter und die beiden Minensucher mussten mit Eisschäden umkehren. Am 10. April lief der QP.10 aus dem Kola-Fjord mit 16 Frachtern, gesichert von dem Kreuzer »Liverpool«, fünf Zerstörern, einem Minensucher und zwei U-Jägern, aus.

Der Admiral Nordmeer bildete daraufhin aus den deutschen U-Booten U-Marks (U 376), U-Köhler (U 377), U-Clausen (U 403) sowie U 456 die Gruppe »Robbenschlag« und setzte diese auf den Konvoi QP.10 an.

Kurz nach dem Auslaufen aus Kirkenes war U 456 wieder allein auf sich gestellt. Mit hoher Fahrt fuhr es dem befohlenen Operationsgebiet entgegen. Am nächsten Tag kam ein Wetter auf, das dem der beiden vorhergehenden Feindfahrten in nichts nachstand.

Ständig musste das Boot gegen die Elemente ankämpfen. Ein Sturm hielt es fast auf der Stelle fest. Zudem verschlechterte sich die Sicht zusehends. Am 9. April fuhr U 456 auf seiner Position im Vorpostenstreifen auf und ab. Die nächsten beiden Tage und Nächte vergingen ohne besondere Ereignisse, außer dass U 456 vor einem einmotorigen Flugzeug mit südlichem Kurs wegtauchen musste.

Am 12. April war es so weit. Der Kommandant änderte den Kurs auf 90 Grad und befahl, die Fahrt auf 10 Knoten zu erhöhen. Plötzlich meldete der I. WO Rudolf Zorn:

»Fahrzeug an Backbord drei Dez!«

Sofort flogen die Gläser in die Richtung des gemeldeten Objekts.

»Könnte sich durchaus um ein U-Boot handeln«, meinte Teichert.

»Oder ein kleiner Dampfer«, bemerkte der I. Wachoffizier.

Bei der Annäherung sah man auf der Brücke durch die Dunstfetzen die langen Aufbauten.

»Anscheinend doch ein U-Boot! WO – wir tauchen!«

»Auf Sehrohrtiefe gehen!«, befahl Teichert kurz. Um 03.08 Uhr tauchte man im Quadrat AC 4712. Nach Horchpeilung wurde das Ziel angelaufen. Plötzlich riss die Horchpeilung ab.

»Auftauchen!«, befahl Teichert mürrisch.

Oben war nichts zu erkennen. Vermutlich hatte es sich um ein großes englisches oder russisches U-Boot gehandelt.

Schließlich ging um 22.33 Uhr eine Luftmeldung über den Geleitzug in AC 5453 ein. Fast zur selben Zeit meldete U 376 den Geleitzug im Quadrat AC 5419.

Max-Martin Teichert erteilte sofort seine Befehle. Das Boot operierte auf den gemeldeten Konvoi. Mit hoher Fahrt lief es dem Feind entgegen.

Bereits am 13. April gegen 01.20 Uhr wurde die Fühlung mit dem Konvoi hergestellt. Der Geleitzug steuerte Zickzackkurse, sein Generalkurs war 280 Grad. Die Sicherung bestand aus vier Zerstörern, außerdem waren sechs Dampfer auszumachen, später konnten noch weitere gesichtet werden. Rasch suchte sich Teichert ein Ziel aus den Dampfern heraus, deren Umrisse soeben zu erkennen waren.

Wieder lief U 456 eine Weile mit, um sichere Schussunterlagen zu gewinnen. Ein inzwischen eingegangener Funkspruch meldete aber, dass in der nächsten Zeit mit einem Luftangriff zu rechnen sei. Deshalb brach Teichert den bereits angelaufenen Angriff ab.

Um 05.45 Uhr beobachtete man mehrere tief fliegende Junkers »Ju 88«. Die angreifenden Flugzeuge drängten U 456 weiter nach Süden ab. Erneut musste sich das Boot nach Norden vor den Konvoi setzen.

Um 08.12 Uhr, als der Geleitzug in Sicht kam, tauchte das Boot erneut zum Angriff.

Teichert beabsichtigte, von Backbord vorn hineinzustoßen. Schon wanderte ein großer Frachter in das Seeziel-Sehrohr. Mit guten Unterlagen und auf mittlere Entfernung wurde ein E-Torpedo abgefeuert. Danach begann das übliche nervenaufreibende Beobachten der unerbittlich vorrückenden Stoppuhrzeiger. Sekunden verrannen. »48 – 49 – 50 – Laufzeit überschritten!«, meldete Obersteuermann Bieselt.

Ergebnis: Glatter Fehlschuss. Nach der Horchpeilung und

Kopplung stand U 456 zwischen den Dampfern und der vorderen Backbordsicherung. Im Sehrohr war wegen des heftigen Schneetreibens nichts zu sehen. Zudem kam wieder dichter Nebel auf. Plötzlich detonierte eine Serie von Wasserbomben weit hinter dem Boot.

Nach einiger Zeit waren die Schraubengeräusche eines Zerstörers im Horchgerät zu vernehmen. Die Ortungsgeräte des Gegners schienen einwandfrei zu arbeiten, denn ein Davonschleichen des Bootes gelang nicht. U 456 hatte inzwischen eine Tiefe von 140 Meter erreicht. Eine Wasserbombenserie nach der anderen lag genau neben oder über dem Boot. Teichert befahl auf 180 Meter zu gehen. Einmal sackte U 456 sogar bis auf 220 Meter durch. Infolge des ungeheuren Wasserdrucks begann es in allen Nähten und Fugen zu krachen, knistern und knacken. Die Anforderungen, die an die Nerven der Männer gestellt wurden, steigerten sich bei jeder neuen Wasserbombenlage. Das Zirpen des ›Asdic‹-Gerätes tönte laut durch die Stille des Bootes, dann lief der Zerstörer erneut zum Wasserbombenwurf an. Stundenlang zogen sich die regelmäßig wiederkehrenden Donnerschläge hin. Nur die leisen Ruder- und Maschinenbefehle des Kommandanten und Leitenden Ingenieurs waren im Boot zu hören, ansonsten blieb es still in der engen Stahlröhre. Die Männer im nur wenig beleuchteten Innern des Bootes standen wie angewachsen auf ihren Stationen oder lagen in den Kojen.

Trotz der Gefahr traten Hunger-, Durst- oder Müdigkeitsgefühle auf.

Nach drei Stunden nahmen die Horchgeräusche allmählich ab, kamen zeitweise wieder näher, um dann endgültig zu verschwinden.

»Auf Sehrohrtiefe gehen!«, befahl der Kommandant.

Mit einem kurzen Rundblick erkannte Teichert, dass oben die Luft rein war. Der Zerstörer schien zum Geleitzug zurückgelaufen zu sein.

»Auftauchen!«, erklang die befehlsgewohnte Stimme des Kommandanten durch das Boot.

An der Wasseroberfläche herrschte immer noch starkes Schneetreiben. Die Brückenwache hangelte zum Turm hinauf. Kein Schiff oder Sicherungsfahrzeug war weit und breit zu sehen.

»Wir werden dem Geleitzug nachstoßen!«, gab Teichert dem I. Wachoffizier zu verstehen.

»Jawohl, Herr Kaleu!«

Mit einem Suchschlag nach Norden wurde die Verfolgung des Geleitzuges aufgenommen.

Nach den Quadratangaben vom Fühlungshalter U 435 musste auch U 456 gegen 17.00 Uhr vor dem Geleitzug stehen. Um 18.20 Uhr entschloss sich der Kommandant zum Rundhorchen und Tauchen. Aber nichts war zu hören. Da die Möglichkeit bestand, dass der Konvoi das Boot in der Nähe passierte und oben nichts zu sehen war, blieb U 456 zunächst unter Wasser.

Plötzlich hörte man von weiter entfernt mehrere Wasserbombendetonationen. Demnach musste der Geleitzug noch in der Nähe sein. Zwischenzeitlich ging ein Funkspruch vom Admiral Nordmeer ein, der U 456 einen neuen Vorpostenstreifen zuwies. Mit Höchstfahrt steuerte das Boot das befohlene Seegebiet an.

In den frühen Morgenstunden des 15. April erreichte U 456 die zugewiesene Vorpostenlinie. Um 10.00 Uhr meldete die Luftaufklärung den Geleitzug PQ.14 im Quadrat AB 5611.

»Auf 280 Grad gehen, Fahrt 10 Knoten!« Deutlich und klar gab Teichert seine Befehle. Mit mittlerer Fahrtstufe lief U 456 dem Konvoi entgegen.

Kurz nach Mitternacht des 16. April ging auf U 456 eine Fühlungshaltermeldung ein. Das Kameradenboot stand also in der Nähe am Geleitzug. »Zwei Schatten an Backbord, querab, Entfernung 4000!«, rief plötzlich ein Mann der Brückenwache. Die Köpfe der Offiziere schnellten herum. Die Blicke galten einem der Frachter, dessen Bug sich schon fast über ihnen erhob und mit hoher Geschwindigkeit auf das U-Boot zustieß. Wollte er U 456 rammen? An Tauchen war nicht mehr zu denken.

Vom Himmel fiel rot glühend eine Leuchtgranate, zischte ins Meer und erlosch.

Dunkelheit! Ruhe im Boot. Aber der riesengroße Schatten näherte sich mit unheimlichem Tempo. Überraschend drehte er scharf von dem Boot weg. Da krachte es auch schon. Eine Korvette schoss, doch zu spät. Der große Frachter schob sich zwischen Kriegsschiff und U-Boot. Wild zackte er umher und trennte dadurch ungewollt die beiden Gegner.

Der Kommandant legte U 456 in eine Kurve, hinein in die Dunkelheit. Nach zwei, drei Haken waren sie weit genug vom Geleitzug weg. Die Korvette feuerte ins Leere.

Maschinenkanonen knatterten auf einigen Dampfern, aber das U-Boot war aus der Gefahrenzone heraus.

»Geleitzugkurs 135 Grad!«, meldete der I. Wachoffizier dem Kommandanten.

Langsam setzte die Dämmerung ein. Bei Hellwerden waren weitere Einzelheiten zu erkennen. Acht Dampfer fuhren in Doppeldwarslinie, in weitem Abstand voneinander.

Bei jedem Dampferpaar stand ein Zerstörer oder eine Korvette. Vorn fuhr ein großer Zerstörer als ›Feger‹. An beiden Seiten, etwa in 3000 Meter Abstand, patrouillierte je ein weiterer Zerstörer. Hinter dem Geleitzug war ebenfalls ein Zerstörer zu sehen.

Gerade als Teichert erneut zum Angriff anlaufen wollte, drehte der Geleitzug auf 80 Grad.

Da seit fast drei Stunden keine Fühlungshaltermeldung eingegangen war, entschloss sich Teichert, diese Aufgabe zu übernehmen. Sofort ließ er folgenden Funkspruch absetzen:

»Geleitzug Quadrat AB 6372, 80 Grad, 8 Seemeilen, Doppeldwarslinie, Sicherung rings um den Geleitzug. Sicht bessernd – Teichert«

Plötzlich lief der vordere Feger mit hoher Fahrt über die Kimm. Vermutlich hatte er vor dem hellen Osthorizont U 456 gesichtet. Schnell ließ Teichert drehen und mit äußerster Kraft ablaufen. Trotzdem kam der Zerstörer immer näher heran. Als er auf 6000 Meter herangekommen war, befahl Teichert zu tauchen. Kaum unter Wasser, meldete der Funkgast, dass er den Zerstörer im Horchgerät erfasst habe. Er hielt sich immer noch in der Nähe auf. Auch der Geleitzug wurde jetzt gepeilt. »Auf Sehrohrtiefe gehen!«, befahl der Kommandant. Oben herrschte schlechte Sicht. Nach der Horchpeilung voraus und achteraus wurde je ein Dampfer mit wild kurvenden Sicherungsfahrzeugen in einer Entfernung von 3000 Meter gehorcht. Da Kapitänleutnant Teichert ein Mann der schnellen Entschlüsse war, erfolgten umgehend seine Befehle in der Zentrale.

»Heckschuss auf Zerstörer, Entfernung 1500 Meter, Lage 90. Zerstörer dreht zu bis Lage Null!«

Plötzlich eine schwere Wasserbombendetonation in nächster Nähe! Der Angriff musste abgebrochen werden. Das Boot steuerte auf 120 Meter Tiefe. Als nach zwei Stunden unter Wasser nichts mehr zu hören war, befahl der Kommandant aufzutauchen. Oben angelangt, war die See wie leergefegt, nichts zu sehen außer Wellen und Wasser.

»Zweite Seewache aufziehen! Umschalten auf Diesel! Beide Maschinen halbe Fahrt!

Wir werden dem Geleitzug nachstoßen!«, gab Teichert bekannt.

Schon nach einer Stunde zeigte sich der Konvoi, backbord voraus, im Dunst. Kaum waren die ersten Schiffe ausgemacht, musste U 456 vor einem anfliegenden Flugzeug mit Alarmtauchen unter Wasser. Beim Blick durch das Luftzielsehrohr stellte Teichert fest, dass er vor einem eigenen viermotorigen Aufklärer vom Typ Focke-Wulf 200 weggetaucht war. Schon nach wenigen Sekunden war das Boot wieder über Wasser und trat die Verfolgung des Geleitzuges an.

Eine halbe Stunde später war dieser erneut in Sicht. Doch plötzlich verfolgte ein von der Steuerbord-Geleitsicherung herauskommender Zerstörer das mit »A. K.« ablaufende U 456.

Bei der Entfernung von etwa 5000 Meter gab Teichert den Befehl zu tauchen. Ungefähr eine Stunde blieb der Zerstörer in der Nähe, bevor er langsam ablief. In Richtung Geleitzug wurden viele detonierende Wasserbomben wahrgenommen.

Wahrscheinlich beharkte die Geleitsicherung das in der Nähe befindliche Kameradenboot U 403. Mittlerweile war U 456 wieder aufgetaucht und nahm erneut die Verfolgung auf. Gegen 19.00 Uhr war die Fühlung am Konvoi wiederhergestellt. Sofort gab U 456 Fühlungshaltermeldungen und Peilzeichen ab.

»Beabsichtige Überwasserangriff auf größere Entfernung, Obersteuermann!«

Mehrfach versuchte der Kommandant in der Dämmerung, zum Angriff anzulaufen, musste aber jedes Mal Zerstörern oder Bewachern ausweichen.

Trotzdem hielt Teichert Fühlung an einem stark qualmenden Fahrzeug, das seiner Meinung nach nur ein Dampfer sein konnte. Doch der Versuch, das Boot mit hoher Fahrt vorzusetzen, misslang. Wenig später stellte sich heraus, dass es eine Korvette war, die achteraus vom Geleitzug stand.

Inzwischen war der 17. April angebrochen. Bei immer besser werdender Sicht schälten sich voraus mehrere Dampfer aus dem Dunst. Um 00.20 Uhr ergingen in schneller Folge die Befehle: »Achtung! Boot greift an! Angriff auf den letzten Dampfer! Beide Maschinen voraus große Fahrt! Ruder backbord zehn!«, ertönten die altvertrauten Kommandos des Kommandanten.

»Lage 130, Entfernung 3000 Meter!«, meldete der I. WO Rudolf Zorn.

»Rohr II und III klar!«

»Wir greifen an Steuerbord an«, gab Teichert als Befehl.

»Schatten an Steuerbord!«, rief urplötzlich ein Ausguckposten.

Kaum hatten Teichert und der I. Wachoffizier diesen mit ihren Gläsern erfasst, gellte schon der nächste Ruf:

»Schatten backbord achteraus!«

In der Dunkelheit tauchte der Umriss eines weiteren Frachters auf.

»Wir stehen offenbar mitten im Geleitzug, Herr Kaleu!«, stellte Zorn fest.

»Alle Rohre klar!«, befahl dieser sofort. »Beide Maschinen voraus große Fahrt!«

Kapitänleutnant Teichert versuchte die Spitze des Konvois zu erreichen. Unerwartet lief der zuerst anvisierte Dampfer U 456 erneut vor die Rohre.

»Achtung! Boot greift an!«

»Beide Maschinen voraus kleine Fahrt! Ruder backbord zehn!«

Der Rudergänger wiederholte die Befehle. Langsam schwenkte der Bug des Bootes herum. Der I. Wachoffizier wartete am UZO darauf, dass ihm bei der Drehung des Bootes gleich der Gegner ins Zielgerät einwandern würde. Es war 00.24 Uhr, als der Dampfer das ganze Visier ausfüllte.

»Deckung!«

»Rohr II und III! Achtung!«

Sofort kamen die Klarmeldungen aus dem Boot. In der Zentrale lagen die Hände der Männer an den Ventilrädern. Jede Sekunde waren sie bereit, beim Alarmtauchbefehl die Flutventile zu öffnen. Im Maschinenraum waren alle Augen auf den Maschinentelegraphen gerichtet.

Kapitänleutnant Teichert gab Feuererlaubnis: »Rohr II ...!«

Oberleutnant zur See Zorn hatte den Frachter genau mittschiffs im Zielgerät.

»Rohr II – fertig!«, tönte es von unten durch das Boot.

»Lllos!«

Mit einem zischenden Schnaufen schoss der Torpedo aus dem Rohr und jagte in die Dunkelheit hinaus, schnurgerade seinem Ziel entgegen.

»Rohr III ...!« Wiederum erfolgte die Klarmeldung.

»Los!«

Erneut zischte es im Wasser, und wieder raste ein Aal mit hoher Geschwindigkeit davon. Doch der anvisierte Dampfer hatte wahrscheinlich U 456 bemerkt, denn kurz nach dem Doppelschuss drehte er ab und ging nach fünf Minuten auf seinen alten Kurs zurück.

»Fehlschüsse!« Teichert wirkte enttäuscht.

Wenigstens erfolgte keine Verfolgung durch die Konvoisicherung. Das Boot hängte sich an den Geleitzug an. Die qualmende Korvette war zum Fühlungshalten vorzüglich geeignet.

Der Konvoi fuhr wieder auf geradem Kurs in alter Formation. Die Zerstörer und Korvetten der Geleitsicherung stießen von Zeit zu Zeit nach allen Richtungen vor, um eventuell angreifende U-Boote abzudrängen. U 456 gab trotz wechselnder Sicht stündlich Fühlungshaltermeldungen und Peilzeichen gemäß seinem Operationsbefehl ab.

Am Morgen stand das Boot nordwestlich vom Geleitzug. Um 09.30 Uhr kamen U-Clausen (U 403) und U-Hackländer (U 454) zum Erfahrungsaustausch in Sicht. Ein reger Morseverkehr zwischen den Booten fand mit der sogenannten Klappbuchs, dem Morsescheinwerfer, statt. Eine Stunde später setzte sich U 456 langsam in Richtung Norden vor den Geleitzug.

Seit 13.00 Uhr wartete Teichert auf das Geleit, das aber mittlerweile nach Süden abgedreht hatte. Wegen eines Ausweichmanövers vor einem unvermittelt anlaufenden Zerstörer und beginnender Sichtverschlechterung verlor das Boot den Geleitzug endgültig. Mit hoher Fahrt wurde dem Gegner nachgesetzt. Doch ein unvorhergesehener Nebeleinbruch schützte die Schiffe des Konvois.

Daraufhin schickte Teichert folgenden Funkspruch ab:

»Fühlung im Nebel verloren, Quadrat AC 5432, Sicht 500 Meter. – Teichert«

Kaum war die Meldung abgesetzt, ging ein Funkspruch von U 454 ein:

»Abdrängung durch Zerstörer. – Hackländer«

Demnach lief der Konvoi jetzt mit Südostkurs. Der Kommandant befahl, unter Wasser zu gehen. Durch die Horchpeilung sollte der Geleitzug wieder aufgefasst werden. U 456 stand hinter dem Konvoi. Schnell wurde wieder aufgetaucht und mit ›A. K.‹ die Verfolgung aufgenommen sowie eine Meldung an den Admiral Nordmeer abgesetzt. Wegen einsetzenden Regens verschlechterte sich die Sicht immer mehr. Erneut musste zum Horchen getaucht werden. Nach Kopplung stand der Geleitzug etwa sechs bis acht Seemeilen querab. Wieder aufgetaucht, ließen mehrere breite Bilgewasserspuren auf den Geleitzugkurs in 145 Grad schließen. Teichert befahl, das Boot in der Spur zu halten, doch bald ging auch diese im dichten Nebel verloren.

Wiederum tauchte U 456 zum Horchen, da über Wasser heftiges Schneetreiben die Sicht raubte. Der Geleitzug stand jetzt backbord voraus, nach der Kopplung etwa sieben Seemeilen entfernt.

Aufgetaucht. Mit 150 Grad lief das Boot auf den Konvoi zu. Doch von diesem war nichts zu sehen. Erneut tauchte man zum Rundhorchen. Die Peilungen waren einwandfrei. Die Entfernung musste gemäß der Kopplung etwa sechs Seemeilen betragen. Aufgetaucht. Eilig setzte man eine Meldung an Admiral Nordmeer ab, dann wurde dem Feind nachgestoßen. Doch auch nach einer Stunde Überwassermarsch war immer noch nichts vom Geleitzug auszumachen.

»Vermutlich steuert er seit längerer Zeit Südkurs«, sinnierte Teichert.

Kurz vor Mitternacht traf U 456 auf das Kameradenboot U 403. Nach einem kurzen Erfahrungsaustausch wurde mit Kapitänleutnant Clausen ein Suchfächer verabredet.

Danach verfolgten beide Boote den Geleitzug und liefen ihm mit hoher Fahrt entgegen.

Mittlerweile hatte der 18. April begonnen. Das Boot stand nach Meinung des Kommandanten gegen 01.00 Uhr vor dem Geleitzug. Trotz der zeitweise schlechten Sicht nahm U 456 pünktlich seine Position im Vorpostenstreifen ein. Bis 09.30 Uhr fuhr das Boot im zugewiesenen Operationsgebiet auf und ab, doch vom Geleitzug war wieder nichts zu sehen. Nach der Kopplung musste der Konvoi bereits den U-Boot-Streifen durchbrochen haben, ohne dass er bemerkt wurde.

Um 13.00 Uhr ging von Admiral Schmundt per Funkspruch ein Befehl ein, der dem Boot einen neuen Vorpostenstreifen im Quadrat AC 8618 zuwies. Mit Höchstfahrt erreichte das Boot die Position gegen 17.00 Uhr. Bis zum 19. April um 19.00 Uhr lief U 456 in dem zugewiesenen Quadrat auf und ab, ohne dass irgendwelche Vorkommnisse auftraten. Jetzt entschloss sich der Kommandant zum Rückmarsch. Am 20. April um 10.30 Uhr machte das Boot in Kirkenes fest.

In einer Stellungnahme des Admirals Nordmeer zum Kriegstagebuch von U 456 bescheinigte dieser dem Kommandanten und der Besatzung geschickte Arbeit am Konvoi, zähes Fühlungshalten über einen langen Zeitraum mit klaren und genauen Meldungen.

Dies war im Wesentlichen die Grundlage der Gesamtoperation von U-Booten und Luftwaffe gegen die Konvois PQ.14 und QP.10.

Vom 21. April bis 28. April lag U 456 in Kirkenes längsseits der »Adolf Lüderitz«, eines Schnellboot-Begleitschiffs, das als Wohnschiff für U-Boot-Besatzungen umfunktioniert worden war. Wenige Tage waren für die Überholung des Bootes vorgesehen, denn der nächste Geleitzug wartete schon auf das Boot. Kleinere Reparaturen mussten durchgeführt werden.

Die Besatzung erhielt für einige Tage, in verschiedenen Abständen, ihre wohlverdiente Ruhepause.

Am 28. April meldete der Leitende Ingenieur dem Kommandanten, dass das Boot wieder seeklar sei. Danach packte man es mit Munition, Torpedos, Brennstoff und Proviant voll.

Am Morgen des gleichen Tages wurde Teichert auf die »Südmeer« befohlen, auf der Admiral Hubert Schmundt mit seinem Stab residierte. Dort erfolgten eine Lagebesprechung und die Kommandanten-Einweisung. Schließlich hatte der B-Dienst den Konvoi PQ.15 im Seegebiet der Bäreninsel ausgemacht, während die Funkhorchabteilung »Ost« den Murmansk ebenfalls verlassenden Geleitzug QP.11 erfasst und gemeldet hatte.

Kurz vor dem Auslaufen meldete sich der PK-Mann, Leutnant Richard Kaufmann, an Bord von U 456. Dieser erklärte dem völlig überraschten Kommandanten Max-Martin Teichert, dass er die kommende Feindfahrt als Kriegsberichter begleiten würde.

Nach einem kurzen Trimmversuch am Abend des 28. April legte das Boot am 29. April um 04.00 Uhr von der »Adolf Lüderitz« ab. Auf dem Zwangsweg lief U 456 von Kirkenes aus. Die fünfte Feindfahrt des Bootes hatte begonnen.

Währenddessen war am 26. April der PQ.15 mit 25 Schiffen, gesichert von fünf Zerstörern, vier Minensuchern, vier U-Jägern, einem Flakschiff und dem Katapultschiff »Empire

Morn«, von Island ausgelaufen. Fast zur gleichen Zeit, am 28. April, lief von Murmansk der Konvoi QP.11 aus, bestehend aus 13 Schiffen, gesichert von den vier Zerstörern »Bulldog«, »Beverly«, »Beagle«, »Amazon« und vier Korvetten sowie einem U-Jäger. Zur Nahsicherung des QP.11 zählte der Kreuzer »Edinburgh«, das Flaggschiff von Rear Admiral Bonham-Carter, mit den Zerstörern »Foresight« und »Forester«. Bis zum 29. April gehörten noch zur Nahsicherung ein britischer Minensucher und zwei sowjetische Zerstörer.

Gegen die zwei Konvois wurde am 29. April die Gruppe »Strauchritter« mit den VII-C-Booten U-Bohmann (U 88), U-Timm (U 251), U-Hopmann (U 405), U-Seibicke (U 436), U-Horrer (U 589), U-Bielfeld (U 703) und U 456 gebildet. Letzteres war für das Quadrat AC 5739, seit 30. April für das Quadrat AC 5854 vorgesehen. Am Morgen des 29. April gewann die deutsche Luftaufklärung Fühlung am QP.11. Um 19.00 Uhr nahm U 456 den zugewiesenen Vorpostenstreifen im Quadrat AC 5843 ein. Etwa zur selben Zeit marschierte mit der Höchstgeschwindigkeit des Konvois von nur sechs Knoten 100 Seemeilen nordöstlich der Position von U 456 der Kreuzer »Edinburgh«. Gegen 20.30 Uhr musste der Geleitzug wegen der nahen Eisgrenze westwärts steuern. Mehrmals klärte die »Edinburgh« mit hoher Fahrt das vorausliegende Seegebiet auf.

Nach Mitternacht des 30. April, genau um 01.20 Uhr, weckte Funkmaat Urbild den Kommandanten.

»Ein Funkspruch von U 88, Herr Kaleu!«

Teichert sprang schnell auf, nahm das Papier in die Hand und überflog den Text:

> »Feindlicher Geleitzug in Sicht, Quadrat AC 5924. Feind steuert Nordostkurs. – Bohmann«

Den weiteren Meldungen von U 88 zufolge musste der Geleitzug 310 Grad steuern.

Kapitänleutnant Teichert wusste nun, dass er bei der Beibehaltung des eigenen Nordwestkurses am frühen Morgen den voraussichtlichen Kurs des Konvois kreuzen würde.

Um 05.28 Uhr wurde der Geleitzug im Quadrat AC 5688 gemeldet. Allerdings war seit 05.00 Uhr auf U 456 der Peiler ausgefallen, womit die aufgefangenen Peilzeichen nicht genutzt werden konnten. Gegen 08.00 Uhr stand das Boot bei wechselnder Sicht vor dem Konvoi.

09.24 Uhr: Ein erneuter Funkspruch von U 88 meldete den Geleitzug in AC 5921 mit Westkurs. U 456 stand also viel zu weit nördlich. Demzufolge verließ Teichert seine Warteposition und marschierte auf dem neu errechneten Kurs von 290 Grad dem Konvoi QP.11 entgegen.

Um 10.12 Uhr schallte ein Ruf durch das Boot:

»Brücke an Kommandant! Rauchwolke in Sicht!«

Teichert eilte den Turm empor. Oben angekommen, meldete ihm der I. WO Rudolf Zorn, mit der Hand in die Richtung zeigend: »Backbord voraus, dünne Rauchfahne, Herr Kaleu!«

Beide Offiziere nahmen ihre Gläser an die Augen. Mit einzelnen Kursänderungen versuchte Teichert, das Boot langsam an das erkannte Ziel heranzuführen.

Es war 11.20 Uhr. U 456 stand im Quadrat AC 5554, als sie auf der Brücke in südlicher Richtung einen Kreuzer erkannten, der einwandfrei als Kreuzer der »Belfast«-Klasse identifiziert wurde.

Unverzüglich setzte Teichert folgenden Funkspruch an den Admiral Nordmeer ab:

> »Quadrat AC 5582 Kreuzer Typ »Belfast«, westlicher Kurs, hohe Fahrt, stark zackend. – Teichert«

Der Kreuzer geriet zeitweise außer Sicht. Bereits um 14.22 Uhr setzte Teichert den nächsten Funkspruch ab:

»Quadrat AC 5554 einwandfrei Kreuzer Typ »Belfast«, bisher Generalkurs 300 Grad, zur Zeit nach Südost ablaufend, vermute Richtung Geleitzug. Kein Waffeneinsatz möglich. – Teichert«

Die Annahme des Kommandanten, der Kreuzer werde bald zur Aufklärung des vor dem Geleitzug liegenden Seegebietes auf seinen ursprünglichen Kurs zurückkehren, sollte sich wenig später bestätigen.

Um 15.10 Uhr näherte sich der Kreuzer wieder, in recht weisend 120 Grad kam er erneut in Sicht. Kurz darauf zackte er um 300 Grad und fuhr mit Lage Null schnell über die Kimm. Der Kreuzer hielt direkt auf U 456 zu. »Alarm! Wir tauchen zum Angriff!«, lautete der Befehl des Kommandanten.

Um 15.48 Uhr befand sich U 456 auf Sehrohrtiefe. Der Gegner zackte zunächst nach Süden, änderte jedoch nach zehn Minuten seinen Kurs auf 330 Grad. Da das Angriffssehrohr wegen beschlagener Optik kaum benutzbar war, wurde das Boot nach Horchpeilung auf mitlaufendem Kurs gehalten.

16.10 Uhr: Der Kreuzer zackte erneut auf U 456 zu. Im Sehrohr war er nur schwach und verschwommen zu erkennen. Schon lief er mit Lage 20, Kurs 180 Grad in 4000 Meter Entfernung, dem Boot direkt vor die Rohre.

»Wunderbar, er zackt auf uns zu!«, flüsterte Teichert die Augen an das Okular des Sehrohrs gepresst. Sogleich setzte er das Boot zum Angriff an. In schneller Folge gab er jetzt die Befehle:

»Dreierfächer aus Rohr I, II und IV!« Die Klarmeldungen folgten umgehend. Und um 16.18 Uhr erteilte Teichert den für den Kreuzer so verhängnisvollen Feuerbefehl:

»Fächer – los!«

Mit dumpfem Knall verließen die Torpedos die Rohre. Sie durch das unklare Standsehrohr zu verfolgen war nicht möglich. Die Männer im Boot zählen die Sekunden: 32 – 33 – 34 – 35 – 36. Die Uhrzeiger liefen weiter: 39 – 40 – 41. Innerhalb der nächsten Sekunden standen die Explosionen zu erwarten: 53 – 54 – 55 – 56.

»Achtung! Stopp!«

Jetzt müssten die Torpedos sitzen. Nichts geschah. Als die Stoppuhren bei 80 Sekunden angelangt waren, was einer Torpedolaufstrecke von etwa 1200 Metern entsprach, erfolgten plötzlich zwei aufeinanderfolgende Detonationen. Zur gleichen Zeit schnitt U 456 kurz unter die Wasseroberfläche.

»LI! Boot auf Sehrohrtiefe halten!«

Im Sehrohr waren nur Flecken zu sehen. Deshalb befahl Teichert um 16.32 Uhr, kurz aufzutauchen. Bei seinem Rundblick stellte er fest, dass der nach Steuerbord gedrehte Kreuzer in eine hohe gelbe Qualmwolke gehüllt war. Zudem hatte er Schlagseite nach Steuerbord. Mit fünf bis sechs Knoten Fahrt lief er langsam nach Nordosten ab.

»Fluten! Wir tauchen! Neuer Unterwasserangriff!«

Nach wenigen Sekunden war U 456 auf Sehrohrtiefe eingependelt. Doch durch das Sehrohr war wenig zu erkennen. Der Kreuzer lief ab. Teichert versuchte das Kriegsschiff zu verfolgen, um es mit einem Fangschuss zu versenken. Doch daraus wurde nichts. Der Mann am Horchgerät meldete stärker werdende Schraubengeräusche schnell aufkommender Zerstörer. Drei Zerstörer näherten sich mit hoher Geschwindigkeit dem getauchten U 456. Der Kommandant entschied, unter Wasser abzulaufen, um einem drohenden Wasserbombenangriff auszuweichen, was auch gelang. Gegen 19.45 Uhr ließ Teichert, nach einem vorangegangenen Rundblick durch das Periskop, auftauchen. Weit und breit war kein Fahrzeug zu erblicken. Umgehend nahm U 456 die Verfolgung des Kreuzers auf.

Bereits um 20.20 Uhr, im Quadrat AC 5542, kam der Kreuzer wieder in Sicht. Nun schickte Funkmaat Urbild die Erfolgsmeldung in den Äther:

> »16.18 Uhr zwei Torpedotreffer auf Kreuzer Typ »Belfast«, Quadrat AC 5519, Entfernung 1000 Meter, Tiefe 4. Schiff brennt

stark. Schlagseite festgestellt bei kurzem Auftauchen. Läuft mit einer Maschine noch 6 sm. Zweiter Angriff wegen Seegangs und unklarem Angriffssehrohr ausgefallen. Nach 30 Minuten 3 Zerstörer in der Nähe! U 456«

Nur wenige Minuten später folgte der zweite Funkspruch:

»Kreuzer mit Zerstörer, Quadrat AC 5524, Südkurs, geringe Fahrt oder gestoppt. – Teichert«

Für U 456 war es schwierig, Fühlung zu halten. Die Brückenwache beobachtete in einer Entfernung von ungefähr acht Seemeilen die schemenhaften Umrisse des Kreuzers und der ihn beschützenden Zerstörer. Danach nahm die Sicht von Minute zu Minute ab. Trotzdem schloss das Boot langsam an die gegnerischen Schiffe heran. Doch um 21.40 Uhr lief ein Zerstörer mit Lage Null auf U 456 zu. Kapitänleutnant Teichert befahl, abzudrehen und mit Höchstfahrt abzulaufen. Als der Zerstörer auf 4000 Meter heran war, erfolgte der Tauchbefehl. Kaum unter Wasser, meldete der Horchgast einen zweiten Zerstörer, schon in unmittelbarer Nähe. Beide setzten zur Horchverfolgung an, warfen aber keine Wasserbomben. Nach einer Stunde fuhr einer der Zerstörer zum Kreuzer zurück. Der zweite Zerstörer blieb aber in der Nähe. U 456 setzte sich mit langsamer Fahrt unter Wasser von seinem Verfolger ab.

Mittlerweile war der 1. Mai angebrochen. Nur wenige Minuten nach Mitternacht tauchte U 456 wieder auf. Die Nacht schien hier, südlich der Bäreninsel, ruhig zu bleiben. Im Norden standen zwischen den düsteren Wolken ein paar rotgelbe Bänder, die ersten Vorboten der Mitternachtssonne. Ein fahles Licht senkte sich über das U-Boot. Da meldete plötzlich einer der Wachposten voraus einen Schatten.

»Ein Schatten – wo?« Fragend blickte Obersteuermann Bieselt in die Nacht, immer wieder sein Glas an die Augen pressend. »Hoffentlich kein Zerstörer!«

Der Kommandant turnte die Turmleiter hinauf, hüpfte auf die Brücke und baute sich vor Bieselt auf, der immer noch angestrengt durchs Fernglas blickte.

»Ist es ein Zerstörer, Obersteuermann?«

»Nein, scheint ein U-Boot zu sein – wahrscheinlich ein deutsches!« Und nur Sekunden später meldete er Teichert: »Jawohl, das ist ein deutsches U-Boot!«

Der Kommandant ließ ein bisschen randrehen, und langsam, dann immer deutlicher war ein langer, dünner Schatten auf dem Wasser zu sehen. Sein Diesel achtern qualmte und blies eine weiße Fahne ab. Eigentlich sah das U-Boot genauso aus wie das eigene, wie man es jetzt so auf 1000 Meter Entfernung feststellen konnte. Und es war auch nicht anders – eindeutig war ein U-Boot vom Typ VII-C zu erkennen.

Eine Blaulampe flackerte drüben auf. Sie hatten also auch U 456 gesehen. Schon tauschten beide Boote ihre Decknamen aus, dann stoppte das Kameradenboot und U 456 drehte hart ran. Wenig später lagen sie fast nebeneinander. Dann verstummte das Brummen der Diesel, während U 456 die letzten Meter an das andere U-Boot herantrieb. Teichert trat von einem Bein auf das andere und machte ein Gesicht wie ein Mensch auf dem Bahnhof, bevor der Zug einläuft. Die Augen waren noch ernst, aber der Mund lächelte schon. Drüben auf dem anderen Boot war Heino Bohmann, sein Crewkamerad, der Kommandant. Auch auf U 88 erkannte jetzt der Kommandant, wen er vor sich hatte. Hier im Eismeer kam zwischen dem trägen Klatschen der Dünung kurz nach Mitternacht mit dem Sprachrohr eine Unterhaltung von Bord zu Bord in Gang. Mal diente die Flüstertüte zum Sprechen, dann wieder steckte der Angeredete das Ohr in die Öffnung und verwendete das Teil als Hörrohr, um die Schallwellen vom anderen Boot besser empfangen zu können. Es war eine kurze Unterhaltung zwischen Freunden, die sich seit Monaten nicht mehr gesehen hatten. Die beiden Kommandanten, die bisher nur durch Funksprüche voneinander wussten, unterhielten sich, als hätten sie erst einen Tag zuvor miteinander in einem Lokal gesessen. Der kleine Lage- und Erfahrungsaustausch zwischen beiden Kommandanten entwickelte sich folgendermaßen.

»Grüß dich, Tex!«, rief Bohmann von U 88 herüber, der Teicherts Spitznamen gebrauchte.

»Hallo Heino!«, rief Teichert zurück.

»Tex – wo steht der Kreuzer?«

»Er ist ganz bestimmt irgendwo in der Nähe! Musste vorhin vor Zerstörern unter Wasser!«

»Haben sie dir was getan? Die Sicht ist ja mal wieder bescheiden!«

»Ach wo – kleine Fische! Wie ist dein Standort, Heino? Ich stehe in AC 5524!«

Eine kurze Frage von Bohmann in die Zentrale, dann kam von drüben der Standort, der genau mit dem von U 456 übereinstimmte. Bohmann winkte und rief von drüben:

»Tex, die neue Tarnfarbe ist prima. Du bist fast nicht zu sehen! Na, dann wollen wir mal weiter und unseren Kreuzer beschatten!«

»Auf ihn mit Gebrüll! Ich steuere 150 Grad, Heino!«

»Ich 130!«

»Mach's gut, Heino!«

Nochmals riefen die Männer auf beiden Booten ihr »Hallo« über das Eismeer. Dann verschwand U 88 in einer Dieselwolke und nebelte sich selbst darin ein. Als U 88 noch einmal kurz zum Vorschein kam, grüßten sie von drüben und winkten einander zu. Auf U 456 winkten sie zurück. Inzwischen waren die Diesel angesprungen und das Boot nahm wieder langsame Fahrt auf. U 88 wurde mittlerweile von der Dunkelheit verschluckt. U 456 war wieder alleine. Die Bäreninsel lag nicht weit entfernt in südlicher Richtung. Im Norden schälte sich aus den schieferfarbenen Wolken ein immer heller werdender Schein heraus, die Mitternachtssonne kletterte über die Kimm mit seltsam schwefliggelben Farbtönen.

»Beide Maschinen – Große Fahrt! Wir müssen den Kreuzer

finden!«, ertönte die etwas aufgekratzte Stimme des Kommandanten.

U 456 hatte sich noch keine halbe Stunde von U 88 getrennt, als es gegen 00.50 Uhr erneut Fühlung mit dem Kreuzer hatte. Sogleich setzte Teichert folgenden Funkspruch ab:

> »Kreuzer liegt gestoppt, Quadrat AC 5528, quer zur See. In Lee große Ölfelder. Zerstörer beim Kreuzer. – Teichert«

Im Stab des Admirals Nordmeer herrschte fieberhafte Aktivität. Mit dem Fliegerführer Kirkenes mussten die Angriffspläne, die zur Versenkung des Kreuzers führen sollten, abgestimmt werden.

Außerdem plante die Luftwaffe in den frühen Morgenstunden des 1. Mai Einsätze gegen beide Konvois und bat um Peilzeichen aller Fühlungshalter auf Langwelle 442 kHz.

Unmittelbar nach den Luftangriffen sollten die U-Boote zum Zuge kommen. Als Admiral Schmundt die Nachricht vom Erfolg Teicherts erhielt, entschied er, die 6. Zerstörerbootflottille einzusetzen, obwohl es bisher nicht seine Absicht war, die Zerstörer gegen diese beiden Geleitzüge einzusetzen, da ihnen die Deckung schwerer Einheiten fehlte. Erst nach Erhalt der Meldung von Teichert änderte er seine Meinung und gab den Befehl zum Einsatz der drei Zerstörer gegen den Kreuzer. Seit einer Stunde sendete U 456 laufend Peilzeichen für die Luftwaffe. Um 03.10 Uhr war der Kreuzer wieder mit langsamer Fahrt angefahren. Um 07.00 Uhr lag er erneut gestoppt. Das Fühlungshalten war wegen der dichten Schneeschauer recht schwierig. Das Angriffssehrohr wurde laufend getrocknet und geheizt, den Milchbelag in der Optik bekam man aber nicht los.

Gegen 09.30 Uhr stand U 456 vor dem Kreuzer, während U 88 sich etwa sieben Seemeilen südlich vom Kreuzer befand. Durch die stark wechselnde Sicht und die Zacks, die der Kreuzer fuhr, geriet er immer wieder außer Sichtweite.

Bis zum Mittag behinderte heftiges Schneetreiben die Sicht. Dieser ständige Wechsel zwischen dem fehlenden Sichtkontakt und erneuter, angestrengter Suche zur Fühlungsaufnahme hielt die Brückenwache laufend in Atem. Kapitänleutnant Teichert wollte deshalb dem nervenaufreibenden Spiel ein Ende setzen und bat Admiral Schmundt um Angriffsfreiheit. Gerade eben zu dieser Zeit nahm man einen Funkspruch vom Admiral Nordmeer auf:

> »Teichert – zunächst Fühlung halten für späteren Zerstörereinsatz!«

»Also sollen wir nicht angreifen, sondern auf unsere Zerstörer warten und sie mit Peilzeichen heranführen«, sinnierte der Kommandant.

13.50 Uhr: Ein Zerstörer brach unerwartet mit großer Fahrt aus einer Schneebö. Er schoss mit seiner Artillerie. Bei 4000 Meter Abstand leitete Teichert das Tauchmanöver ein.

Wenig später detonierten drei Wasserbomben weit hinter dem Boot. Der Zerstörer ortete mit seinem Sonar-Gerät und blieb einige Zeit in der Nähe. Unter Wasser gelang es Teichert, mit Schleichfahrt abzulaufen. Die Horchpeilung machte der Bootsführung klar, dass der Gegner in ungefähr vier Seemeilen Abstand das abgetauchte U-Boot suchte.

Trotzdem gelang es U 456 dazwischen immer wieder, schnell Peilzeichen abzugeben oder dem Admiral Nordmeer über Funk kurze Lageberichte zu senden. Zusammen mit U 456 hielt auch U 88 Fühlung an den beschädigten Kreuzer, doch angreifen durften sie nicht. Der Kreuzer sollte gemäß Weisung von Admiral Schmundt am frühen Morgen des 2. Mai durch die Zerstörergruppe Nordmeer, bestehend aus »Z-7 Hermann Schoemann«, »Z-24« und »Z-25« angegriffen werden. Erst danach sollten die U-Boote eingreifen.

Um 17.44 Uhr tauchte U 456 wieder auf. Achteraus im Abstand von etwa 5000 Metern konnte ein Zerstörer beobachtet werden, der vor dem Kreuzer stand. Der Kreuzer selbst war bei der wechselnden Sicht und den Schneeschauern nur zeitweise auszumachen. Er schien mit den Maschinen zu steuern, denn er lag nie auf geradem Kurs und fuhr nur langsam mit drei bis fünf Knoten nach Süden. Was Max-Martin Teichert zu diesem Zeitpunkt nicht wusste, war, dass seine beiden Torpedos das Heck der »Edinburgh« völlig zerstört hatten. Ja, es war regelrecht in die Luft geflogen und hatte die Ruderanlage lahmgelegt. Also konnte die »Edinburgh« wirklich nur noch mit den Maschinen steuern.

2. Mai 1942, kurz nach Mitternacht: Ein Funkspruch von Admiral Nordmeer mit folgendem Inhalt ging ein:

> »Teichert – Angriff frei, sobald feindliche Zerstörer durch eigene gebunden, die etwa 06.00 Uhr beim Kreuzer stehen!«

Gegen 02.00 Uhr morgens kam der Kreuzer erneut in Sicht. Er lag gestoppt quer zur See und blies Dampf ab. Da die Zerstörergruppe beabsichtigte, von Norden anzugreifen, wich Teichert nach Süden aus.

Um 05.48 Uhr lief das Boot auf den Kreuzer zu. Dichter Schneefall hüllte das U-Boot ein. Die Sicht war schlecht. Für Teichert bestand eine günstige Gelegenheit, ungesehen an den Kreuzer heranzukommen und diesen dann mit einem gezielten Überwasserschuss zu erledigen. Doch nach knapp einer halben Stunde hörte es schlagartig auf zu schneien. U 456 stand in unmittelbarer Nähe eines Zerstörers und musste rasch unter Wasser.

06.15 Uhr: In 40 Meter Tiefe wollte der Kommandant nach Horchpeilung auf das Ziel zulaufen, um vor dem Beginn des Gefechts der Überwasserstreitkräfte in eine gute Schussposition zu gelangen.

Inzwischen war es 06.29 Uhr geworden. Im Horchgerät waren jetzt schnell drehende Schraubengeräusche zu vernehmen. Wahrscheinlich handelte es sich um die eigenen Zerstörer, denn nur kurze Zeit später begann an der Oberfläche ein Artilleriegefecht.

Am 1. Mai 1942, eine halbe Stunde nach Mitternacht, brachte ein Räumboot den Operationsbefehl an Bord des Führerzerstörers »Z-7 Hermann Schoemann«. Der Chef der 6. Zerstörerbootflottille, Kapitän zur See Schulze-Hinrichs, bekam die Aufgabe, den angeschlagenen Kreuzer zu vernichten. Die drei Zerstörer, bereits seit den Abendstunden in erhöhter Bereitschaft, waren sofort seeklar und auslaufbereit. Schon um 01.00 Uhr erfolgte der Befehl »Anker auf«, und es ging in langsamer Fahrt zum Sammelplatz. Dort formierten sie sich, und wenig später durchpflügten sie in hoher Fahrt das Eismeer.

Doch zunächst operierten sie, auf einen neuen Funkbefehl von Admiral Schmundt hin, nicht gegen die »Edinburgh«, deren Standort vorübergehend unbekannt war, sondern gegen den Konvoi QP. 11. Obwohl es schon Mai war, schwankte die Temperatur zwischen minus fünf und minus neun Grad. Die Gefahr, dass Waffen und Geräte durch Vereisung ausfielen, war groß.

Seit Stunden waren sie bereits unterwegs. Die Sonne war fahl aufgegangen. Schneeböen jagten über die See. Der Wind peitschte große nasse Flocken fast waagerecht über die Kriegsschiffe. Allmählich kam Seegang auf. Brecher donnerten krachend auf die Decks. Auf der Brücke von »Z-25« wurden die neu eingegangenen Funksprüche gesichtet und ausgewertet.

Der Kurs der Zerstörergruppe zeigte auf die Bäreninsel. Dort verlief die Eisgrenze. Die ersten kleineren Eisschollen trieben bereits im Wasser. Aufgrund der Funkmeldungen müssten die Zerstörer schon bald in der Nähe des Geleitzugs sein. Die Ausgucks an Deck und auf der Brücke nahmen kaum noch ihre Gläser von den Augen. Jeder wollte den Feind zuerst entdecken. Zeit für Überlegungen gab es nicht, denn die Alarmklingeln gellten bereits.

»Schatten Backbord voraus!«

Um 13.40 Uhr sichteten die Zerstörer den Konvoi. Sekunden später wurde es zur Gewissheit. Der Gegner war zu sehen. Schwarze Qualmwolken stiegen aus den Schornsteinen der Dampfer. Schlag auf Schlag kamen durch das Telefon die Klarmeldungen zu den Kommandanten. Die Zerstörer waren klar zum Gefecht. Ihre Rohre schwenkten auf den Gegner. Der Geleitzug QP.11 war ausgemacht. Große Handelsdampfer, geleitet von vier Zerstörern und einer Korvette. Der Feind war in der Übermacht. Inzwischen stürmten die Zerstörer auf Gefechtsentfernung heran. Die vier britischen Zerstörer konnten sie mit bloßem Auge ausmachen. Der Flottillenchef befahl »Feuererlaubnis!«.

Doch zuerst feuerte der Gegner. Im gleichen Augenblick waren auch bei den deutschen Zerstörern Blitz, Donner und Rauch zu sehen. Die erste Salve orgelte dem Feind entgegen.

Freund und Feind liefen parallel zueinander. Die Artillerieoffiziere riefen ihre Verbesserungen den Befehlsübermittlern zu. Auch die Torpedooffiziere prüften die Möglichkeiten zum Einsatz ihrer Aale.

Die ersten feindlichen Granaten jaulten heran, lagen aber zu kurz. Doch auch der Gegner verbesserte seine Werte. Plötzlich lagen ihre Einschläge deckend, seitlich oder direkt vor dem Bug. Den Kommandanten gelang es, durch laufende Kursänderungen die Zerstörer immer wieder aus dem Bereich der feindlichen Salven zu bringen. Dennoch dauerte das jeweils Minuten, die an die Nerven gingen. Die Männer an den Geschützen mussten Schwerstarbeit leisten. Granate um Granate verließ die Rohre.

Die Männer am vordersten Geschütz von »Z-25« waren wahre Berserker. Kartusche nach – fertig – Salve. Ein schriller Glockenton – Feuer. Meterlange Feuerstrahlen züngelten aus den Rohrmündungen. Die Zerstörer jagten Salve auf Salve ihrer 15-cm-Geschütze dem Gegner entgegen. Auch beim Feind stiegen die Fontänen von ins Wasser einschlagenden

Geschossen bedenklich nahe der Bordwand aus dem Wasser. Auf einem der britischen Zerstörer erzielte »Z-25« die ersten Treffer. Sogleich drehten sie ab und nebelten sich ein. Torpedos liefen auf die deutschen Zerstörer zu. Mit Hartruder und hoher Fahrt wichen diese aus. Vor »Z-7 Hermann Schoemann« brach plötzlich ein Berg von Wasser, Gischt und Eisbrocken aus der See. Dumpf hallte der Donner über das Eismeer. Ein Torpedo hatte einen kleinen Eisberg in die Luft gejagt. Das Flottillenboot hatte großes Glück gehabt. Mit Höchstfahrt liefen alle drei Zerstörer in eine günstigere Position. Die Maschinenanlagen gaben her, was sie konnten. Bis zur Grenze des Möglichen wurden die Kessel belastet.

»Äußerste Kraft voraus!«

Die Fahrmaate in den Turbinenräumen hatten die Fahrventile voll geöffnet. Oben peitschten Seen über die Oberdecks, hoch schäumte und quirlte die Hecksee, durch die rasenden Umdrehungen der Schrauben aufgewirbelt.

Im Dunst waren jetzt die Umrisse der Dampfer deutlich zu sehen, Masten, Schornsteine und Aufbauten. Nun war die Gelegenheit für die Torpedowaffe gekommen. Die Rohrsätze wurden geschwenkt, die Einstellwerte durchgegeben, dann folgte der Befehl: »Fächer – fertig!« »Fächer – los!«

Die Torpedos steuerten mit schnurgeradem Kurs dem Konvoi entgegen. Doch die Zerstörer mussten abdrehen und konnten deshalb die Wirkung der Torpedos nicht beobachten. Bereits über vier Stunden dauerte das Gefecht. Der Geleitzug schien zersprengt.

Inzwischen wurde die Sicht immer miserabler, und schwere See türmte sich auf. Mit den Torpedos hatten sie keinen großen Erfolg erzielt. Es gelang ihnen nur, den sowjetischen Frachter »Ziolkowski« zu versenken und die »Amazon« zu beschädigen.

Sechsmal innerhalb der letzten vier Stunden versuchte Schulze-Hinrichs, mit seinen Zerstörern an die Frachter heranzukommen, aber sechsmal standen die feindlichen Zerstörer dazwischen und wehrten die deutschen Angriffe ab. Zwar erhielten die britischen Zerstörer mehrere Artillerietreffer, trotzdem gelang es ihnen, die deutschen Kampfschiffe nicht an den Konvoi heranzulassen, und sie vermochten sogar, ihre normalen Geleitaufgaben fortzusetzen.

Wenigstens sollte die Bindung der Geleitfahrzeuge durch die laufenden Gefechte bewirken, dass die U-Boote, die am Konvoi operierten, nun leichte Beute machen könnten. Aber auch dieser Versuch scheiterte, denn es gab keine Möglichkeit zur Verständigung zwischen den Angreifern über und unter Wasser.

Bis 18.00 Uhr hatten die Zerstörer zwischen ein und zwei Drittel ihrer Munition verschossen. Schulze-Hinrichs musste an seinen Hauptauftrag, die Bekämpfung der »Edinburgh«, denken und brach den Kampf an dem Geleitzug ab. Gleich darauf wurde die Brücke des Flottillenzerstörers »Hermann Schoemann« von einer nervösen Unruhe erfüllt. Und schon erfolgten neue Befehle, ein neuer Kurs wurde aufgenommen. Für die drei Zerstörer gab es einen neuen Auftrag. Sie sollten jetzt auf den von U 456 torpedierten Kreuzer operieren. An Bord konnte keines der Besatzungsmitglieder darüber frohlocken. Schließlich war erst am 29. März der deutsche Zerstörer »Z-26« vom britischen Kreuzer »Trinidad« versenkt worden.

Mittlerweile war die Nacht angebrochen. In hohem Seegang rollten die Zerstörer schwer und nahmen viel Wasser über.

Am Morgen des 2. Mai zog im Osten die Sonne herauf. Schon um 03.00 Uhr war es hell. Der Flottillenchef beabsichtigte, von Norden her, mit dem Wind im Rücken, auf den gemeldeten Standort zuzulaufen. Seine Zerstörer bildeten eine breite Dwarsformation, mit 3000 Metern Seitenabstand von Schiff zu Schiff. Durch den großen Abstand zwischen seinen Zerstörern erhoffte Schulze-Hinrichs eine Kreuzwirkung der Torpedolaufbahnen gegen die ohnehin kaum manövrierfähige

»Edinburgh«. Gegen 6.00 Uhr früh passierten die Zerstörer große Ölteppiche, der Kreuzer konnte nicht mehr weit entfernt sein.

Alles war vereist, fußhoch lagen Schnee- und Eismatsch auf den Decks. Um 06.17 Uhr gellten erneut die Alarmglocken. »Z-25« hatte voraus einen Schatten gesichtet. Da war er, der beschädigte Kreuzer mit seinen Sicherungszerstörern. Zur Hilfe des Kreuzers waren mittlerweile der sowjetische Schlepper »Rubin« und die britischen Minensuchboote »Harrier«, »Niger«, »Gossamer« und »Hussar« eingetroffen. Auf der »Hermann Schoemann« wurde das Angriffssignal »Z!« vorgehisst.

Die deutschen Zerstörer eröffneten das Feuer, und gleichzeitig schoss auch der Gegner zurück. Schnell brachten die Kommandanten durch rasche Ruderkommandos die Zerstörer auf einen neuen Kurs.

Mancher Einschlag lag in bedenklicher Nähe. Alle fieberten vor Erregung. Nunmehr feuerte auch der havarierte Kreuzer, obwohl er in seiner Beweglichkeit stark eingeschränkt war.

Keine hundert Meter hinter der »Hermann Schoemann« brachen drei haushohe Wassersäulen aus der See: Aufschläge von 15-cm-Granaten. Also hatte auch der Kommandant des Kreuzers, Captain Faulkner, Feuererlaubnis gegeben. Und für einen Havaristen, der gerade den Todesstoß erhalten sollte, schoss der Brite unerwünscht schnell und genau. Bereits die zweite Salve traf. Eine Granate lag 40 Meter zu kurz, die anderen bohrten sich in die beiden Turbinenräume des deutschen Zerstörers »Z-7«. Die Maschinen fielen sofort aus, die Stromversorgung brach zusammen, sämtliche Schiffsführungs- und Feuerleitgeräte waren mit einem Schlage tot. Die »Hermann Schoemann« drehte etwas nach Steuerbord, verlor Fahrt und blieb mit Schlagseite liegen. Am Bug warfen Seeleute einige Nebelbojen, die das Schiff vor der Sicht durch den Gegner schützen sollten.

Die »Edinburgh« schoss nicht mehr, aber dafür setzten sich

zwei Feindzerstörer seitlich von dem künstlichen Nebel ab und eröffneten das Feuer, während sich die »Hermann Schoemann« nur mit Einzelfeuer wehren konnte.

Schnell war zu erkennen, dass die »Hermann Schoemann« nicht mehr zu retten war. Der Bericht des Leitenden Ingenieurs, Kapitänleutnant (Ing.) Lorenz Böhmer, über den Totalausfall beider Maschinen ließ daran keinen Zweifel. Die Turbinen waren durch die Brände restlos zerstört worden. Die »Hermann Schoemann« lag, auf 72 Grad Nord und 34 Grad Ost, bewegungslos im feindlichem Feuer.

»Klarmachen zum Sprengen«, befahl Korvettenkapitän Wittig, der Kommandant der »Hermann Schoemann«. »Vernichten aller Geheimsachen. Aussetzen aller Rettungsmittel!«

Trotz des Stromausfalls gelang es, ein Reserve-Funksprechgerät in Betrieb zu nehmen, so dass der Flottillenchef wenigstens wieder Verbindung mit »Z-24« und »Z-25« aufnehmen konnte.

Die Entfernung zum Gegner betrug jetzt etwa 140 Hektometer. »Z-24« und »Z-25« wollten es noch einmal wissen. Von neuem wurde die Torpedowaffe eingesetzt. Beide Zerstörer feuerten jeweils ihre Torpedos ab, und während die Aale von »Z-24« an ihrem Ziel vorbeiliefen, gelang »Z-25« zumindest ein Backbordtreffer.

Bei den britischen Zerstörern blitzte es auf, Feuer und Qualm schlugen aus den Aufbauten. Doch handelte es sich dabei nicht um die Mündungsfeuer und den Pulverdampf ihrer eigenen Geschütze. Das waren Treffer! Auf den deutschen Zerstörern ertönte der eine oder andere Jubelruf:

»Unsere Aale haben getroffen!«

Auch bei dem Kreuzer wuchteten Detonationspilze hoch, bevor er wieder im Nebel verschwand und sich der Sicht auf ihn entzog. Wie sich später herausstellte, traf die »Edinburgh« lediglich ein Torpedo, der aber noch einmal massive Schäden hinterließ.

Auf »Z-24« und »Z-25« war schon vor einigen Minuten die Hiobsbotschaft eingegangen, dass die »Hermann Schoemann« schwer getroffen sei. Auf dem Vor- und Mittelschiff stiegen dunkle Rauchwolken auf. Kutter wurden zu Wasser gelassen, auch Flöße und Schlauchboote waren zu sehen. Erneut warf man Nebelbojen, und an die Maschinen ergingen die Befehle zum »Schwarzqualmen!«.

An Bord von »Z-24« und »Z-25« gab es kein Zögern, den Kameraden der »Hermann Schoemann« beizustehen.

»Z-24« ging mitten im feindlichen Feuer längsseits der »Hermann Schoemann«, ein hervorragendes seemännisches Manöver. Bordwand an Bordwand lagen die beiden Zerstörer aneinander. Für die Besatzungsmitglieder der »Hermann Schoemann« war der Augenblick gekommen, auf »Z-24« hinüberzuspringen. Bedrohlich nahe lag das feindliche Artilleriefeuer, und »Z-24« musste ablegen, obwohl noch nicht alle Kameraden übernommen worden waren.

»Z-25« jagte indessen zwischen der »Hermann Schoemann« und den feindlichen Zerstörern hin und her, drängte die Gegner, von denen schon mancher gefährlich nahegekommen war, ab. Die Geschütze von »Z-25« feuerten, was die Rohre hergaben. Treffer auf Treffer schlug auf den britischen Zerstörern »Forester« und »Foresight« ein. Auf der Brücke von »Z-25« befahl der Kommandant, Fregattenkapitän Peters, dem Maschinenraum immer wieder: »Schwarzqualmen!«

Zwischenzeitlich ging »Z-24« ein zweites Mal bei »Hermann Schoemann« längsseits und übernahm die restliche Besatzung, sofern sie nicht schon vorher im Kutter und auf Rettungsflößen von Bord gegangen war. Unter den Geretteten waren auch mehrere Verwundete, die Oberassistenzarzt Dr. Reinke während des Gefechts auf dem Tisch in der Offiziersmesse operiert hatte und die nun nackt und mit frischem Verbandsmull auf den Wunden von Bord zu Bord hinübergeschafft wurden.

Mittlerweile feuerte der Kreuzer mit seiner schweren Artillerie erneut aus dem Dunst, die britischen und sowjetischen Sicherungskräfte formierten sich noch einmal zum Gegenangriff. Die beiden deutschen Zerstörer bekamen immer mehr die gegnerische Übermacht zu spüren. Auch würde bald ihre letzte Munition verschossen sein. Doch zum Nachdenken blieb den Männern auf den Zerstörern keine Zeit. Abermals nahmen »Z-24« und »Z-25« das Gefecht auf. Sie feuerten aus allen Rohren, auch mit den leichten Fla-Waffen. Drüben beim Gegner blieb ein Zerstörer bewegungslos liegen. Ein zweiter lief brennend ab. Dafür überschüttete die »Edinburgh« die deutschen Zerstörer mit einem Hagel von Granaten.

Ruhig und klar gaben die Kommandanten von »Z-24«, Korvettenkapitän Saltzwedel, und »Z-25«, Fregattenkapitän Peters, ihre Fahr- und Kursbefehle. Deren Ruhe übertrug sich auch auf die Besatzungen.

Von der »Hermann Schoemann« waren inzwischen auch der Flottillenchef, Kapitän zur See Schulze-Hinrichs, der Kommandant Korvettenkapitän Wittig und der Leitende Ingenieur auf »Z-24« übergestiegen. Für die Selbstversenkung wurden die Bodenventile in den Kesselräumen geöffnet. Zusätzlich legte man im achteren Wohndeck über die Munitionskammer 4 eine Wasserbombe und riss den Zeitzünder an. Der I. Offizier der »Hermann Schoemann«, Kapitänleutnant Loerke, stieg als Letzter in die Artillerierechenstelle hinunter und zündete auch dort auf gleiche Weise eine Wasserbombe. Dann verließ er den Zerstörer auf einem Rettungsfloß, um danach vom Kutter aufgenommen zu werden.

Um 08.30 Uhr detonierten die beiden Wasserbomben, und eine mächtige Explosion riss den Schiffsboden auf. »Z-7 Hermann Schoemann« sank, nachdem sich der Zerstörer vorher noch steil aufgerichtet hatte, bevor es für ihn auf den Grund der Barentssee ging. Die Hurras der Männer dazu im Kutter und auf den vielen Rettungsflößen klangen schaurig über das Meer.

Auf »Z-25« erschütterte inzwischen erneut der Abschuss einer Salve den Zerstörer, während gleichzeitig ein Feuerblitz durch den Unterbau zuckte und sich Rauch- und Brandgeruch sofort bemerkbar machte. Entsetzt schauten sich die Männer auf den Decks einander an. Auf der Brücke ertönten schrille Schreie, und das Getrampel vieler Schritte hallte durch das Schiff.

An der Steuerbordseite des Funkraumes war eine englische 13,5-cm-Granate eingeschlagen, die direkt vor den Füßen des Oberfunkmeisters detonierte. Der Funkraum war vollständig zertrümmert und brannte lichterloh. Drei Mann waren sofort tot, mehrere verletzt. Ein Funkmaat starb kurze Zeit später. Ihm hatte ein Splitter den Bauch aufgerissen. Auch im Kartenhaus wurde ein weiterer Kamerad durch Splitter getötet. Die Männer des Feuerlöschtrupps verhinderten die Explosion eines Heizölbehälters und retteten dadurch das Brückenpersonal mit der Schiffsführung. An den Geschützen wurde dennoch unvermindert Schuss auf Schuss aus den Rohren gejagt.

Die Kleidung der Männer war durchnässt, die Arme und Hände waren froststeif. Aber das Schießen nahm kein Ende.

Voraus ein Schatten. Fast zum Greifen nahe eine britischer Zerstörer. Urplötzlich war er aus dem Nebel aufgetaucht und schnitt den Kurs von »Z-25«. Doch auf dem deutschen Zerstörer waren sie schneller. Eine Granate aus dem vorderen Geschütz schlug als Volltreffer auf der Brücke des britischen Zerstörers ein. Auch der Brite schoss, doch auf »Z-25« hatten sie Glück, denn die feindlichen Granaten jaulten haarscharf vorbei.

Mit Hartruder ließ Fregattenkapitän Peters abdrehen. Mit südlichem Kurs und hoher Fahrt verschwand »Z-25« in den Dunstschleiern.

Mit Höchstfahrt ging es nach Süden. Die meisten Männer, die das Gefecht an Deck erlebt hatten, konnten ihre steifgefrorenen Hände nicht mehr bewegen, und die Sanitäter mussten ihnen die Handschuhe aufschneiden.

In der Offiziersmesse arbeitete der Stabsarzt fieberhaft an der Versorgung der Verwundeten. Verbände und Schienen wurden angelegt, Spritzen gegeben, sogar Bluttransfusionen durchgeführt.

Die Kameraden von der »Hermann Schoemann«, die sich in Kutter und in Schlauchbooten retten konnten, mussten notgedrungen zurückgelassen werden. Was sollte aus ihnen werden?

Allerdings gelang dem Flottillenchef und der Schiffsführung der gesunkenen »Hermann Schoemann«, mit dem in der Nähe stehenden U 88 einen Funkkontakt herzustellen und die Position der Schiffbrüchigen dem U-Boot zu übermitteln.

Seit nunmehr einer Stunde marschierten die beiden deutschen Zerstörer in Richtung norwegischer Küste. Der Himmel hatte sich inzwischen aufgeklart. Mit trockener Kleidung standen die Soldaten wieder auf Kriegswache. Ihre Gedanken waren bei den Toten, die in Zeltplanen in den Waschräumen lagen. Überall arbeiteten die Seeleute an der Beseitigung der Schäden. Selbst der Funkraum von »Z-25« wurde von den Mechanikern wieder einsatzbereit gemacht. Jeder gab dabei sein Bestes. Von der Brücke ertönte plötzlich der Ruf: »Backbord voraus ein U-Boot!« Schnell konnte es als eigenes ausgemacht werden. Es war U 88, unter dem bewährten Kapitänleutnant Heino Bohmann. Dieser stand im Turm, die Flüstertüte in der Hand, und rief den Kommandanten von »Z-25« an. Bohmann erkundigte sich nach der Lage. Zwischenzeitlich waren die beiden Zerstörer auf »Stopp« gegangen. Das U-Boot wurde über das Gefecht unterrichtet und bekam nochmals die genaue Position der Untergangsstelle der »Hermann Schoemann« genannt, um dort nach den Schiffbrüchigen zu suchen. Die Zerstörer nahmen um 09.15 Uhr wieder Fahrt auf, und schon bald war das U-Boot nur noch als kleiner Punkt in der Ferne zu erkennen.

Am Nachmittag des 2. Mai kam auf beiden Zerstörern Freude auf, als die Schiffsführungen die Rettung der Schiffbrüchigen durch U 88 bekanntgaben. Dem U-Boot war es tatsächlich gelungen, 57 Mann von dem Kutter und den Flößen zu bergen. Da »Z-24« bereits 254 Mann des Zerstörers gerettet hatte, waren der Tod von acht Kameraden der »Hermann Schoemann« sowie der Tod von zwölf Kameraden von Bord des Zerstörers »Z-25« zu beklagen. Trotz der glücklichen Rettung der Schiffbrüchigen war dies wieder ein grausiger Abschluss eines Geleitzugkampfes im Eismeer gewesen. Um 16.30 Uhr des 2. Mai machten die beiden Zerstörer in Kirkenes fest.

U 88, mit dem Auftrag, die Schiffbrüchigen der »Hermann Schoemann« zu retten, hatte deren Untergangsstelle um 10.55 Uhr im Quadrat AC 5951 erreicht und sofort mit der Bergung der Überlebenden begonnen. Da die Männer auf ihren Flößen und Schlauchbooten bereits seit über zwei Stunden in der See trieben und zum Teil von Wellen und Spritzwasser überspült worden waren, konnten viele der Schiffbrüchigen die von U 88 zugeworfenen Taue nicht mehr selbst greifen. Ein angeseilter Bootsmaat des U-Boots sprang zu ihnen hinunter, um Hilfe zu leisten.

Um 12.15 Uhr war die Übernahme der Schiffbrüchigen beendet. Von den Flößen wurden 35 Seeleute gerettet, von denen ein Mann eine Stunde später verstarb. Die Liste der Verletzungen und Erfrierungen, die es zu behandeln galt, war lang.

Da U 88 den noch ausstehenden Kutter der »Hermann Schoemann« nicht gefunden hatte, ließ Bohmann Suchkurse steuern.

Um 14.35 Uhr entdeckte die Brückenwache ihn im Quadrat AC 5946. Nach einer halben Stunde waren auch die letzten 23 Überlebenden des Zerstörers geborgen. Bei der Rettungsaktion zeichnete sich der I. Wachoffizier des U-Bootes, Leutnant zur See Heinz Müller, besonders aus.

Damit aber hatte U 88 zusätzlich 57 Menschen mehr an Bord, und die Trimmlage war dadurch absolut unübersichtlich geworden. Im engen Gang war das Durchkommen schwer, überall lagen die Geretteten, die zu versorgen waren. Kapitänleutnant Bohmann war durch die vielen Kranken und Verletzten gezwungen, unverzüglich nach Kirkenes zurückzulaufen. Am 3. Mai 1942 machte U 88 dort am Sibirienkai fest. Die Verwundeten holte man zuerst von Bord. Die ärztliche Hilfe war bereits bestmöglichst vorbereitet, so dass alle Kranken und Verletzten dem Lazarettschiff »Berlin« unverzüglich überstellt werden konnten. U 88 selbst machte anschließend um 05.30 Uhr im U-Stützpunkt Kirkenes an der »Südmeer« fest.

Doch wie stellte sich das Gefecht aus britischer Sicht dar?

Die »Edinburgh«, die nach den beiden Torpedotreffern von U 456, mit dem Bug zwei Meter tiefer im Wasser liegend, mit nur zwei ihrer vier Schraubenwellen betriebsbereit und ohne Ruder war, setzte sich langsam und äußerst mühevoll nach Osten ab. Gegen 06.00 Uhr des 1. Mai mussten die zwei begleitenden sowjetischen Zerstörer wegen Brennstoffmangels den Rückmarsch antreten. Der Zerstörer »Foresight«, der am Heck des Kreuzers festgemacht hatte, um diesen auf geradem Kurs zu halten, warf deshalb die Leinen los, um die Sicherung zu übernehmen. Schließlich wussten die Briten, dass ganz in der Nähe ein deutsches U-Boot, wenn nicht sogar deren zwei standen.

In Anbetracht der Hartnäckigkeit von U 456 und dessen Kommandanten war es wichtig, dieses Boot zu finden und mit Wasserbomben unter Wasser zu drücken, damit es vorerst nicht mehr an den Kreuzer herankam.

Inzwischen sich selbst überlassen, gierte die »Edinburgh« wie ein Betrunkener von einer Seite zur anderen. Captain Faulkner setzte deshalb die Vormarschgeschwindigkeit auf zwei Seemeilen herab. Um 18.00 erhielten die »Edinburgh« und ihre beiden Zerstörer Verstärkung durch den russischen

Schlepper »Rubin« und nochmals sechs Stunden später durch die britischen Minensucher »Gossamer«, »Harrier«, »Niger« und »Hussar«. Da der Schlepper nicht stark genug war, um den über 10 000-ts-Kreuzer ins Schlepp zu nehmen, machte dieser deshalb an Backbord vorne am Kreuzer fest, und mit der »Gossamer« achtern an einer Schleppleine, wie ein Treibanker wirkend, konnte eine Fahrt von drei Seemeilen und ein einigermaßen gerader Kurs gehalten werden. Die übrigen Kriegsfahrzeuge bildeten einen größeren Kreis zur Sicherung des havarierten Kreuzers.

Am 2. Mai um 06.27 Uhr patrouillierte die »Hussar« an Steuerbord voraus bei der »Edinburgh«, als sie plötzlich unter Artilleriefeuer genommen wurde. Auf dem Minensucher erkannte man drei Kriegsschiffe, deren Silhouetten undeutlich wahrzunehmen waren.

Die »Hussar« drehte sofort ab und zog sich unter dem Schutz der schweren Artillerie des Kreuzers zurück. Die deutschen Zerstörer hatten nun ihr Ziel ausgemacht. Durch Einnebeln versuchten sie nun, auf Torpedoreichweite heranzukommen. Aber die kühnen Manöver der beiden britischen Zerstörer hinderten sie daran. Gleich nach der ersten Feindmeldung griff die »Edinburgh« in den Kampf ein. Nachdem der Schlepper und die »Gossamer« vom Kreuzer abgelegt hatten, nahm er mit den 15,2-cm-Kanonen von Turm »B« die deutschen Zerstörer unter Feuer, obwohl die »Edinburgh« nun ohne Kontrolle nur noch langsam im Kreis fuhr. Bereits die zweite Salve des Kreuzers traf die »Hermann Schoemann« und setzte sie außer Gefecht. »Z-7« blieb bewegungslos liegen und konnte sich kaum noch an dem Kampf beteiligen.

Zur gleichen Zeit wurde die »Foresight« von »Z-24« beschossen, und die »Forester« eilte ihr zu Hilfe und griff damit ebenfalls in das Gefecht ein. Um 06.50 Uhr schlugen auf der »Forester«, nachdem sie gerade drei Torpedos auf die deutschen Zerstörer abgeschossen hatte, drei Granaten ein, die den Kommandanten, Lieutenant Commander G. P. Huddart, töteten, den Kessel 1 und das Geschütz »B« außer Gefecht setzten sowie den Verschlussmechanismus von Geschütz »X« zerstörten.

Auch »Z-24« feuerte jetzt vier Torpedos ab, die die »Forester« unterliefen und auf die »Edinburgh« zurasten, die außerstande war, irgendein Ausweichmanöver zu fahren. Schließlich traf einer der Torpedos Backbord mittschiffs, was sofort zur weiteren Schlagseite führte. Es schien nun offensichtlich, dass der Kreuzer jeden Augenblick auseinanderbrechen würde.

Admiral Bonham-Carter befahl sofort der »Gossamer«, zur Übernahme der Verwundeten und der Besatzung längsseits zu kommen. Mit der Artillerie des Kreuzers griffen Admiral Bonham-Carter und Captain Faulkner noch einmal in den Kampf ein. Die Granaten hinderten »Z-24« vorerst daran, der »Hermann Schoemann« zur Hilfe zu kommen und die Besatzung zu übernehmen.

Mittlerweile aber war die Schlagseite der »Edinburgh« immer größer geworden. Als sie 17 Grad erreichte und die Geschütze nicht mehr auf den Gegner gerichtet werden konnten, gab Captain Faulkner den Befehl, das Schiff aufzugeben. Danach wurden 440 Mann der Besatzung von der »Gossamer« und 350 Seeleute, einschließlich des Admirals Bonham-Carter, von der »Harrier« übernommen, während die »Hussar« die Übernahme durch das Legen einer Nebelwand deckte.

Inzwischen griffen »Z-24« und »Z-25« noch einmal an. Ihr Ziel war die »Forester«, die sie mit gut liegenden Salven eindeckten. Die »Foresight«, die die ungünstige Lage der »Forester« erkannt hatte, lief mit hoher Geschwindigkeit zwischen der »Forester« und den deutschen Zerstörern hindurch, um das Artilleriefeuer auf sich zu ziehen. Dabei ging eine auf die »Hermann Schoemann« geschossene Torpedosalve daneben. Aber nun stand die »Foresight« im konzentrierten Feuer der Deutschen. Nachdem sie vier direkte Treffer erhalten hatte, blieb nur noch ein Geschütz klar, und sie musste stoppen. Für die »Foresight« war die Lage verzweifelt, aber ihre Gegner nutzten den Vorteil nicht aus. Sie verzichteten darauf, der »Foresight« den Todesstoß zu geben und sie zu versenken, um ihrerseits die Besatzung der »Hermann Schoemann« zu retten.

Um 07.35 Uhr gelang es der »Forester«, wieder Fahrt aufzunehmen und das Schwesterschiff zu unterstützen, indem der Zerstörer einen Rauchschleier legte, der sich zwischen der schwer angeschlagenen »Foresight« und den deutschen Zerstörern ausbreitete.

Mittlerweile ging »Z-24« längsseits der »Hermann Schoemann«, um den größten Teil der Besatzung zu übernehmen. Danach erfolgte die Selbstversenkung der »Hermann Schoemann«.

Aber noch lief das Gefecht. Die beiden britischen Zerstörer schossen aus allen noch verfügbaren Rohren auf »Z-25«, der die Rettungsaktion von »Z-24« bei der »Hermann Schoemann« deckte. Und »Z-25« erhielt einen Treffer, der die Funkanlage zerstörte. Schließlich ließen die bereits unter Munitionsmangel leidenden deutschen Zerstörer von ihren Gegnern ab und liefen mit hoher Fahrt nach Nordwesten, um nach Kirkenes zurückzukehren.

Für die »Edinburgh« jedoch gab es keine Rettung mehr. Ein Bergungsversuch war vollkommen aussichtslos. Schließlich befahl Admiral Bonham-Carter der »Foresight«, den Kreuzer mit dem letzten noch verbliebenen Torpedo des Zerstörers zu versenken. Die »Edinburgh« sank auf Position 71°51' Nord/35°10' Ost.

Nachdem dies geschehen war, nahm der Verband Kurs auf die Kola-Bucht, die am 3. Mai 1942 erreicht wurde.

Die Verluste der »Edinburgh« betrugen zwei gefallene Offiziere und 55 Mannschaften, die Zahl der Verwundeten betrug 23. Auf »Foresight« und »Forester« verloren im Gefecht zwei Offiziere und 19 Mannschaften das Leben, 23 Mann waren verwundet worden. Hinzu kamen noch ein gefallener Handelsschiffsoffizier und zwei verwundete Seeleute.

Und wie erlebte man auf U 456 das Gefecht?

Als das Artilleriegefecht der Überwassereinheiten begann, stand U 456 in 120 Meter Tiefe nahe beim Kreuzer. Fortwährend verfolgte man die Artillerieaufschläge an der Oberfläche. Laufend überliefen Zerstörer das Boot. Die Einschläge der Granaten erfolgten ganz in der Nähe und waren zum Teil sehr laut. Oben musste sich ein Höllenkonzert abspielen.

Um 07.02 Uhr nahm man eine größere Detonation wahr. Erst gegen 08.25 Uhr ebbte der Gefechtslärm ab. Kapitänleutnant Teichert versuchte das Boot aus der Gefahrenzone herauszubringen und setzte sich zunächst etwas ab. Doch plötzlich näherten sich schnelle Schraubengeräusche. Ohne dass der Gegner über Wasser U 456 geortet hatte, warf er vier Wasserbomben, die in unmittelbarer Nähe des Bootes detonierten. Starke Erschütterungen durchliefen das Boot, jedoch gab es keine Ausfälle. Kurz darauf detonierte eine weitere Wasserbombe, diesmal aber in einiger Entfernung.

»LI, auf 160 Meter gehen!«, flüsterte Teichert dem LI, Oberleutnant (Ing.) Nerlich zu.

Und schon konnten die Männer im Boot die Ortung hören. Das »Ping-Ping-Ping« der Sonar-Schallimpulse hallte schauerlich durchs Boot.

»Das müssen mindestens drei Zerstörer sein, Herr Kaleu!«, meinte Rudolf Zorn, der I. WO, den Blick nach oben gerichtet.

Um 08.37 Uhr warf der Feind erneut drei Wasserbomben, die dem Boot aber auf seiner Tiefe nichts mehr anhaben konnten.

Exakt um 08.52 Uhr waren im Boot starke Außengeräusche zu vernehmen, ein Knirschen und Brechen, gefolgt von einem mächtigen Rauschen.

»Das ist der Kreuzer! Er sinkt!«, gab Teichert leise von sich.

Er schaute seine Männer in der Zentrale an, deren Blicke sich nach oben richteten.

»Den haben wir geknackt, Leute!«

»Hoffentlich fällt er uns nicht auf den Kopf!«

Teichert schüttelte gegenüber seinem Leitenden Ingenieur den Kopf. Im Boot kam Freude über diesen auf, die Männer stießen sich gegenseitig an.

»Leise! Über uns sind noch die Zerstörer!«, mahnte Teichert.

Prompt begann die ganze U-Jagdgruppe ihre Aktivsonare erneut einzusetzen.

»Ping – Ping – Ping!«

Die Pings, die durchs Wasser hallten, waren ennervierend. Würden sie U 546 erfassen?

Teichert versuchte, auf geradem Kurs mit 170 Grad abzulaufen. Mehrfach wurde das Boot von Zerstörern überlaufen, ohne dass sie Wasserbomben warfen.

Stunden vergingen. Um die Mittagszeit gaben die Zerstörer die Sache anscheinend auf, und schon bald war im Horchgerät kein Laut mehr von ihnen zu hören. Trotzdem blieb der Kommandant noch weiter unter Wasser, da er dem Frieden an der Oberfläche nicht recht traute.

Erst gegen 16.00 Uhr gab er dem Leitenden Ingenieur den Befehl: »LI, auf Sehrohrtiefe gehen!«

Mit einem Rundblick stellte Teichert fest, dass die See leergefegt war. Kein Feind weit und breit. Auch der Himmel schien von lästigen Flugzeugen rein zu sein. Der Kommandant gab den langersehnten Befehl: »Auftauchen!«

Einige Sekunden später lag das Boot an der Wasseroberfläche. Teichert und die Brückenwache hasteten die Leiter zum Turm empor. Der Kommandant öffnete das Luk. Die frische, salzhaltige Luft raubte den Männern beinahe den Atem. Schnell nahm die Wache ihre Posten ein.

»Beide Diesel voraus A.K.! Kurs 140 Grad!«

Die Diesel sprangen fauchend an. Das Boot begann zu vibrieren. Mit hoher Fahrt ging es der vermuteten Sinkstelle des Kreuzers entgegen. Lage und Standort wurden dem Admiral Nordmeer übermittelt.

Plötzlich meldete ein Mann der Brückenwache hinter dem Boot eine Ölspur. Teichert befahl Oberleutnant (Ing.) Nerlich, sogleich auf die Brücke zu kommen.

Erschrocken registrierte der LI die Ölspur, die U 456 hinter sich herzog. Bei der Untersuchung entdeckte man, dass wegen aufgesprungener Zwischenschieber in der Entlüftungsleitung der Tauchbunker 2 und 4 Öl austrat. Das war auch der Grund, weshalb sie am Morgen den Zerstörern nicht entkommen konnten. Es war für diese ein Leichtes gewesen, das getauchte U-Boot in der unruhigen See zu verfolgen. In kurzer Zeit war der Schaden mit Bordmitteln behoben. Mittlerweile hatte der Admiral Nordmeer einen Funkspruch an U 456 gesendet. Aus dem Funkbericht gewann Kapitänleutnant Teichert einen Überblick von den Ereignissen des Vormittags.

Unverzüglich nahm auch U 456 die Suche nach den Schiffbrüchigen der »Hermann Schoemann« auf. Etwa eine Stunde später stand das Boot auf der Position, wo »Z-7« gesunken war. Ungefähr drei Stunden währte die erfolglose Suche weiter – es gab keine Spur von Überlebenden.

Gegen 20.00 Uhr ging ein erneuter Funkspruch vom Admiral Nordmeer ein. Durch ihn erfuhr Teichert, dass U 88 mittlerweile die Überlebenden der »Hermann Schoemann« geborgen habe, außerdem erhielt U 456 den Auftrag, mit Höchstfahrt auf den Kreuzer zu operieren.

Ein Aufklärer der Luftflotte 5 hatte ihn angeblich mit Kurs Richtung Murmansk gesehen.

Die Aufmerksamkeit war jetzt wieder voll auf den Gegner gerichtet. Mit Suchschlägen nach Süden erreichte das Boot um 22.30 Uhr das befohlene Quadrat AC 5863.

Unverhofft befand sich U 456 inmitten eines riesigen Ölflecks. Dickes, stinkendes Heizöl schwappte gegen die Bordwände. Große Trümmerfelder mit Balken, Kisten, Rettungsmitteln, Tropenhelmen, Schwimmwesten und sonstigem Treibgut wurden langsam auseinandertreibend gesichtet.

Der Kommandant ließ zwei Tropenhelme, die keine Aufschrift trugen, auffischen. Danach schickte er eine Funkmeldung los. Alles sprach dafür, dass die Sinkgeräusche, die sie um 08.52 Uhr vernommen hatten, höchstwahrscheinlich von dem britischen Kreuzer stammten. Die Luftmeldung entsprang daher vermutlich einem Irrtum.

In der Zwischenzeit war der 3. Mai angebrochen. U 456 steuerte mit hoher Fahrt und ausholenden Suchschlägen weiter nach Süden.

Gegen 10.00 Uhr erreichte das Boot das Quadrat SC 8535. Nichts war auszumachen, obwohl die Fernsicht etwa zwölf Seemeilen betrug.

Um 13.28 Uhr ließ Teichert folgenden Funkspruch absetzen:

»Bis 10.00 Uhr bis Quadrat AC 8535 nach Süden gesucht. Suche in Höhe des Quadrats weiter. Frage Luftaufklärung – Teichert«

Doch auch seitens der Luftwaffe wurde nichts gefunden. Der Kreuzer war verschwunden. Teichert und seiner Besatzung blieb die Ungewissheit.

Gegen 23.00 Uhr brach das Boot auf Befehl von Admiral Schmundt die Suche ab und trat den Rückmarsch an.

Eine Stunde nach Mitternacht des 4. Mai konnte einem wegtauchenden U-Boot ausgewichen werden, das man als eigenes erkannte.

Zwei Stunden später kündigte Teichert seine Ankunft in Kirkenes an. Damit U 456 durch die Minensperren gelotst werden konnte, benötigten sie schließlich Geleitschiffe. Am Morgen gegen 09.30 Uhr näherte sich eine deutsche U-Jagdgruppe. Mit E. S.-Austausch machte sich U 456 bemerkbar. Wiederum eine Stunde danach erspähte die Brückenwache am Rande ihres Sichtfeldes ein aufgetaucht fahrendes U-Boot mit Südkurs.

Wahrscheinlich war es diesmal ein sowjetisches U-Boot. Rasch setzte der Funkmaat eine Warnmeldung ab.

Danach lief man Richtung Kirkenes weiter. Um 11.09 Uhr kam aus Kirkenes eine U-Jagdgruppe auf Gegenkurs in Sicht. Im dichten Schneetreiben führte U 456 mit den U-Jägern einen E.S.-Austausch durch. Kurz vor der Einfahrt nach Kirkenes traf das Boot auf das bereits wartende Minensuchboot, mit dem es zusammen in den Stützpunkt einlief. Um 12.45 Uhr machte U 456 dort fest.

Noch am gleichen Tag meldete sich Kapitänleutnant Teichert zu einem Lagebericht beim Admiral Nordmeer. In einer Zusammenfassung der Unternehmung berichtete Teichert, dass die Feindfahrt durch das unklare Sehrohr stark behindert wurde. Alle Maßnahmen, die zur Störungsbeseitigung ergriffen wurden, blieben ohne Erfolg.

Durch das Sehrohr war nichts zu sehen. Der Angriff auf den Kreuzer wurde bis acht Minuten vor den Schüssen ausschließlich nach Horchpeilung gefahren. Die ausgezeichneten Peilungsergebnisse des Funkmaates Urbild haben dabei wesentlich zum Erfolg beigetragen.

Bis zum Schuss war der Kreuzer im Sehrohr nur schemenhaft zu erkennen. Weitere Erwähnung verdiente ferner die trotz des hohen Seegangs tadellose Tiefensteuerung des Leitenden Ingenieurs Oberleutnant (Ing.) Lothar Nerlich. Das Fühlungshalten am Kreuzer bei den Nordmeersichtverhältnissen war das Schwierigste, was Boot und Besatzung bisher in dieser Hinsicht erlebt hatten. Der nie nachlassenden Aufmerksamkeit der Brückenwachen, insbesondere der Wachoffiziere Rudolf Zorn und Adolf Thies, war zum guten Teil die Tatsache zu verdanken, dass Fühlung zu dem Kreuzer gehalten werden konnte. Die gesamte Besatzung hatte sich erneut hervorragend bewährt.

Und was war mit der »Edinburgh« geschehen? Schließlich wusste man auf deutscher Seite nicht viel und nichts Genaues.

Auch U 88, das die Überlebenden der »Hermann Schoemann« gerettet hatte, meldete nach seiner Rückkehr nach Kirkenes, dass es in der Nähe des Gefechtsfeldes zahlreiche Trümmer, Öl, Schiffsteile und auch Tropenhelme gesichtet habe. Die Annahme verstärkte sich, dass der Kreuzer versenkt worden sei.

Das Rätselraten um den Kreuzer nahm schließlich am 7. Mai ein Ende. Die britische Admiralität gab im Zusammenhang mit den Kämpfen um die Konvois PQ.15 und QP.11 den Verlust von H. M. S. »Edinburgh« bekannt. Nach dieser Bestätigung gab Admiral Schmundt folgende Stellungnahme zum Kriegstagebuch U 456 ab:

> »Die Versenkung des Kreuzers »Edinburgh« wird nach jetzt vorliegenden Unterlagen U 456 zugesprochen. Eine Beteiligung eigener Zerstörer ist nicht eindeutig bewiesen, jedoch wahrscheinlich. Das Verhalten des Kommandanten nach der schweren Beschädigung des Kreuzers, das Fühlungshalten unter schwierigen Bedingungen wird anerkannt und gebilligt. Es war zu diesem Zeitpunkt wichtig, das hoffnungslos beschädigte Objekt zum Heranbringen der Zerstörer festzuhalten.«

Zudem werden Kapitänleutnant Teichert und U 456 am 4. Mai 1942 im Wehrmachtsbericht mit nachfolgendem Text genannt:

> »Im nördlichen Eismeer haben Unter- und Überwasserstreitkräfte der Kriegsmarine im Zusammenwirken mit Verbänden der Luftwaffe feindliche Geleitzüge, die durch starke Kampfgruppen gesichert waren, in tagelangen Angriffen bei Sturm, hohem Seegang und Vereisung bekämpft.
> Dabei hat ein Unterseeboot unter Führung des Kapitänleutnants Teichert zwei Torpedotreffer auf einen britischen 10 000-Tonnen-Kreuzer erzielt, der bewegungslos liegen blieb und später gesunken ist.«

Spätestens nach dieser Feindfahrt hatte sich gezeigt, dass Max-Martin Teichert alle Fähigkeiten besaß, die einen hervorragenden U-Boot-Kommandanten ausmachten.

Während der letzten Feindfahrt blieb auch U 456 nicht von Seegang, Eis und Wasserbomben verschont. Auch das reparaturbedürftige Standsehrohr sowie der Schaden an der Entlüftungsleitung II und IV, der bewirkte hatte, dass das Boot während der Unterwasserfahrt Öl verlor, zwangen es zu einem längeren Reparaturaufenthalt. Deshalb befahl man U 456 nach Bergen, um in der dortigen Werft die Schäden zu beheben.

Bis zum 7. Mai 1942 lag U 456 in Kirkenes längsseits der »Südmeer«, als es um 20.00 Uhr von dort ablegte. Gemeinsam mit U-Marks (U 376) sollte es zur Generalüberholung nach Bergen gehen. Aber nach nur einer Stunde Fahrt riss der Zylinderkopf des Steuerbord-Diesels. Während U 456 gestoppt liegen blieb, setzte U 376 den Marsch alleine fort. Der Leitende Ingenieur machte sich mit seinem Maschinenpersonal sofort an die Arbeit. Nach acht Stunden war der Diesel mit fünf Zylindern wieder klar. U 456 nahm wieder Fahrt auf.

Am Morgen des 9. Mai sichtete die Brückenwache etliche Treibminen, denen ausgewichen wurde. Ansonsten ereigneten sich bis zum Einlaufen in Bergen keine weiteren Vorkommnisse mehr. U 456 machte am 12. Mai gegen 10.00 Uhr in Bergen fest. Die nächsten Tage vergingen mit dem Ausräumen des Bootes, der Abgabe der Torpedos und der Munition, der Abmontierung der 8,8-cm-Kanone und des Fla-MGs. Schließlich war das Boot werftklar. Nach einer kurzen Werftbesprechung in Bergen verholte U 456 in die Werft und dockte anschließend zur Überholung ein.

In der Zwischenzeit fuhr der Kommandant auf Dienstreise nach Deutschland, der sich ein Heimaturlaub anschloss. Das Kommando übernahm während dieser Zeit in Vertretung der I. Wachoffizier Rudolf Zorn.

Da das Gros der Besatzung in Bergen verblieb, wurden sie in der U-Boots-Unterkunft Melkeplassen untergebracht. Das ganze Areal ähnelte sehr einer Kaserne und wurde von den U-Bootfahrern »Prienlager« genannt. Außer den zweigeschossigen Offiziers- und Mannschaftsbaracken befanden sich ein Verwaltungsgebäude mit Telefonzentrale, Kantinen- und Offiziersmessen, eine Sporthalle und weitere Gebäude auf dem Grund.

Die Errichtung eines kleinen Krankenhauses mit Zahnarztpraxis erfolgte nachträglich. Im Herbst 1942 baute man in Melkeplassen noch ein Flottillenlazarett mit einer Kapazität von 30 Betten, dem neun Sanitätssoldaten zur Verfügung standen.

Die Unterkünfte waren generell sehr komfortabel, da sie über Zentralheizung und warmes Wasser verfügten.

Beliebt waren bei den Besatzungsmitglieder von U 456 Ausflüge in das nahe Umland von Bergen. Ein bevorzugtes Ziel war Flöien mit dem Flöirestaurenten, das zugleich Tanzlokal war. Hier trafen sich deutsche Soldaten aller Waffengattungen und genossen das schöne Sommerwetter.

Als am 20. Juni die Werftarbeiten und Reparaturen abgeschlossen waren, war auch Teichert wieder zurück. Die anschließenden Probefahrten mit Tauchversuchen verliefen zufriedenstellend.

Am 22. Juni übernahm man neue Torpedos und ergänzte den Brennstoff. Anschließend erfolgte die Funkbeschickung. Am folgenden Tag konnte das Boot eingeräumt und Proviant übernommen werden. Einsatzbereit wartete U 456 auf den Auslaufbefehl.

Am 25. Juni 1942 lief U 456 von Bergen zur sechsten Feindfahrt aus. Das Boot steuerte das befohlene Seegebiet bei Jan Mayen an. Gegen die erwarteten Geleitzüge QP.13 und PQ.17 sollte ein U-Boot-Rudel gebildet werden.

Bereits am 26. Juni 1942 liefen 12 Schiffe des QP.13 von Archangelsk und 23 Frachter des QP.13 von Murmansk aus.

Die Sicherung des QP.13 bestand aus fünf Zerstörern, drei Korvetten, einem Flakschiff, drei Minensuchern, zwei U-Jägern und einem U-Boot. 27. Juni 1942: Der Geleitzug PQ.17 lief aus der Bucht von Reykjavik aus. Seine endgültige Zusammenstellung bestand aus 33 Frachtern, drei Rettungsschiffen, zwei sowjetischen Tankern und zwei Flottentankern, die den Zerstörern unterwegs als »schwimmende Tankstellen« dienen sollten. Doch noch im alliierten Operationsgebiet traten die ersten Verluste auf. Der US-Frachter »Richard Bland« lief auf eine Klippe, die »Exford« und der Flottentanker »Gray Ranger« stießen im dichten Nebel mit Eisbergen zusammen und blieben in Reykjavik zurück.

Für die Nahsicherung des PQ.17 setzte man die Zerstörer »Keppel«, »Offa«, »Leamington«, »Wilton«, »Ledbury«, »Fury«, die Korvetten »Lotus«, »Poppy«, »La Malouine«, »Dianella«, die Minensucher »Halycon«, »Britomart«, »Salamander«, die U-Jäger »Northern Gem«, »Lord Middleton«, »Lord Austin«, »Ayrshire«, die Flakschiffe »Palomares« und »Pozarica« sowie die U-Boote »P-614« und »P-615« ein.

Am 28. Juni bzw. 29. Juni 1942 lief unter Admiral Tovey die Fern-Deckungsgruppe mit den Schlachtschiffen »Duke of York« und »Washington«, dem Flugzeugträger »Victorious«, den Kreuzern »Cumberland« und »Nigeria« und neun, später sogar 14 Zerstörern von Scapa Flow aus und trat ihren Marsch in das Seegebiet zwischen Island und der Bäreninsel an.

Am 30. Juni wurde der Konvoi QP.13 in der Barentssee von

der deutschen Luftaufklärung erfasst. Er blieb aber vorerst nur unter Beschattung, da das Hauptziel der deutschen Operation der PQ.17 sein sollte. Am gleichem Tag lief aus dem Seidisfjord auf Island die Nah-Deckungsgruppe des PQ.17 unter Admiral Hamilton mit den britischen Kreuzern »Norfolk« und »London«, den US-Kreuzern »Tuscaloosa« und »Wichita«, den Zerstörern »Wainwright«, »Rowan« und »Somali« aus und nahm eine Position nördlich des Konvois ein.

Am 1. Juli erfasste der deutsche B-Dienst den PQ.17, der vormittags auch von U-Reche (U 255) und U-Hymmen (U 408) etwa 60 Seemeilen ostwärts Jan Mayen gesichtet wurde, aber beide U-Boote konnten nur kurz Fühlung aufnehmen, bevor sie wieder verloren ging.

U-Siemon (U 334) und U-Teichert (U 456) wurden direkt angesetzt, während U-Timm (U 251), U-Baume (U 355), U-Göllnitz (U 657), U-Bohmann (U 88), U-Brandenburg (U 457) und U-Marks (U 376) als Gruppe »Eisteufel« weiter ostwärts einen Vorpostenstreifen bildeten.

Am Nachmittag erfasste die deutsche Luftwaffe den Konvoi PQ.17 und seine Ferndeckungsgruppe.

U 456 lief mit hoher Fahrt seinem Einsatzraum entgegen. Das Boot stieß in einem Quadrat bei Jan Mayen zur U-Gruppe »Eisteufel«. Weite Nebelfelder lagen über dem seidigen Meer.

Selten kam es vor, dass die Sonne einmal klar herauskam, und meist war dann die Kimm verschleiert oder Luftspiegelungen ergaben Abweichungen, die von keiner nautischen Tafel erfasst wurden.

Die Sonne kreiste in diesen letzten Junitagen 1942 hier über der ganzen Kimm. Man verlor das Gefühl für die Tageszeit. Nur die gleichförmigen Wachwechsel und die Mahlzeiten erinnerten irgendwie an eine Uhr. Dunkle Angriffsnächte würde es jedenfalls keine geben. Dazu schwankte die Sicht ständig durch Schauer aller Art, meist Schnee, und dieser ewige Nebel.

Kurz nach Mitternacht des 28. Juni machte die Brückenwache im Quadrat AB 7374 ein deutsches U-Boot aus, das sich später als U 657 entpuppte.

Das mit dunklem Tarnanstrich versehene U-Boot war wesentlich früher von den eigenen Ausgucks ausgemacht worden, als dies umgekehrt bei den Kameraden von U 657 mit dem weißgrau gestrichenen U 456 der Fall war.

Um die Mittagszeit sichtete die Brückenwache das U 88. Nach einem freudigen Gruß und einem kurzen Gedankenaustausch zwischen den beiden Crewkameraden »Tex« und »Heino« trennten sich die Boote wieder.

Am 30. Juni traf U 456 auf das nach Narvik zurückmarschierende U 376. Ihm übergab man einige Postsäcke für die Angehörigen in der Heimat.

In den Morgenstunden des 1. Juli konnte im Westen, im Abstand von etwa acht Seemeilen, ein weiteres deutsches U-Boot ausgemacht werden, das, wie vermutet, U 355 war. Zudem reihte man an diesem Tag U 456 in die 11. U-Flottille ein, deren Stützpunkt Bergen war.

Inzwischen kam auf der Führerjacht »Grille« und dem Kommandoschiff »Tanga«, die an der Erzpier von Narvik festgemacht hatten und als Befehlsstelle des Admirals Nordmeer Hubert Schmundt dienten, hektische Betriebsamkeit auf. Man verfolgte den Funkverkehr der Luftwaffe mit steigender Spannung. Auch von den eigenen U-Booten, die sich in einem in die Tiefe gestaffelten Vorpostenstreifen westlich der Insel Jan Mayen befanden, erwartete man jeden Moment einen Funkspruch, dass der Geleitzug gesichtet worden sei. Doch U-Boote und Luftaufklärer meldeten in monotoner Gleichgültigkeit immer nur: »Nebel ... schlechte Sicht ... niedrige Wolkendecke ... ohne Feindberührung!«

Die Nervosität in den Stäben wurde von Stunde zu Stunde größer. Da entdeckte am frühen Nachmittag des 1. Juli das bereits erwähnte deutsche Aufklärungs-Flugboot vom Typ B&V 138 den Konvoi. Nur Sekunden später ging über

Funk die Sichtmeldung hinaus. Eine genaue Beobachtung und das Fühlungshalten am Geleitzug waren wegen des Nebels jedoch nicht möglich. Diese Meldungen gingen an den Admiral Nordmeer, der sofort handelte.

Der Funkmaat von U 546 hangelte hastig die Leiter zur Brücke empor. Im Turmluk stehend, rief er dem Kommandanten zu: »Herr Kaleu! Ein Funkspruch vom Admiral Nordmeer: Ab sofort ist mit dem Geleitzug zu rechnen!« Nur kurz darauf meldete U 408:

»Geleitzug in Sicht, Quadrat AB 7189, Feind steuert 45 Grad!«

»Wir operieren mit hoher Fahrt auf den Geleitzug. Wir nehmen an, es ist der vermutete PQ.17!«, gab Teichert der Besatzung bekannt.

Und plötzlich kam aus einer Nebelbank schemenhaft ein Zerstörer in Sicht. Er lief auf nordöstlichem Kurs und gehörte anscheinend zur Steuerbord-Seitensicherung des Konvois. Nach 20 Minuten verschwand er in einer Regenbö und U 456 nahm die Verfolgung auf. Das Boot jagte nordostwärts dem Geleitzug entgegen. Die Sicht besserte sich allmählich. Bereits nach einer Stunde hatte U 456 den Geleitzug eingeholt. An Steuerbord konnten vier Zerstörer ausgemacht werden. Dahinter waren viele Dampfer, in mehreren Dwarslinien fahrend, zu sehen. Plötzlich schob sich einer der Zerstörer heran und lief mit hoher Fahrt, schwarz qualmend, auf U 456 zu.

Teichert drehte das Boot und versuchte mit Höchstfahrt abzulaufen. Doch der Zerstörer kam schnell näher.

»Tauchen!«, befahl Teichert missmutig.

Rasch sprang die Brückenwache vom Turm hinunter in die Zentrale.

»Schnell, LI! Auf 120 Meter gehen!«, befahl Teichert energisch.

Sekunden später war U 456 von der Wasseroberfläche verschwunden. Im Boot herrschte äußerste Ruhe. Als die Geräusche über Wasser wieder leiser wurden, befahl Teichert, auf Sehrohrtiefe zu steuern. Als U 456 beim Aufstieg die 100-Meter-Marke erreichte, wurde es gänzlich unerwartet von einen Zerstörer überlaufen, der fünf Wabos warf, die in nächster Nähe des Bootes detonierten. Im Boot kommt es zu Glasschäden und einem Ausfall der Kreiseltöchter und der Tiefenmesser. Es gab aber keinen Wassereinbruch, das Boot hielt dicht. Teichert befahl, auf große Tiefe zu gehen.

Per Horchgerät stellte der Funkgast fest, dass über Wasser ein zweiter Zerstörer eingetroffen war, der aber ebenfalls kein Aktivsonar einsetzte.

»Auf 180 Grad gehen!«, flüsterte der Kommandant.

Nun setzte eine vierstündige Wasserbombenverfolgung ein, die das Boot unbeschadet überstand. Als ab 19.25 Uhr keine Schraubengeräusche mehr wahrgenommen wurden, steuerte der Leitende Ingenieur das Boot auf Sehrohrtiefe ein. Nach einem kurzen Rundblick befahl Teichert:

»Auftauchen!«

Mit Maximalgeschwindigkeit setzte U 456 dem Geleitzug nach. Am 2. Juli um 03.35 Uhr entdeckte Obersteuermann Bieselt den Geleitzug in dichtem Nebel. Als dieser sich etwas lichtete, sichtete der Obersteuermann in einer Entfernung von 4000 Metern eine Korvette, die schnell auf das U-Boot zudrehte. Schwarz qualmend lief die Korvette hinter U 456 her, das sich, mit der höchsten Fahrtstufe laufend, aus dem Wasser hob. Teichert versuchte möglichst viel Raum zu gewinnen, bevor man in den »Keller« musste. Als ein weiterer Zerstörer auftauchte, wurde es Zeit zum Verschwinden.

»Alarmtauchen!«

Kaum waren sie unter Wasser, detonierten einige weitere Wasserbomben, aber weitab. Danach wurde es wieder ruhig.

In den frühen Morgenstunden tauchte das Boot wieder auf. Von U 255 ging ein Funkspruch ein, der besagte, dass das Boot den Geleitzug nach Horchpeilung im Quadrat AB 4639 vermutete. Demnach stand U 456 zu weit westlich. Sofort operierte Teichert auf den gemeldeten Geleitzug.

Um 13.40 Uhr kam der Konvoi voraus in Sicht. Das Boot agierte jetzt als Fühlungshalter und sendete stündlich eine Meldung und Peilzeichen. U 456 stand etwa 15 Seemeilen hinter dem Geleitzug und blieb vorerst hinter ihm, um bei schlechter Sicht die Fühlung nicht zu verlieren. Hinter dem Geleitzug fuhren auch mehrere Zerstörer und Korvetten, die sich zeitweise zurücksacken ließen und damit versuchten, U 456 abzudrängen.

Zwischen 16.00 und 18.00 Uhr erfolgten Angriffe deutscher Schwimmflugzeuge vom Typ »Heinkel He-115« auf den Konvoi. Den sieben »He-115« der 1./Küstenfliegergruppe 906 war aber kein Erfolg beschieden. Als Luftfühlungshalter waren drei »BV-138« über dem Geleitzug zu sehen. Havarierte oder sinkende Schiffe konnte man nicht beobachten. Weitere Einzelheiten waren wegen der großen Entfernung nicht zu erkennen. Gegen 20.00 Uhr schloss das Boot etwas näher auf. Erneut bildeten sich Nebelbänke. Mit hoher Fahrt versuchte Teichert, dichter an den Geleitzug heranzuschließen. Trotzdem ging die Fühlung im Nebel verloren.

Dafür entdeckte der LI eine Ölspur, die nicht von ihrem Boot stammte, und achtern wurden von der Brückenwache mehrere große Ölflecke gesichtet.

Am 3. Juli spürte U 456, Öl- und Kielwasserspuren folgend, den Geleitzug wieder auf. Um 15.26 Uhr kam er erneut in Sicht. Einem weit abgesetzten Zerstörer wich Teichert mit einer Kursänderung aus.

»Wir tauchen zum Angriff!«, gab der Kommandant bekannt.

Aber über Wasser setzte mittlerweile erneut dichter Nebel ein. Als nach einer Stunde noch immer keiner in Sicht kam, musste der Angriff abgebrochen werden. Das Boot tauchte auf, und Teichert versuchte erneut, U 456 zum Angriff vorzusetzen. Von U 255 empfing man jetzt gute Fühlungshaltermeldungen. Urplötzlich besserte sich wieder die Sicht. Etwas voraus tauchte schemenhaft ein U-Boot auf, das sich später als U 703 herausstellte. Der Geleitzug lief in zehn Seemeilen Entfernung. Über ihm kreisten mehrere »BV-138«-Flugboote.

Gegen 22.00 Uhr trübte sich die Sicht erneut ein. Einzelne Eisberge schoben sich als dunkle Schatten am Boot vorbei.

Der Geleitzug steuerte seit zwei Stunden bei stark wechselnden Sichtverhältnissen nördlichen Kurs. Die Rauchwolken der Schiffe waren auszumachen, ebenso waren die Masten der Steuerbordsicherung zu erkennen, die sie sich gelegentlich weit heraushoben.

Am 4. Juli stand U 456 um 00.30 Uhr in einer Nebelbank etwa 30 Seemeilen vor dem Geleitzug. Gemäß einer Funkmeldung von U 457 befand sich die schwere Sicherungsgruppe des Geleitzuges etwa 50 Seemeilen weiter nördlich.

Wie üblich waren das Wetter und die Sicht den ganzen Tag über schlecht. Der Geleitzug fuhr zwar in der Nähe, blieb aber in den Nebelbänken verborgen. Erst gegen 21.30 Uhr kam völlig unerwartet der britische Kreuzerverband in Sicht. Durch das Sehrohr registrierte Teichert bei spiegelglatter See vier Kreuzer in zwei Kiellinien, mit je einem Zerstörer an beiden Seiten. Darüber kreisten mehrere Bordflugzeuge.

Der Verband lief mit Ostkurs. Kapitänleutnant Teichert beabsichtigte, einen Angriff zu fahren. Jedoch zackten nach einer Stunde die Kreuzer nach Südwesten und rauschten mit hoher Fahrt davon. Gegen 23.30 Uhr riss die Fühlung endgültig ab. Dafür kam erneut der Geleitzug, anscheinend ein Teilgeleit, in Sicht.

Zwei Tage zuvor, am Nachmittag des 2. Juli, hatte der Abmarsch der Kampfgruppe I, unter dem Befehlshaber Admiral Schniewind, mit dem Schlachtschiff »Tirpitz«, dem Schweren Kreuzer »Admiral Hipper«, den Zerstörern »Karl Galster«, »Theodor Riedel«, »Hans Lody«, »Friedrich Ihn« sowie den Torpedobooten »T-7« und »T-15« von Drontheim nach Nordnorwegen begonnen, um an der vorgesehenen Operation »Rösselsprung« teilzunehmen.

Am 3. Juli 1942 war die Kampfgruppe II, unter dem Befehl von Vizeadmiral Kummetz, mit den Schweren Kreuzern »Lützow« und »Admiral Scheer«, den Zerstörern »Z-24«, »Z-27«, »Z-28«, »Z-29«, »Z-30« und »Richard Beitzen« von Narvik zum Altafjord in Marsch gesetzt worden, um sich mit der dort eintreffenden Kampfgruppe I und den zusätzlich zu den beiden Kampfgruppen beorderten Zerstörern »Erich Steinbrinck« und »Friedrich Eckoldt« zu vereinigen. Dabei hatten der Kreuzer »Lützow« sowie die Zerstörer »Hans Lody«, »Theodor Riedel« und »Karl Galster« im Grimsöystraumen Grundberührung und fielen für die kommende Operation aus.

Ebenfalls an diesem Tag war das fliegende Personal des Flugplatzes Bardufoss in Alarmbereitschaft versetzt worden. Dort waren die Torpedoflieger der I. Gruppe des Kampfgeschwaders 26 »Löwengeschwader« und die III. Gruppe des Kampfgeschwaders 30 »Adlergeschwader« stationiert.

Am 4. Juli 1942 gellten um 15.00 Uhr die Alarmglocken durch die Unterkunftsbaracken der Flieger am Rande des Flugplatzes. Hastig zwängten sich die Soldaten in ihre Fliegerkombinationen, zogen die Schwimmwesten über und liefen nach draußen, wo bereits der Omnibus wartete, der die Flieger zur Flugleitung brachte.

Oberst August Roth, der »Fliegerführer Lofoten«, konnte sich bei der Einweisung kurz fassen, denn die Männer des »Löwen-« und »Adlergeschwaders« waren durchweg alte Hasen.

Das III./Kampfgeschwader 30 wurde von Hauptmann Hajo Herrmann geführt, das I./Kampfgeschwader 26 hatte Hauptmann Bernd Eicke in Vertretung übernommen. Nach der Einsatzbesprechung wurden die Besatzungen mit dem Bus zu ihren Maschinen gebracht, die bereits mit laufenden Motoren vor ihren Boxen standen. In langer Reihe rollten die Kampfflugzeuge zum Start. Zuerst die 27 Sturzkampfbomber des Kampfgeschwaders 30 vom Typ Junkers »Ju-88«, eine halbe Stunde später die 22 Torpedoflugzeuge des Kampfgeschwaders 26 vom Typ Heinkel »He-111«. Bereits zwei Stunden vor dem Gros der Bomber waren im Billefjord die Schwimmerflugzeuge der 1. Staffel der Küstenfliegergruppe 906 gestartet. Die Staffel wurde von Oberleutnant Herwartz geführt. Bei ihrem ersten Einsatz am Morgen gegen den PQ.17 hatte der Staffelkapitän Hauptmann Peukert einen Torpedotreffer auf den Dampfer »Christopher Newport« erzielt. Später wurde der Frachter durch Fangschüsse des britischen U-Bootes »P-614« und von U-Brandenburg (U 457) versenkt.

Die Aufklärer am Geleitzug hatten gutes Angriffswetter für die langsamen Torpedoflugzeuge vom Typ Heinkel »He-115« gemeldet. Für die »He-115« war eine niedrige Wolkendecke, aus der die Maschinen zum Angriff nur kurz herausstoßen mussten, das optimale Wetter für einen erfolgreichen Einsatz. Doch als die Staffel den PQ.17 in der Weite der Barentssee ausmachte, hatte das Wetter gewechselt, und es herrschten inzwischen ungünstigste Bedingungen für einen Torpedoangriff. Die Sicht betrug etwa 50 Seemeilen. Deutlich waren im Norden die schweren Kriegsschiffe der Kreuzergruppe zu erkennen. Trotz mehrmaliger Anflugversuche war es den Torpedoflugzeugen nicht gelungen, zum Schuss auf ihr Ziel zu kommen, da die Wolkendecke mit 500 Metern zu hoch war und die starke Abwehr der Kriegsschiffe einen erfolgreichen Angriff verhinderte.

Nach einer Stunde flogen die sechs Maschinen der 1./Küstenfliegergruppe 906 zum Billefjord zurück. In der Zwischenzeit hatten die Maschinen des Kampfgeschwaders 30 den Geleitzug erreicht.

Hauptmann Hajo Herrmann ließ die »Ju-88« von allen Seiten angreifen, um die Verteidiger von den noch weiter hinten fliegenden Torpedobombern unter dem Kommando von

Hauptmann Eicke, die dicht übers Meer herankamen, abzulenken. Die starke Abwehr der Schiffsflak verhinderte jedoch, dass der Angriff durchschlug, und es gelang dem III./Kampfgeschwader 30 lediglich, ein Schiff leicht zu beschädigen.

Wahrscheinlich wäre ein massives Bombardement des Konvois ein erfolgversprechenderes Ablenkungsmanöver gewesen als der Angriff mit Bordwaffen.

Hauptmann Eicke, der Kommandeur der »He-111«-Torpedobomber des I./Kampfgeschwaders 26, blickte auf seine Armbanduhr, als die Schiffe des PQ.17 am Horizont in Sicht kamen. Es war 20.10 Uhr. Eicke gab über die Bord-zu-Bord-Verständigung das Stichwort »Lucie« aus.

Die Gruppe bildete eine Angriffsformation in Form einer »Zange«. Ziel dieses Anflugmanövers war, den Geleitzug gleichzeitig von der Seite, von vorn und von hinten angreifen zu können. Langsam wuchsen die Schiffe aus dem Meer.

Die Angreifer stießen die Steuerknüppel nach vorne und stürzten sich auf den Geleitzug. Erst zwanzig Meter über dem Wasser fingen sie ihre Maschinen ab und jagten auf das Gewirr von Masten, Schornsteinen und Fesselballons zu. Durch das mit voller Wucht einsetzende Abwehrfeuer der Kriegs- und Transportschiffe ließen sich die Flugzeugführer nicht abschrecken und steuerten ihre Maschinen auf die zahlreichen Ziele zu.

Plötzlich stiegen riesige Wasserfontänen aus dem Meer. Sie stammten von den Einschlägen der 20,3-cm-Granaten der schweren Schiffsartillerie der britischen Kreuzer »London« und »Norfolk«, die aus einer Entfernung von 100 Hektometern (10 000 Meter) in den Kampf eingriffen. Nur mit riskanten Ausweichmanövern konnten die Piloten verhindern, dass die Tragflächen ihres Fluggeräts durch die haushohen Wassersäulen abgerissen wurden.

Als die Maschinen über den Schiffen waren, prasselte Granatenhagel von allen Seiten auf sie ein. Schnell mussten die Ziele erfasst und die Torpedos abgeworfen werden.

Hauptmann Bernd Eicke flog direkt auf die »William Hooper« zu und warf in einer Entfernung von 500 Metern die Torpedos ab. Sie sprangen einmal vom Wasser hoch und verschwanden dann unter der Oberfläche.

Eine schwere Flakgranate detonierte direkt vor der rechten Tragfläche des Flugzeuges. Einen Augenblick schien es, als würde die Maschine in der Luft stillstehen, aber dann setzte sie doch ihren Flug fort, flog im Feuerhagel der Schiffe über die Brücke der »William Hooper« hinweg, bereits an der rechten Tragfläche eine weiße Rauchwolke hinter sich herziehend.

Einer ihrer Torpedos erreichte die Steuerbordseite der »William Hooper«. Die Wucht der Explosion schleuderte den Kessel durch das Oberlicht des Maschinenraums. Das Schiff bebte und begann, rasch über das Heck zu sinken.

Der zweite Torpedo war beim Aufprall auf die Wasseroberfläche abgelenkt worden und lief auf das Nachbarschiff der »William Hooper«, die norwegische »Troubadour«, zu. Doch es gelang den Kanonieren, den Torpedo durch konzentriertes MG-Feuer abzulenken. Der Aal tauchte unerwartet unter, und als er wieder zu sehen war, hatte er einen Haken geschlagen und näherte sich erneut der Bordwand der »Troubadour«, diesmal jedoch von Backbord.

Wiederum wurde das Feuer auf ihn eröffnet, auch mit dem 7,5-cm-Geschütz und der Flak, und tatsächlich gelang es erneut, ihn vom Kurs abzubringen. Nur wenige Meter hinter dem Heck des Schiffes lief er vorbei, schlug einen nochmaligen Bogen und lief nun wieder an der Steuerbord-Seite auf die »Troubadour« zu. Noch einmal nahm man den Torpedo mit allen Waffen unter Feuer. Nach etwa 75 abgefeuerten Granaten, von denen keine einzige getroffen hatte, erwarteten alle jeden Augenblick den Treffer mit anschließender Detonation. Jedoch nur wenige Meter vor der Bordwand stoppte unerwartet der Torpedo, richtete sich mit seiner Spitze steil aus dem Wasser auf und versank. Die »William Hooper« und die »Troubadour« waren am Ende der beiden Kolonnen auf der westlichen Seite des Geleitzuges gelaufen, wo die Sicherung durch die Kriegsschiffe nicht so besonders stark gewesen war.

Das Gros der Torpedobomber aber befand sich nach dem Anflug durch die Wolken im Osten des Konvois PQ.17, und dort kreuzte der britische Flakkreuzer »Palomares« mit dem US-Zerstörer»Wainright«. Die ersten Maschinen, die deren Abwehrkraft zu spüren bekamen, waren die »He-111« von Leutnant Georg Kaumeyr und Leutnant Konrad Hennemann.

Die beiden Flugzeuge sollten zusammen mit ihrer Staffel die Spitze des Geleitzuges von Osten her anzugreifen. Die Piloten drückten ihre Maschinen knapp über die Wasseroberfläche hinunter und setzten sich zur Mitte des Geleitzuges hin ab. Zuerst kam die Heinkel von Kaumeyr in die Reichweite der Geschütze der »Palomares« und »Wainright«. Infolge der in ihrer Nähe detonierenden Granaten und der von Artillerieeinschlägen hochschießenden Wassersäulen torkelte die Maschine wie betrunken hin und her. In Schiffsnähe wurde einer der Torpedos geworfen, der genau auf das anvisierte Ziel zulief. Ein fürchterlicher Knall folgte, und Splitter flogen durch die Kanzel. Rauch breitete sich aus und raubte den Piloten die Sicht. Als sich der Qualm etwas verzogen hatte, registrierte die Besatzung, dass ihre Maschine direkt auf den Zerstörer zuhielt. Der linke Motor brannte ebenso wie das ausgelaufene Hydrauliköl in der Kanzel. Sämtliche Scheiben und das Instrumentenbrett der Heinkel waren zerstört. Der Bordmechaniker zog den Feuerlöscher aus der Halterung und löschte die Flammen in der Kanzel. Leutnant Kaumeyr riss das Flugzeug in eine rechte Steilkurve.

Während dieses Flugmanövers deckte der Beobachter den Zerstörer mit seinem schweren MG ein. Trotzdem fing sich das Flugzeug einen weiteren Treffer am Öltank ein, der Mechaniker warf mittels Notabwurf den zweiten Torpedo ab. Durch den extremen Luftzug im Flugzeug war das Feuer wieder angefacht worden. Die Flammen schlugen in den

Mittelgang der Maschine und waren nicht mehr zu löschen. Leutnant Kaumeyr schaltete den linken Motor ab und entschied sich für eine Notlandung. Mit einer Geschwindigkeit von zirka 200 Kilometern pro Stunde setzte die »He-111« dazu an.

Obwohl sich die Landeklappen nicht mehr ausfahren ließen, gelang es dem Piloten, das Flugzeug auf dem Wasser aufsetzten. Es sprang mehrmals hoch, bis es langsamer wurde und auf das Wasser prallte. Die Maschine schnitt kurz unter und blieb schließlich auf der Oberfläche liegen.

Mit dem Notgriff konnte die Kanzel geöffnet werden, und die Besatzung stieg aus. Das Schlauchboot wurde klargemacht, und die vier Männer sprangen hinein. Etwa 15 Minuten später fischte sie ein britischer Zerstörer aus der See.

Leutnant Hennemann, Pilot des zweiten »He-111«-Torpedobombers, hatte sich inzwischen als Ziel ein Schiff mitten im Konvoi gewählt. Seine Maschine jagte mit selbstmörderischer Tollkühnheit in Höhe der Kommandobrücken durch die Kolonne der Frachter. Staffelkapitän Hennemann flog so weit vor seinen Kameraden her, dass er fast das gesamte Abwehrfeuer auf sich zog, während die Heinkel immer tiefer und weiter in den Geleitzug vordrang. Obwohl bereits erste Flammen aus dem Rumpf der Maschine schlugen, flog Hennemann stur weiter auf die »Navarino« zu und warf seine Torpedos ab. Als das Flugzeug über den Fracher hinwegdonnerte, glich es einer brennenden Fackel. Nur Sekunden später stürzte die Heinkel ins Meer und versank in einem Schwall aufwirbelnden Wassers.

Das Schicksal der beiden abgeschossenen Flugzeuge schien den anderen Besatzungen, die den Geleitzug von Steuerbord anflogen, stark in die Knochen gegangen zu sein. Die restlichen acht »He-111« der Staffel warfen ihre Torpedos, die der »Wainright« galten, zu einem Zeitpunkt ab, als der amerikanische Zerstörer aber zu diesem Zeitpunkt fast vier Kilometer vom Konvoi entfernt stand.

Auf der Brücke der »Navarino« hielt man inzwischen angestrengt Ausschau nach Hennemanns Torpedos.

»Torpedos steuerbord querab!«, erschallte plötzlich der Ruf.

Die Aale liefen direkt auf den Frachter zu.

»Ruder hart backbord!«, befahl der Kapitän.

Die »Navarino« gehorchte prompt. Der erste Torpedo schnurrte nur zwei Meter an dem wegdrehenden Schiff vorbei ins Leere. Aber dem zweiten Torpedo konnte nicht mehr ausgewichen werden. Er traf genau mittschiffs.

Die erwartete ohrenbetäubende Detonation blieb jedoch aus. Stattdessen gab es nur einen dumpfen Donnerschlag. Die »Navarino« bebte so stark, dass sämtliche Scheiben im Brückenhaus zersprangen. Das Schiff legte sich jäh nach Steuerbord, als das Wasser in den Laderaum 3 strömte.

Die »Navarino« schwenkte aus dem Geleitzug heraus, die Rettungsboote und -flöße wurden zu Wasser gelassen. Auf der Backbordseite war das Manöver wegen der Schlagseite nicht mehr möglich. Diese war mittlerweile so stark, dass die Besatzung über das Deck ins Wasser rutschen konnte. Noch ein drittes Schiff des Geleitzuges war von den Torpedos der I./Kampfgeschwader 26 getroffen worden. Es war die sowjetische »Aserbaidschan«. Der Tanker war nach der Torpedoexplosion in einer riesigen Rauchwolke verschwunden, und auf dem Wasser trieb bereits eine dicke Ölschicht. Unerwartet tauchte der Tanker jedoch wieder auf, und das schwere Geschütz auf der Back feuerte wütend hinter den Flugzeugen her, die aber längst in den Wolken verschwunden waren. Der Grund dafür, dass der Tanker nach dem Torpedotreffer nicht in die Luft geflogen war, lag an seiner Ladung. Er hatte statt Petroleum – Leinöl geladen. Auf der »Aserbaidschan« konnte das Maschinenpersonal den Schaden mit Bordmitteln beheben, und bereits nach einer halben Stunde reihte die sich wieder in den Geleitzug ein.

Die »William Hooper« und die »Navarino« aber waren

nicht mehr zu retten. Die britischen Minensucher »Britomart« und »Halycon« beschossen deshalb beide Frachter mit 10,2-cm-Panzergranaten, bis sie lichterloh in Flammen standen. Danach liefen sie mit voller Fahrt zum PQ.17 zurück.

Die »Navarino« ging nur wenig später unter, während sich die »William Hooper« trotzdem noch über Wasser hielt. Fünf Stunden später sichtete U-Siemon (U 334) den treibenden Frachter und versenkte ihn mit einem Torpedofangschuss. Während das Kampfgeschwader 30 ohne Verluste nach Bardufoss zurückkehrte, hatte das Kampfgeschwader 26 drei Flugzeuge verloren.

Inzwischen gab das Oberkommando der Wehrmacht in einer Sondermeldung die Versenkung eines Schweren Kreuzers bekannt, was jedoch nicht den Tatsachen entsprach.

Auf deutscher Seite herrschte während des ganzen Tages ein unklares Bild über die Position der schweren britischen Seestreitkräfte. Deshalb erfolgte letztlich auch kein Auslaufbefehl für die Flotte.

Allerdings gab am Abend des 4. Juli 1942 der britische Erste Seelord, Admiral Pound, in Erwartung eines deutschen Überwasserangriffes mit überlegenden Kräften der alliierten Kreuzergruppe und den Zerstörern der Sicherung den Befehl, sich nach Westen abzusetzen, und ließ den Konvoi sich zerstreuen.

Die britische Admiralität vermutete, dass die Deutschen das Schlachtschiff »Tirpitz«, die Schweren Kreuzer »Admiral Hipper« und »Admiral Scheer« sowie sieben Zerstörer und zwei Torpedoboote auf den PQ.17 ansetzen würden.

5. Juli 1942: Kurz nach Mitternacht sichtete man auf U 456 in südlicher Richtung beschädigte, wild durcheinander kurvende und in alle Richtungen auseinanderlaufende Dampfer.

»Unsere Luftwaffe hat den Konvoi zersprengt!«, rief Teichert den Männern der Brückenwache zu. Schnell fasste er einen Entschluss. Seine Befehle gingen in die Zentrale, kurz darauf folgten die nächsten Kommandos. Nach wenigen Minuten wurde zum Angriff getaucht. Im Sehrohr lief der erste Dampfer des Teilgeleits ein. Er war zirka 8000 BRT groß und schweres Ladegerät war zu erkennen.

»Doppelschuss aus Rohr I und II!«, befahl Teichert.

Um 00.54 Uhr schossen die beiden Torpedos aus den Rohren und liefen dem anvisierten Ziel entgegen. Doch nach Ablauf der Zeit ereignete sich nichts.

»Verdammt! Fehlschüsse!«, gab Teichert verärgert von sich. Er hatte die Fahrt des Frachters zu gering veranschlagt.

»Dann knöpfen wir uns eben den zweiten Dampfer vor!«

Mit hoher Fahrt lief das Boot dem Ziel unter Wasser entgegen.

»Doppelschuss aus Rohr III und IV!«

Um 01.14 Uhr steuerten die Torpedos auf das neue Ziel zu. Unten im Boot blickten sie auf die Stoppuhr. Doch nach Ende der Laufzeit passierte wieder nichts. Teichert war fassungslos über die erneute Fehleinschätzung der Geschwindigkeit des Gegners.

Beim nächsten Blick durch das Sehrohr machte Teichert acht bis neun weit zerstreute Dampfer auf verschiedenen Kursen aus. Von Sicherungsschiffen war nichts zu sehen.

»Unter Wasser kommen wir an die nicht heran. Offenbar sind die dafür zu schnell«, meinte Teichert zu seinen Offizieren.

»Herr Kaleu, im Horchgerät werden 80 Umdrehungen festgestellt!« meldete der II. WO.

»Deshalb die Fehlschüsse!« sinnierte Teichert und befahl: »Auftauchen! Wir hängen uns an einen der Dampfer ran!«

Gegen 08.00 Uhr kristallisierte sich allmählich eine gesammelte Dampfergruppe von vier bis fünf Schiffen heraus, die aber von zwei Zerstörern begleitet wurden.

»Die laufen glatt ihre zwölf Knoten, Herr Kaleu!« gab der I. Wachoffizier leise von sich, während er angestrengt durch das Fernglas blickte.

»Wir setzen uns trotzdem zum Angriff vor!«, erklärte Teichert.

Gegen 11.30 Uhr war es so weit. U 456 stand vor den Frachtern.

Um 11.54 Uhr wurde zum Angriff getaucht. Durch das Sehrohr suchte der Kommandant die Dampfer zu peilen, doch die hatten mittlerweile weggezackt. Die Schiffe liefen im Querabstand von 5000 Metern an U 456 vorbei.

»Auftauchen!« befahl Teichert erzürnt.

Kaum über Wasser, meldete die Brückenwache im Süden eine Rauchfahne, die offenbar zu einen Einzelfahrer gehörte, der elf Knoten lief und einen Kurs von 120 Grad steuerte. Zum Angriff musste das Boot erneut vorsetzen.

Um 13.46 Uhr befahl der Kommandant, das Tauchmanöver einzuleiten. Dann begann die Zeit des Wartens. Eine knappe Stunde später kam der Dampfer näher. Er lief U 456 direkt vor die Rohre.

14.31 Uhr: Doppelschuss aus den inzwischen nachgeladenen Torpedorohren I und II. Nach 49 Sekunden erfolgte eine Detonation.

»Treffer auf Höhe von Ladeluke 2!«, verkündete Teichert.

Eine hohe braune Sprengwolke stieg senkrecht empor, die den ganzen Frachter einhüllte. Er sackte vorne tiefer und blieb gestoppt liegen. »Fangschuss auf den Dampfer aus Rohr V!«, befahl Teichert. 14.42 Uhr: Der aus dem Heckrohr abgefeuerte Torpedo lief seinem Ziel entgegen. Nach nur 32 Sekunden detonierte er in Höhe der Ladeluke 3, und der Kommandant gab den Befehl zum Auftauchen.

Der waidwund getroffene Frachter würde untergehen, und seine Besatzung hatte sich bereits in die Rettungsboote geflüchtet. U 456 fuhr langsam zu ihnen hin. Eine Befragung ergab, dass das Schiff die »Honomu« mit 6999 BRT war, ein Amerikaner aus San Franzisco mit Bestimmungshafen Archangelsk. Beladen war der Frachter mit Panzerersatzteilen und Gerät, Eisenbahnschienen und drei Panzern. Teichert ließ die Rettungsboote mit Proviant ausrüsten und nahm den Kapitän als Gefangenen an Bord.

Daraufhin meldete er dem Admiral Nordmeer:

»Um 14.50 Uhr in Quadrat AC 2937 Dampfer »Honomu« 6999 BRT versenkt. Ladung: Kampfwagenteile. – Teichert!«

Über die Versenkung der »Honomu« gibt es einen amerikanischen Bericht, in dem folgende Aussagen der Überlebenden zusammengefasst sind:

Die »Honomu« wurde ohne Warnung am 5. Juli 1942 um 13.30 Uhr GMT auf dem Weg von Philadelphia nach Archangelsk in Position 75°05' Nord / 38° Ost torpediert. Das Schiff hatte eine Ladung von 7500 Tonnen an Bord: Lebensmittel, Stahl, Munition und Panzer. Es sank um 14.30 Uhr GMT über Heck bei 180 Metern Wassertiefe.

Der Frachter lief mit 10,5 Knoten ohne Ausweichbewegungen geradeaus. Funkstille wurde bewahrt. Zehn Mann standen auf Ausguck, zwei am Heck, vier auf dem Bootsdeck und vier auf der Brücke. Das Wetter war klar, die See glatt, kein anderes Schiff in Sicht.

Um 13.30 Uhr GMT traf der erste Torpedo das Schiff in Höhe der Luke 2. Er zerstörte den Kesselraum. Die »Honomu« begann sofort zu sinken. Der zweite Torpedo traf Backbord in Höhe Luke 3. Wenige Minuten später sank das Schiff mit großer Schnelligkeit. Notsignale konnten nicht gefunkt werden, da der Sender bereits beim ersten Treffer ausgefallen war.

Insgesamt 37 Besatzungsmitglieder gingen gleich nach dem ersten Treffer auf Befehl des Kapitäns Frederick A. Strand in vorschriftsmäßiger Ordnung in die Rettungsboote. Die übrigen 19 Männer der Besatzung und die Marinekanoniere dürften bei den Torpedoexplosionen ihr Leben verloren haben.

Kurze Zeit nachdem das Schiff gesunken war, tauchten plötzlich drei U-Boote auf, zwei davon sehr nahe an den herumschwimmenden Wrackteilen. Das dritte in vielleicht 500 Metern Entfernung. Eines der U-Boote näherte sich den Überlebenden und befahl dem Kapitän, an Bord des U-Bootes zu kommen, und nahm ihn gefangen.

Danach fragte man die Schiffbrüchigen, ob sie genug Wasser im Boot hätten. Sie erhielten Büchsenfleisch und Brot in Konserven, zudem erklärte der U-Boot-Offizier ihnen, dass sie in wenigen Tagen von deutschen Zerstörern an Bord genommen würden.
Die Rettungsboote aber trieben dreizehn Tage lang in See. Dann wurden sie 360 Seemeilen nördlich von Murmansk von einem britischen Minensucher gesichtet, aufgenommen und nach Schottland gebracht.

Die »Honomu« war der dritte Frachter, den die U-Boote der Gruppe »Eisteufel« am 5. Juli auf ihrer Versenkungsliste verbuchen konnten.

An diesem 5. Juli 1942 meldeten die deutsche Luftaufklärung und die U-Boote die Auflösung des Konvois PQ.17 und das Ablaufen der Kreuzer nach Westen. Daraufhin gingen das Schlachtschiff »Tirpitz« (KzS Topp), die Schweren Kreuzer »Admiral Hipper« (KzS Meisel), »Admiral Scheer« (KzS Meendsen-Bohlken), sieben Zerstörer und zwei Torpedoboote in See. Ein »Catalina«-Flugboot der RAF-Squadron 210 und das britische U-Boot »Unshaken« meldeten die deutschen Kriegsschiffe. Außerdem fuhr das sowjetische U-Boot »K-21« einen erfolglosen Angriff auf die »Tirpitz«.

Nach der Meldung durch die deutschen U-Boote und Fernaufklärer, dass sich der PQ.17 in Auflösung befand, befahl Großadmiral Raeder, in Übereinstimmung mit einer Führerweisung, kein Risiko für die Großkampfschiffe einzugehen. Daraus folgte der Abbruch dieser Flottenunternehmung. Der deutsche Flottenverband kehrte bereits am 6. Juli wieder in den Kaa-Fjord zurück. Nach Abzug der alliierten Geleitsicherung und der Kreuzer-Deckungsgruppe befahl der Admiral Nordmeer, dass die Vernichtung der restlichen Schiffe des Konvois die Flugzeuge und U-Boote übernehmen sollten.

So griffen im Laufe des 5. Juli alle drei Gruppen des Kampfgeschwaders 30, unter Führung der Hauptleute Kahl, Stoffregen und Herrmann (Geschwaderkommodore Major Bloedorn), die einzeln oder in Teilgeleiten fahrenden Transporter des Geleitzuges an. Sie versenkten die Frachter »Washington« (5564 BRT), »Bolton Castle (5203 BRT), »Peter Kerr« (6476 BRT), »Fairfield City« (5686 BRT), »Pan Kraft« (5644 BRT) und das Rettungsschiff »Zaafaran« (1559 BRT) und beschädigten die Frachter »Paulus Potter« (7168 BRT) und »Earlstone« (7195 BRT). Letzteren versenkte U-Siemon (U 334) mit zwei Fangschüssen. Nach der Versenkung dieses Schiffes griff eine »Ju-88« versehentlich U 334 mit Bomben und Bordwaffen an. Wegen der dabei entstandenen Schäden an Ruder- und Kompassanlage musste das U-Boot die Unternehmung abbrechen.

Die beschädigte »Empire Byron« wurde von U-Bielfeld (U 703) durch einen Fangschuss versenkt. Der Frachter war voll mit Panzern beladen, die sogar noch auf dem Deck verstaut waren. Zudem gelang es der Luftwaffe, den britischen Flottentanker »Aldersdale« (8402 BRT) in Brand zu werfen. Weiterhin versenkte U-Bohmann (U 88) die »Carlton« (5127 BRT) und die »Daniel Morgan« (7177 BRT), U 703 die »River Afton (5479 BRT) sowie U 456, wie beschrieben, die »Honomu« (6999 BRT).

An diesem für die Alliierten schwarzen 5. Juli 1942 geriet auch noch der Rückkonvoi QP.13 im Nebel und Sturm in der Dänemark-Straße in ein eigenes Minenfeld und verlor den Minensucher »Niger« und die Dampfer »Heffron«, »Hybert«, »John Randolph«, »Massmar« und »Rodino« mit zusammen 30 909 BRT.

»Den großen Dampfer mit Sperrballon knacken wir!«, erklärte Teichert seinem I. Wachoffizier.

»Den, der uns vorhin beschossen hat, Herr Kaleu?«

»Genau. Beide Maschinen voraus halbe Fahrt, Kurs 120 Grad!«, befahl Teichert.

Nur kurze Zeit später operierte U 456 auf diesen Dampfer. Das U-Boot war gerade in die Nähe des Frachters gekommen, als die deutsche Luftwaffe diesen angriff und durch einen Volltreffer versenkte.

Um 18.15 Uhr des 5. Juli ging der Notruf von U 334 ein. Der Kommandant des Bootes, Kapitänleutnant Siemon, hatte ihn abgesetzt, da er von einer eigenen »Ju-88« angegriffen und schwer beschädigt worden war.

Gegen 20.00 Uhr erreichte U 456 das havarierte U 334. Vom Admiral Nordmeer bekam Teichert die Order, beim Kameradenboot zu bleiben und es sicher nach Kirkenes zurückzubringen.

Das ständige Anfliegen von deutschen Flugzeugen war für die Besatzungen der beiden U-Boote nach dem Vorfall mit U 334 eine schwere psychische Belastung. Trotz gegensätzlicher Befehle schoss man auf U 456 und U 334 bei anfliegenden Maschinen bereits auf große Entfernung ein Erkennungssignal mit Leuchtkugeln.

Am 6. Juli gegen 16.00 Uhr sichteten beide Boote die nordnorwegische Küste. Drei Stunden später wurden sie von einem Geleit, bestehend aus drei Schnellbooten, drei U-Jägern und aus der Luft gesichert von zwei Messerschmitt »Me-110«-Zerstörerflugzeugen, bei Vardö aufgenommen. Um 23.00 Uhr machte U 456 im Neidenfjord längsseits der »Südmeer« fest und beendete die Unternehmung.

Doch der Kampf mit dem Geleitzug PQ.17 war noch nicht zu Ende. An diesem 6. Juli versenkten »Ju-88«-Bomber des KG 30 die »Pan Atlantic« (5411 BRT) und U 255 die 7191 BRT große »John Witherspoon«.

Am 7. Juli gelang es den zur Verfolgung der Einzelfahrer angesetzten U-Booten, erneut zuzuschlagen. So versenkten U 255 die »Alcoa Ranger« (5116 BRT), U 355 (la Baume) die »Hartlebury« (5082 BRT) und U 457 das verlassene Tankerwrack der »Aldersdale« mit Artillerie und Torpedofangschuss.

Einen Tag später versenkte erneut U 255 vor Novaja Zemlja den ebenfalls zum PQ.17 gehörenden Dampfer »Olopana« (6069 BRT).

Am 9. Juli trafen die ersten Frachter des PQ.17, darunter

das Rettungsschiff »Rathlin«, der Motortanker »Donbass« und der Dampfer »Bellingham«, in Archangelsk ein.

Noch am selbem Tag griff die II./KG 30 das Restgeleit des PQ.17 vor der Einfahrt ins Weiße Meer an und beschädigte die Dampfer »Hoosier« (5060 BRT), »El Capitán« (5255 BRT) und »Samuel Chase«.

Am 10. Juli versenkten U 376 die »Hoosier« und U 251 die »El Capitán« durch Torpedofangschüsse, während die beschädigte »Samuel Chase« am 11. Juli zusammen mit dem Rettungsschiff »Zamalek« und dem Dampfer »Ocean Freedom« in Archangelsk eintraf.

Am 13. Juli versenkte U 255, das sich auf dem Rückmarsch befand, das verlassene Wrack des Dampfers »Paulus Potter« durch einen Fangschuss mit dem letzten Torpedo. Vorher konnte der I. Wachoffizier von U 255, Leutnant zur See Hugo Deiring, mit zwei Maaten wichtige Dokumente aus dem Schiff bergen.

Erst zwischen dem 20. Juli und 24. Juli 1942 gelang es den Alliierten, einen zweiten, kleinen Restkonvoi des PQ.17, bestehend aus den Dampfern »Troubadour«, »Benjamin Harrison«, »Ironclad«, »Silver Sword« und dem Tanker »Aserbaidschan«, zusammenzufassen und von der Matotschkin-Straße nach Archangelsk zu bringen, wobei unterwegs noch der Frachter »Empire Tide« aufgenommen wurde.

Schließlich traf am 28. Juli als letzter Nachzügler des PQ.17 der vorübergehend auf Strand gesetzte Dampfer »Winston Salem« in Molotowsk ein.

Das Fazit für den PQ.17 lautete: Von den 33 Frachtern, drei Rettungsschiffen und vier Tankern, die am 27. Juni 1942 von Island in Richtung Sowjetunion ausgelaufen waren, hatten nur elf ihren Zielhafen Archangelsk erreicht, außerdem erreichten auch die beiden Rettungsschiffe »Rathlin« und »Zamalek« ihr Ziel.

Drei Dampfer mussten bereits kurz nach dem Auslaufen

wegen Beschädigungen kehrtmachen, 22 Dampfer wurden versenkt. Zudem gingen das Rettungsschiff »Zaafaran« und der Flottentanker »Aldersdale« verloren.

Mit den Schiffen vom PQ.17 gingen verloren: 3350 Lastkraftwagen und Jeeps, 430 Panzer, 210 Flugzeuge, 99316 Tonnen Ersatzteile, Nahrungsmittel, Munition und sonstiges Kriegsmaterial. Mit dieser Ausrüstung, wäre sie nach Russland gelangt, hätte eine Armee von 50000 Soldaten ausgestattet werden können. An den nüchternen Zahlen kann man deutlich ermessen, wie diese gewonnene Konvoischlacht die deutschen Truppen an der Ostfront entlastete. Die Verluste der deutschen Kampfverbände waren dagegen relativ gering: Zwei Junkers »Ju-88«, drei Heinkel »He-111«, eine Heinkel »He-115«, ein Focke-Wulf »FW-200«-Fernaufklärer und ein Blohm & Voss »BV-138«-Seeaufklärer wurden als Totalschaden gemeldet. Von der U-Boot-Gruppe »Eisteufel« ging kein einziges U-Boot verloren.

Die 7. Feindfahrt

Zwischen dem 7. Juli und 4. August 1942 lag U 456 zur Überholung längsseits der »Südmeer«. Am 16. Juli war die Torpedo- und Proviantübernahme abgeschlossen. Das Boot war wieder auslaufklar. Alles wartete auf den nächsten alliierten Geleitzug. Doch nichts geschah. Mit der Weiterbildung der Besatzung und laufenden Arbeiten wie dem Anstreichen des Bootes konnte die Zeit gut überbrückt werden. Gerne nutzten die Männer die Möglichkeit, sich sportlich zu betätigen und besonders die Fußballturniere und sonstigen Ballsportspiele gegen die befreundeten Besatzungen anderer Boote waren sehr beliebt und fanden großen Zuspruch.

Am 4. August 1942 legte U 456 von der »Südmeer« ab und lief in Kirkenes ein. Der Admiral Nordmeer hatte Kapitänleutnant Teichert zu einem Einsatzgespräch beordert. Der Befehl für U 456 lautete, das Planquadrat AC 67 anzusteuern und dort einen Angriffsraum besetzen.

5. August 1942: U 456 lief von Kirkenes zur siebten Unternehmung aus. Die nächsten beiden Tage verliefen ereignislos. Der Kommandant ließ deshalb laufend Übungstauchen und Störungsexerzieren durchführen.

Nach drei Tagen entschloss sich Teichert, den sibirischen Seeweg anzulaufen. Er wollte dort nach Schiffen suchen, hatte aber das Pech, dass der Steuerbord-Diesel ausfiel.

Die Nockenwellen 1 und 2 waren gebrochen. Da sich an Bord keine Ersatzteile befanden und damit keine Reparaturmöglichkeit bestand, musste der Rückmarsch angetreten und dies durch ein Kurzsignal gemeldet werden. Am nächsten Tag traf man auf das ebenfalls auf dem Rückmarsch befindliche U 601, das unter dem Kommando von Kapitänleutnant Grau stand. Zusammen mit dem Kameradenboot setzten sie die Rückfahrt fort.

Bereits am 10. August machte U 456 erneut an der »Südmeer« fest. Sogleich sollte mit der Reparatur des Diesels begonnen werden. Da aber die benötigten Ersatzteile nicht vorhanden war, musste man diese auf der »Südmeer« erst anfertigen.

Als am 15. August die Reparatur abgeschlossen war, legte U 456 von der »Südmeer« ab und fuhr nach Kirkenes. Nach einer erneuten Unterredung mit dem Admiral Nordmeer erfolgte der Auslaufbefehl. Aus dem neuen Gespräch ging nun folgende Einsatzorder hervor:

U 456 sollte sofort vor dem Westeingang der Matotschkin-Straße operieren. Es wurde dort für das Unternehmen »Zar«, zusammen mit U 255, bereitgestellt. Der deutsche Minenleger »Ulm« sollte das Seegebiet nördlich Kap Zelanija verminen. Da das Schiff eine zu schwache Funkanlage hatte, mussten die Funksignale der »Ulm« über die beiden U-Boote laufen. Das hieß, U 456 und U 255 sollten ständig auf Empfang für die

»Ulm« stehen und deren Funksprüche an den Admiral Nordmeer weiterleiten.

Seit 23.00 Uhr des 15. August durchpflügte U 456 mit Höchstfahrt das Eismeer, die Fortsetzung der abgebrochenen Feindfahrt hatte begonnen. Das Boot steuerte das Operationsgebiet im Planquadrat AC 98 an, das ihm noch kurzfristig zugewiesen worden war.

Ein am nächsten Tag eingehender Funkspruch vom Admiral Nordmeer wies U 456 dann allerdings an, umgehend den Westeingang der Matotschkin-Straße anzusteuern und zu überwachen. Mit mittlerer Fahrt erreichte U 456 das ihm befohlene Einsatzgebiet.

Am 17. August kam die Küste von Nowaja Semlja bei Kap Britwin in Sicht. Der Kommandant befahl, näher an die Küste heranzugehen. Bei auffrischender See, bedecktem Himmel und Regen war die Sichtweite mit ein bis acht Seemeilen wechselnd.

Am 18. August herrschte wieder gute Sicht. U 456 stand vor der Matotschkin-Straße. In Abständen von 12 bis 15 Seemeilen ließ sich die Einfahrt gut einsehen. Bei Kap Stolbowoj tauchten mehrere Holzhäuser aus dem Dunst auf, dahinter war eine Funkstation zu sehen.

Kurz nach Mitternacht des 19. August ging ein Funkbefehl vom Admiral Nordmeer ein. U 456 sollte noch am selben Tag um 12.00 Uhr im Planquadrat AT 7125 mit U 209, das unter dem Kommando von Kapitänleutnant Brodda stand, zusammentreffen. An das Kameradenboot sollten 80 Schuss 8,8-cm-Munition abgegeben werden. Vor der Matotschkin-Straße vermehrte sich das Treibeis zusehends. Zu dieser Zeit herrschten geringe Aussichten, auf Dampferverkehr zu treffen. Um 17.00 Uhr konnte der Marsch südwärts, längs der Küste zum befohlenen Treffpunkt mit U 209 angetreten werden.

Bereits gegen 08.00 Uhr kam U 209 in Sicht. Wegen zu hohem Seegang beschlossen beide Kommandanten, die Munitionsübergabe in der Kostin-Straße durchzuführen. Am Nachmittag standen beide Boote vor der Bjeluschja-Bucht, als unerwartet aus einer Regenböe, in einer Entfernung von etwa 7000 Metern, vier sowjetische Bewacher auftauchten, die sofort das Feuer eröffneten. Die ersten Einschläge lagen bereits deckend. Mit Höchstfahrt machten sich die beiden U-Boote vom Gegner davon. Schon die nächsten Artillerieeinschläge lagen weiter achteraus. Im gleichen Augenblick, als U 209 in einer Regenwand verschwand, drehten auch die Bewacher ab und gaben die Verfolgung auf. Nur wenige Minuten später waren sie außer Sicht.

»Beide Maschinen voraus halbe Fahrt!«, befahl Teichert jetzt.

»Zorn, wir werden nach See ablaufen, um dann weiter nördlich unter Gusinaja Semlja die Munitionsübergabe mit Brodda zu versuchen«, teilte Teichert seine Absicht seinem I. WO mit.

Gegen 18.00 Uhr sichtete die Brückenwache U 209, das in der See vor sich hin dümpelte.

Einige Minuten später lag das Boot längsseits in der ruhigen See. Schnell arbeiteten die Männer. Sie wussten, dass sie hier wie auf einem Präsentierteller lagen.

Jeden Augenblick konnte der Feind auftauchen und beide Boote überraschen. Die Ausgucks blickten angestrengt durch ihre Ferngläser, aber sie hatten Glück. Innerhalb einer halben Stunde waren die 8,8-cm-Granaten an U 209 übergegeben worden. Danach trennten sich beide Boote. Nach einer Stunde war von U 209 nichts mehr zu sehen.

U 456 trat den Marsch in sein zuletzt befohlenes Operationsgebiet an. Mittlerweile war der 20. August angebrochen. In den frühen Morgenstunden erkannte die Brückenwache im Norden zwei Fahrzeuge.

»Sind anscheinend Bewacher mit südlichem Kurs«, meldete der I. Wachoffizier seinem Kommandanten, der gerade den Turm hinaufgestürmt kam.

Eine Weile lief U 456 mit dem Gegner, der acht Knoten Fahrt lief. Dann folgte der Befehl:

»Tauchen! Auf Sehrohrtiefe gehen!«

Durch das Periskop beobachtete Teichert die beiden Schiffe. Beim Näherkommen erkannte er, dass das rechte Fahrzeug ein reguläres Kriegsschiff mit zirka 1500 BRT sein musste. Es war breit, hatte einen Klippersteven, graue Tarnbemalung und einen Kriegsschiffsmast. Je ein Geschütz war vorn und achtern zu sehen sowie ein stark besetzter Ausguck mit Ferngläsern.

»Nehme an, es ist ein Eisbrecher vom Typ ›Fedor Litke‹. Er zackt stark«, murmelte Teichert.

Um 06.14 Uhr entschloss sich der Kommandant zum Angriff. Die Entfernung betrug etwa 2000 Meter.

»Wir schießen vier Einzelschüsse aus Rohr I bis IV!«

Nur Sekunden später zischten die Torpedos aus den Rohren und steuerten dem Ziel entgegen. Langsam verstrich die Zeit, aber nichts passierte, obwohl die Torpedos längst schon getroffen haben mussten.

»Verdammt!«, stieß Teichert hervor. Sechs Minuten später detonierten zwei der Torpedos an der nahen Küste, und die Echos rollten wie ein Gewitter unter Wasser von einem Steilufer zum anderen.

»Angriff! Einzelschuss aus Rohr V!«

06.25 Uhr: Der abgefeuerte Torpedo lief schnurstracks auf sein Ziel zu. Aber der Eisbrecher hatte inzwischen herangezackt. Wieder war die Zeit vorbei, wieder geschah nichts. Der Torpedo musste das Schiff unterlaufen haben. Nach fünf Minuten detonierte er als Endstreckenläufer.

»Fehlschuss!«, konstatierte Teichert außer sich.

»Auftauchen! Torpedos nachladen!« lautete der nächste Befehl.

Danach setzte sich das Boot mit hoher Geschwindigkeit erneut vor den Gegner. Nach einigen Stunden stand U 456 dicht unter der Küste. Bald müssten die beiden Kriegschiffe wieder in Sicht kommen. Diesmal wollte Teichert von der Küste her angreifen. Regenböen schlugen gegen die Bordwand, doch die Brückenwache stand wie angewachsen auf ihrem Posten. Wenig später waren zwei kleine Rauchwolken auszumachen, und schon erschienen die Mastspitzen. Langsam krochen die beiden Kriegsschiffe heraus und wendeten in Richtung Fahrrinne. Bei 800 Meter Entfernung erfolgte um 13.15 Uhr der Befehl des Kommandanten:

»Dreierfächer aus Rohr I, II und IV auf Eisbrecher!«

Doch in dem Augenblick, als die Torpedos abgefeuert wurden, ging auf dem Eisbrecher eine weiße Flagge mit rotem Kreuz hoch. Nach zirka anderthalb Minuten drehte der Gegner aus der Richtung der Torpedolaufbahnen hart ab. Wahrscheinlich hatte er die Torpedos mit seinem Horchgerät wahrgenommen.

Der Kommandant beobachtete durchs Sehrohr, wie inzwischen der kleine Bewacher auf U 456 zudrehte. Auf Sehrohrtiefe gelang es Teichert, mit wechselnden Kursen und Fahrtstufen dem Gegner auszuweichen. Mehrere Wasserbomben detonierten in 2000 bis 3000 Meter Abstand. Die Wassertiefe betrug in diesem Bereich lediglich 60 Meter. Trotzdem wuchs langsam die Entfernung zum Bewacher. In einer Regenbö ließ der Kommandant auftauchen und mit hoher Fahrt ablaufen, zumal ein sowjetischer Geleitzug vor Petrojalowsk gemeldet worden war. Außerdem hatten sie nur noch vier Torpedos an Bord.

»Wir werden uns vor der Matotschkin-Straße auf Lauer legen!«, gab Teichert seine Absicht der Besatzung bekannt.

Einen Tag später, kurz vor Mitternacht, hatte U 456 sein Ziel erreicht. Große Mengen von starkem Treibeis schrammten an der Bordwand entlang. Vermutlich hatte der stramme Ostwind das Packeis hierher getrieben. Am nächsten Tag ging das Boot näher an die Küste heran, um sich die Eisverhältnisse in der Einfahrt anzusehen. Dabei wurde bei der Insel Mitjuschew ein verankerter kleiner, einmastiger Motorkutter mit der Bezeichnung »Tschaika« einschließlich eines großen Beiboots entdeckt und ins Schlepp genommen. Den Kutter versenkte der I. Wachoffizier Zorn in der Einfahrt mit einer Sprengpatrone, das Beiboot verankerte man südlich Suchoj Noss an der Küste. Außer vier russischen Infanteriegewehren war nichts von Belang an Bord.

Die nächsten Tage vergingen ohne besondere Vorkommnisse.

Als U 456 am 25. August ein neues Operationsgebiet zugewiesen bekam, funktionierte die Zusammenarbeit mit dem Minenschiff »Ulm« als Funkübermittlerboot bereits nicht mehr. Was man zu diesem Zeitpunkt auf dem U-Boot nicht wissen konnte, war, dass die »Ulm« an diesem Tag versenkt worden war.

Die britischen Zerstörer »Marne«, »Martin« und »Onslaught« wurden zu einem Vorstoß an die norwegische Polarküste detachiert, und dabei trafen sie am 25. August, südostwärts der Bäreninsel, auf die »Ulm« und versenkten sie. Dem Bericht des geretteten Kommandanten und des in Vardö mit einem Kutter angetriebenen Obersteuermanns Bohn war zu entnehmen, dass die »Ulm« die Begegnung mit den drei britischen Zerstörern durch Funk gemeldet hatte. Die Meldung setzte der Funker zweimal ab, ohne eine Bestätigung zu erhalten. Die als Funkwiederholer eingesetzten U-Boote hatten sie nicht empfangen, auch wurden sie von keiner Landstelle aufgenommen. Der Admiral Nordmeer blieb so tagelang in Ungewissheit über das Schicksal der »Ulm«. Erst durch das angetriebene Boot, auf dem der Obersteuermann Bohn überlebte, erfuhr man von der Versenkung des Minenschiffes.

Auf dem Weg in das als nächstes aufzuklärende Seegebiet marschierte U 456 dicht unter der Küste entlang. Seit dem 27. August stand das Boot in dem neuen Vorpostenstreifen, allerdings ohne besondere Beobachtungen zu machen. In der Nordeinfahrt der Kostin-Straße war wegen dichten Nebels nichts zu sehen.

Erst am 30. August kam im Westen eine Rauchfahne in Sicht. Bald darauf waren vier Fahrzeuge in Dwarslinie zu erkennen, die schnell größer wurden. Es waren Bewacher!

Sofort drehte U 456 nach Südosten ab, war aber schon entdeckt worden.

»Höchstfahrt!«, befahl der Kommandant.

Zunächst schienen die Fahrzeuge rasch aufzukommen. Nachdem sie hinter U 456 einscherten, gingen zwei von ihnen mit der Geschwindigkeit herunter und sackten nach achtern ab, während die beiden übrigen ganz langsam aufholten. Es sah so aus, als wären es Minensuchboote. Laufend schossen sie auf das U-Boot. Die Artillerieeinschläge lagen meist 200 bis 800 Meter hinter U 456. Kapitänleutnant Teichert entschloss sich, tieferes Wasser anzusteuern, und hoffte auf eine Nebelwand, um seine Verfolger abzuschütteln.

Nach einer Stunde kam voraus die Eisgrenze in Sicht. U 456 tauchte und verholte unter das Eis. Teichert beabsichtigte, unter Wasser nach Norden auszuholen und auf Gegenkurs zurückzulaufen. Etwa eine halbe Stunde lang hörten sie noch die Artillerieeinschläge.

Vermutlich schossen sie auf einen Eisberg. Erst danach wurden die Schraubengeräusche allmählich leiser und zogen nach einiger Zeit Richtung Südwesten ab. Doch U 456 blieb zunächst unter dem Eis. Der Kommandant gönnte der Besatzung für einige Stunden Ruhe.

Erst am Abend verholte das Boot aus dem festen Packeis und tauchte wieder auf. Mit Westkurs steuerte es ins Operationsgebiet zurück. Doch nach wenigen Minuten tauchte voraus in einer Entfernung von 4000 Metern ein sowjetisches Minensuchboot auf. Dieses hatte jedoch in der Dämmerung das U-Boot nicht bemerkt. Schließlich gelang es Teichert, dem Gegner erst nach Osten, dann nach Norden auszuweichen. Nach einer Stunde ließ der Kommandant einen Funkspruch an den Admiral Nordmeer absetzen. Danach stand eine Reparatur am Backbord-Diesel an. Ein Zylinderkopf musste ausgewechselt werden. In den Morgenstunden des 31. August setzte das Boot seinen Marsch in den neuen Angriffsraum nördlich von Kanin Noss fort.

Am 5. September bekam U 456 vom Admiral Nordmeer die Aufgabe zugeteilt, als Peilboot für die 5. Zerstörerbootflottille zu dienen.

Die Zerstörer »Z-4 Richard Beitzen«, »Z-29« und »Z-30« sollten vor der Kara-See eine Minensperre legen.

Am 7. September hatte U 456 den vereinbarten Punkt erreicht. Ab 16.00 Uhr sendete U 456 alle Viertelstunden Peilzeichen für die Zerstörer. Gegen 17.00 Uhr kamen in 320 Grad drei Zerstörer der 5. Zerstörerbootflottille in Sicht. Damit war auch dieser Auftrag erfüllt. Das Boot nahm einen neuen Angriffsraum ein. Es sollte den Ausgang zum Weißen Meer überwachen.

Am 9. September lief U 456 wieder bei Kanin Noss auf und ab. Am Morgen dieses Tages wurde es einige Male von anfliegenden alliierten zweimotorigen Flugzeugen unter Wasser gedrückt. Die plötzlich einsetzende starke Luftüberwachung ließ einen Geleitzug vermuten. Wahrscheinlich war es der schon lange erwartete Rückkonvoi QP.14.

Gegen Mittag überraschte ein angreifendes Flugzeug das Boot. Der Anflug kam direkt aus der Sonne, aber glücklicherweise konnte die Brückenwache die Maschine noch rechtzeitig ausmachen, und es gelang, mit Alarmtauchen unter Wasser zu kommen. Eine Bombe detonierte weitab vom Boot. Zwar traten kleinere Erschütterungen auf, aber keine ernsten Schäden.

Wegen der jetzt dem Feind bekannten Position des Bootes und der starken Überwachung entschloss sich Teichert, zunächst sein Angriffsgebiet etwa 60 Seemeilen nach Norden zu verlegen. Doch bereits am 10. September änderte er seine Meinung und entschied, wieder nach Süden zu marschieren. Er hoffte, dass der QP.14 in der Nacht an Kanin Noss vorbeifuhr, so dass dieser am Morgen den Standort des Bootes passierte. Doch nichts ereignete sich in den nächsten Tagen.

Bevor der QP.14 in See ging, erfassten deutsche Aufklärer am 12. September 1942 den alliierten Nachschubkonvoi PQ.18. Dieser bestand aus 39 Frachtern, einem Rettungsschiff, einem Tanker, drei Minensuchern und zwei Flottentankern. Für die direkte Konvoisicherung waren die Zerstörer »Malcolm« und »Achates«, die Flakschiffe »Alynbank« und »Ulster Queen«, zwei U-Boote, vier Korvetten und vier U-Jäger, zudem der Geleitträger »Avenger« mit zwei Zerstörern zuständig. Als Nahsicherung des PQ.18, unter Admiral Burnett, war der Leichte Kreuzer »Scylla« mit den Zerstörern »Eskimo«, »Ashanti«, »Tartar«, »Somali«, »Marne«, »Martin«, »Meteor«, »Milne«, »Fury«, »Impulsive«, »Intrepid«, »Offa«, »Onslaught«, »Onslow«, »Opportune« und »Faulknor« eingesetzt.

Die Deckungsgruppe, unter dem bereits bekannten Vizeadmiral Bonham-Carter, bestand aus den Schweren Kreuzern »Norfolk«, »Suffolk« und »London«, während die Fernsicherungsgruppe des Geleitzugs unter Vizeadmiral Fraser aus den Schlachtschiffen »Anson«, »Duke of York«, dem Leichten Kreuzer »Jamaica« und fünf Zerstörern bestand.

Am 13. September gelang es U 408 (v. Hymmen) und U 589 (Horrer), die Sicherung des Konvois zu durchbrechen, wobei U 408 den sowjetischen Dampfer »Stalingrad« (3559 BRT) und den US-Frachter »Oliver Ellsworth« (7191 BRT) versenkte. Die »Stalingrad« sank nach einer zweiten Explosion auf dem Schiff (vermutlich Kesselexplosion) sofort. Von der Besatzung des sowjetischen Frachters fanden 27 Mann den Tod, während 60 Seeleute von den Geleitfahrzeugen gerettet wurden.

Noch am selben Tag griffen »Ju-88«-Bomber des Kampfgeschwaders 30, unter Major Bloedorn, sowie Torpedobomber der I. Gruppe/Kampfgeschwader 26, unter Major Klümper, und der III./Kampfgeschwader 26, unter Hauptmann Nocken, den PQ.18 an. Dabei versenkten sie den britischen Dampfer »Empire Beaumont« (7044 BRT), die US-Dampfer »John Penn« (7177 BRT), »Wacosta« (5432 BRT), »Oregonian« (4862 BRT), die panamesischen Frachter »Africander« (5441 BRT), »Macbeth« (4885 BRT), den Briten »Empire Stevenson« (6209 BRT) und den sowjetischen Dampfer »Sukhona« (3124 BRT).

In der Nacht des 14. September torpedierte U 457, unter dem Kommando von Korvettenkapitän Karl Brandenburg, den britischen Motortanker »Atheltemplar« mit 8992 BRT. Geleitschiffe des PQ.18 versuchten vergeblich, den Tanker einzubringen, schließlich wurde er brennend zurückgelassen. Um 14.30 Uhr am selben Tag stieß U 408 (v. Hymmen) auf das kieloben treibende Wrack der »Atheltemplar« und versenkte es mit einigen Granaten aus der 8,8-cm-Kanone. Etwa zur gleichen Zeit griffen die Maschinen des Kampfgeschwaders 30 erneut den Geleitzug an und versenkten den US-Frachter »Mary Luckenbach« mit 5049 BRT. Das danach erfolglos angreifende Kampfgeschwader 26 musste schwere Verluste hinnehmen. Das I./Kampfgeschwader 26 verlor 12 Flugzeuge, davon 7 Besatzungen, das III./Kampfgeschwader 26 verlor 8 Flugzeuge, davon ebenfalls 7 Besatzungen als Totalverlust.

Der Luftangriff beider Kampfgeschwader am 15. September um die Mittagszeit brachte keine Erfolge, während am 16. September schlechtes Wetter weitere Luftangriffe verhinderte.

Am 17. September wurde der Konvoi erneut erfasst, aber der Angriff des Kampfgeschwaders 26 konnte nicht ausgeführt werden.

Der nächste Angriff der Kampfgeschwader 26 und 30 erfolgte am 18. September bei schlechtem Wetter.

Ein Erfolg des »Löwengeschwaders« wurde durch häufige Torpedoversager erheblich beeinträchtigt. Die bereits starke Sicherung des PQ.18 war inzwischen durch weitere vier sowjetische Zerstörer verstärkt worden. Der letzte Transporter des PQ.18, der durch die deutschen Flugzeuge verlorenging, war der US-Frachter »Kentucky« mit 5446 BRT.

Insgesamt verlor der PQ.18 durch U-Boote drei Schiffe mit 19742 BRT, durch die Luftwaffe 10 Schiffe mit 54669 BRT.

Außer den bereits genannten Verlusten der Luftwaffe verlor die Kriegsmarine drei U-Boote. Darunter das Boot von Max-Martin Teicherts Freund und Crewkameraden Heino Bohmann, dem Kommandanten von U 88, das am 12. September südlich von Spitzbergen durch Wasserbomben vom britischen Zerstörer »Faulknor« versenkt wurde. Mit dem Ende des Bootes fand auch die gesamte 46-köpfige Besatzung den Tod. Außer U 88 wurden noch U 589 (Horrer) und U 457 (Brandenburg) durch Konvoisicherungskräfte versenkt.

Der Konvoi QP.14, unter dem Kommando von Kommodore Dowding, auf den auch U 456 operieren sollte, bestand aus 15 Handelsschiffen, gesichert durch zwei Flakschiffe, die Geleitzerstörer »Blankney« und »Middleton«, vier Korvetten, drei Minensuchern, vier Trawlern und zwei Rettungsschiffen. Er lief am 13. September von Archangelsk aus.

Ein großer Teil der beteiligten Schiffe des QP.14 hatte die PQ.17-Katastrophe im Juli überlebt. Auf die Gefahren und Ängste im Juli folgten für die meisten der Besatzungen zwei düstere und deprimierende Monate der Isolation in Archangelsk, die die allgemeine Stimmung unter den Nullpunkt sinken ließen. Disziplinlosigkeiten schlossen sich an. Viele hatten nicht verstanden, warum am PQ.17 der Geleitschutz zurückgezogen worden war. Die meisten von ihnen waren allerdings ohnehin nur widerwillig in diese abgelegenen Gewässer gefahren, und unter den Seeleuten war die Unzufriedenheit sehr groß.

Dennoch musste die Fahrt angetreten werden, und alle Vorbereitungen wurden getroffen, damit der Konvoi am 13. September um 09.15 Uhr in See stechen konnte. Doch infolge von stürmischen Winden konnte dieser Termin nicht eingehalten werden. Weiterhin setzte bei den Schiffen des QP.14

eine Pannenserie ein. So sollte ein Teil des Konvois von den Piers in Molotowsk aus zum Sammelpunkt auslaufen. Die Frachter konnten jedoch wegen der Wetterverhältnisse nicht von ihren Liegeplätzen verholt werden.

Eines der Handelsschiffe, die »Ironclad«, hatte Schwierigkeiten mit der Rudermaschine und musste schließlich genau in der Mitte der Fahrrinne ankern, wodurch die Ausfahrt für die anderen Schiffe blockiert wurde. Ein weiteres Schiff, die »Ocean Voice«, lief vor der Insel Modyugski auf Grund.

Schließlich jedoch legte sich der Wind, und mit Hilfe von sowjetischen Schleppern versammelte sich der Geleitzug an dem vorgesehenen Treffpunkt und ging mit etwa 7 Stunden Verspätung um 16.00 Uhr in See. Die Fahrt durch das Weiße Meer am 14. September verlief ohne besondere Vorkommnisse.

Am 15. September um 07.50 Uhr wurde eine »Ju-88«-Maschine gesichtet, und von da an stand der Konvoi andauernd unter deutscher Beobachtung. Der Konvoi-Kommodore konnte nichts anderes tun, als mit voller Fahrt weiterzudampfen, um zu so schnell wie möglich unter den Schutz der Jagdflugzeuge vom Geleitträger »Avenger« zu kommen.

Am frühen Nachmittag signalisierte der Konvoi-Kommodore dem britischen Seebefehlshaber für Nordrussland, dass der Geleitzug bereits vor der ursprünglich angenommenen Position stand. Im Laufe des Nachmittags verschlechterte sich das Wetter zusehends und wurde am Abend und in der Nacht immer miserabler. Die ohnehin nicht besonders gute Formation des QP.14 litt deshalb entsprechend. Schon vorher war der Frachter »Troubadour« zurückgefallen und hatte schließlich den Konvoi verloren. Er musste alleine weiterfahren und blieb seinem Schicksal überlassen. Flugzeuge der Luftwaffe entdeckten die »Troubadour« (6458 BRT) und griffen sie an. Durch mehrere Bombentreffer schwer beschädigt, strandete der Frachter in der Kola-Bucht und wurde später abgewrackt und verschrottet.

Der Geleitzug ließ sich deshalb nicht aufhalten, auch nicht als in der Nacht vom 16. auf 17. September zwei weitere Schiffe, »Silver Sword« und »Winston Salem«, ebenfalls zurückfielen. Der Minensucher »Seagull« musste auf dem Kurs des Konvois zurücklaufen, mit dem Auftrag, die Dampfer zu finden.

Unterdessen hatte beim entgegenkommenden Geleitzug PQ.18 am frühen Nachmittag des gleichen Tages Konteradmiral Burnett seine Planungen, Verlassen der Sicherungskräfte des einen Konvois (PQ.18) und Vereinigung mit dem anderen Geleitzug (QP.14), abgeschlossen. Es war klar, dass dies so unauffällig wie möglich passieren musste, um den Fühlung haltenden deutschen U-Booten eine Beurteilung der Lage zu erschweren. Konteradmiral Burnett beschloss daher, den Geleitzug PQ.18 nach und nach in gewissen Zeitabständen in Gruppen zu verlassen.

Den Anfang machte der Kreuzer »Scylla« mit einer Zerstörer-Flottille. Etwas später folgten zwei weitere Zerstörer-Flottillen und das Flakschiff »Alynbank« sowie die beiden britischen U-Boote »P-614« und »P-615« und zwei Versorgungstanker. Zum Schluss sollten der Geleitträger »Avenger«, zwei Geleitzerstörer und die letzte, die britische 6. Zerstörer-Flottille, sich vom PQ.18 lösen. Die Sicht hatte sich zu dieser Zeit durch einzelne Schneeschauer erneut verschlechtert, so dass die »Catalina«-Flugboote aus Russland nicht in der Lage waren, einen Luftschirm über dem QP.14 zu bilden. Dafür erhielt Konteradmiral Burnett die Nachricht, dass der QP.14 seinem letzten Zeitplan nunmehr doch fünf Stunden voraus war.

Angesichts des schlechten Wetters beschloss Burnett, sich erst bei Tagesanbruch am 17. September mit dem QP.14 zu vereinigen.

Mittlerweile verlagerten auch die deutschen U-Boote der Gruppe »Eispalast« ihre Operationen auf den QP.14. Um 13.50 Uhr des 17. September meldete Kapitänleutnant Timm, der Kommandant von U 251, er habe im Quadrat AC 4468 den Träger »Avenger« mit drei Zerstörern gesichtet. Damit war klar, dass die Sicherung des PQ.18 nun den QP.14 verstärkte. Dennoch sammelten sich die U-Boote zu einem neuen Rudel, um gegen den heimlaufenden QP.14 noch einmal zuschlagen.

Am Morgen des 18. September entdeckte die Luftwaffe den Konvoi wieder. Ständig hielten nun zwei Flugzeuge Fühlung, bis sich am Nachmittag die Sicht erneut verschlechterte und der Kontakt verlorenging. Dafür rückte nunmehr das U-Boot-Rudel heran.

Bereits während der Nacht vom 19. auf den 20. September verzeichneten die Sicherungsschiffe des QP.14 zahlreiche Kontakte mit U-Booten des Rudels. Die Jagd auf sie blieb jedoch ohne Erfolg.

Am 20. September um 06.30 Uhr schlugen die U-Boote ihrerseits zu. Der Minensucher »Leda« stand achteraus vom Konvoi. Das war eine wenig beneidenswerte Position, da die deutschen U-Boote dazu neigten, nachdem es ihnen vorher nicht gelungen war, sich von vorne zu nähern, den Konvoi von achtern anzugreifen. So war es auch bei U 435, das unter der Führung von Kapitänleutnant Strelow stand. Dieser feuerte fünf Torpedos, von denen zwei den kleinen Minensucher trafen. Trotz der ungeheuren Wucht der Detonationen sank das kleine Schiff erst nach anderthalb Stunden. Rettungsschiffe und Geleitfahrzeuge erschienen schnell auf dem Schauplatz des Geschehens und retteten den Kommandanten, 86 Offiziere und Mannschaften sowie zwei Offiziere der Handelsmarine. Allerdings starben später sechs Seeleute an Unterkühlung und ihren bei der Detonation der Torpedos erlittenen Verletzungen. Das Gros der Geretteten wurde auf die Rettungsschiffe »Rathlin« und »Zamelek« übergesetzt. Einige verblieben auf der »Seagull«.

Inzwischen war es auch U 255, unter dem Kommando von Kapitänleutnant Reche, gelungen, den Sicherungsschirm des

Geleitzuges zu durchbrechen. Um 18.15 Uhr feuerte er seine Torpedos. Den amerikanischen Dampfer »Silver Sword«, als letztes Schiff der mittleren Kolonne fahrend, trafen zwei Torpedos. Sofort schossen die am nächsten stehenden Geleitfahrzeuge heran, aber der Frachter war nicht mehr zu retten. Einige Überlebende des schwer getroffenen Schiffes konnten geborgen werden. Das brennende Wrack wurde schließlich vom Zerstörer »Worcester« versenkt.

Kurz darauf verließen der Kreuzer »Scylla« und der Geleitträger »Avenger« zusammen mit den Zerstörern »Fury«, »Wheatland« und »Wilton« den QP.14. Die Briten beorderten die Kriegsschiffe zum sicheren Seydisfjord. Der Entzug der »Swordfish«-Flugzeuge konnte jedoch keinesfalls durch das Eintreffen von Flugzeugen des Küstenkommandos (Coastal Command) aufgewogen werden. Die wartenden deutschen U-Boote nutzten die neue Situation und die ihnen unerwartet gewährte Bewegungsfreiheit aus. Das erste Schiff, das den U-Booten zum Opfer fiel, war eines der Geleitfahrzeuge, der Zerstörer »Somali«. Er stand backbord querab vom Konvoi, als ihn um 19.55 Uhr ein Torpedo von U 703 (Bielfeld) an Backbord in den Maschinenraum traf. Der Kesselraum 3 und der Getrieberaum liefen sofort voll Wasser.

Der Zerstörer bekam schwere Schlagseite nach Steuerbord. »Opportune« und »Lord Middleton« trafen bei der »Somali« ein und begannen die Überlebenden an Bord zu nehmen, während die Zerstörer »Eskimo« und »Intrepid« vergeblich Jagd auf den Angreifer machten. Mittlerweile versuchte der Zerstörer »Ashanti«, sein Schwesterschiff in Sicherheit zu schleppen. Dem Schleppzug gelang es, 420 Seemeilen zurückzulegen, wofür er unter sehr schweren Bedingungen drei Tage und vier Nächte benötigte. Schließlich kam ein Sturm auf, in dem die schwer angeschlagene »Somali« auseinanderbrach und sank.

Nachdem eine weitere Gruppe von Zerstörern und Sicherungsfahrzeugen den Konvoi verlassen hatte, war die einstmals respektable Sicherung des QP.14 ziemlich zusammengeschmolzen. Trotzdem gelang es den deutschen U-Booten vorerst nicht, weitere Erfolge zu erzielen, wenn auch ihre ständige Anwesenheit immer eine Bedrohung darstellte.

Bis 20.50 Uhr wurden um den Konvoi herum Funksprüche von mindestens drei U-Booten aufgefangen. Am Morgen des 21. September um 06.00 Uhr änderte der Geleitzug den Kurs auf 199 Grad. Aber die beiden Fühlung haltenden »BV-138«-Flugboote sowie das U-Boot-Rudel klebten weiterhin am Konvoi. Die Hoffnung, dass die Royal Air Force Schutz gegen die U-Boote bereitstellen würde, war nur von kurzer Dauer. Den einzigen derartigen Schutz bot eine »Catalina«, der aber nicht lange währte, denn das Flugboot sichtete am Rand des Konvois ein aufgetaucht fahrendes U-Boot, das es sofort angriff. Auf U 378, unter dem Kommando von Kapitänleutnant Zetzsche, konnte jedoch schnell die Flak besetzt werden, und den Kanonieren gelang es, den Benzintank der »Catalina« zu treffen. Dennoch konnte das Flugboot vier Wasserbomben in die Nähe des U-Bootes werfen und es zum Tauchen zwingen, bevor es selbst notwassern musste.

Der Zerstörer »Marne« lief heran und rettete die Besatzung der »Catalina«, aber der QP.14 war wieder einmal ohne Luftsicherung.

In den Morgenstunden des 22. September durchbrachen mehrere U-Boote die nun schwache Sicherung des Konvois. Aber den einzigen, wirksamen Angriff vermochte nur U 435 zu fahren. Strelow griff um 06.25 Uhr an und feuerte fünf Einzeltorpedos. Zuerst traf er das Schiff am Steuerbordflügel des Geleitzuges, die »Bellingham« mit 5345 BRT. Unmittelbar darauf wurde die »Ocean Voice« mit 7174 BRT getroffen, auf der der Konvoi-Kommodore Fregattenkapitän Dowding eingeschifft war. Zuletzt erwischte es noch den Flottentanker »Grey Ranger« mit 3313 BRT. Alle drei Schiffe sanken innerhalb kürzester Zeit.

Schließlich kam auch der QP.14 nicht ungeschoren davon.

Der Konvoi verlor durch U-Boote drei Frachter und einen Tanker mit 20769 BRT, den Zerstörer »Somali« (1870 ts) und den Minensucher »Leda« (835 ts). Die Luftwaffe zerstörte, wie erwähnt, den Dampfer »Troubadour« mit 6458 BRT. Außerdem verlor das Coastal Command ein »Catalina«-Flugboot.

Wie hatten Kapitänleutnant Teichert und seine Besatzung die letzten Tage erlebt?

Am 15. September 1942 überbrachte der Funkmaat seinem Kommandanten die Meldung:

»Herr Kaleu, unsere Luftwaffe meldet um 07.30 Uhr den Geleitzug (QP.14) im Quadrat AC 9944, mit Kurs Nordost!«

»Wir stehen zu weit westlich!«, stellte Teichert fest, während er die komplette Funkmeldung las. Nach einer kurzen Unterredung mit seinen Offizieren erfolgte die Entscheidung: »Wir werden auf den Geleitzug operieren!« Es folgten die entsprechenden Kursänderungen, und U 456 stieß mit hoher Fahrt dem gemeldeten Geleitzug entgegen. Einige Zeit später brach der Steuerbord-Diesel zusammen, und erst nach drei Stunden harter Arbeit gelang es dem Maschinenpersonal, die Maschine wieder einsatzklar zu melden. Nun konnte jedoch der Konvoi vor Beginn der Dunkelheit nicht mehr erreicht werden.

Am Morgen des 16. September musste U 456 vor einem anfliegenden Flugzeug mit Alarmtauchen unter Wasser. Zwei Fliegerbomben detonierten weitab, ohne Schäden im Boot anzurichten. Nach zwei Stunden tauchten sie wieder auf, aber kaum über Wasser, entdeckte die gerade auf ihrem Posten aufgezogene Wache ein weiteres angreifendes Flugzeug.

»Das ist eine einmotorige Trägermaschine!«, rief der I. WO mit sich überschlagender Stimme.

Teichert reagierte sofort und befahl: »Alarmtauchen!«

Als sich diese Szenerie mehrmals wiederholte, entschied sich der Kommandant, vorerst unter Wasser zu bleiben. Durch das Luftzielsehrohr sah Teichert zeitweise zwei Maschinen, die in einiger Entfernung kreisten. Der Geleitzug stand anscheinend im Süden, da die Flugzeuge sich dort aufhielten. Kurz darauf waren zwei starke Detonationen zu vernehmen. Durch das Sehrohr konnten nur die beiden Flugzeuge beobachtet werden. Sie kreisten ziemlich tief und schienen ein Ziel ausgemacht zu haben, das sie bekämpften. Ein Auftauchen und Nachstoßen schien zunächst zwecklos zu sein.

Erst nach einigen Stunden, als die Flugzeuge verschwunden waren, ließ Teichert wieder auftauchen. Aus einem eingehenden Funkspruch ging die neue Position des Geleitzuges hervor.

Dieser lief etwa zehn Stunden voraus, und U 456 nahm sofort die Verfolgung auf.

Mittlerweile war der 17. September angebrochen. Der Leitende Ingenieur meldete den Brennstoffvorrat mit nur noch 16 cbm. Teichert wusste, dass die Menge äußerst knapp war, um eine längere Verfolgung mit Höchstgeschwindigkeit einzugehen. Schließlich stand das Boot bereits seit fünf Wochen in See. Außerdem würde der Proviant, obwohl bereits seit 14 Tagen rationiert, nur noch bis zum 19. September reichen. Deshalb entschied sich Teichert, zur Ergänzung Kirkenes anzulaufen. Die Genehmigung durch den Admiral Nordmeer wurde erteilt, und mit mittlerer Fahrt marschierte U 456 Richtung Stützpunkt. Am 18. September gab es an Bord eine kleine Feier, weil das Boot an diesem Datum genau ein Jahr in Dienst war. Noch am selben Tag machte U 456 in Kirkenes fest, und die Übernahme von Frischproviant begann. Danach verholte das Boot zur »Südmeer«, um Brennstoff zu übernehmen. Als am 21. September Teichert seinen nächsten Auslaufbefehl erhielt, legte U 456 von dem Versorgungsschiff zum Marsch nach Narvik ab.

Am 23. September traf U 456 in Narvik ein, wo es nach kurzer Ergänzung am 24. September erneut auslief, um nach Drontheim zu verlegen. Dort machte es am 27. September in der Werft fest.

Während das Boot repariert und überholt wurde, ging ein Teil der Besatzung in den wohlverdienten Urlaub. Außerdem kam es zu einem Personalwechsel innerhalb der Mannschaft. Der I. Wachoffizier Rudolf Zorn ging von Bord, um in Deutschland einen Kommandantenlehrgang zu absolvieren. An seine Stelle trat Oberleutnant zur See Wolfgang Leu. Neu hinzu kamen auch zwei Fähnriche der Crew V/41, Raimund Lang und Hans Gerlach.

Die 8. Feindfahrt

Nach Ende der Werftliegezeit in Drontheim lief U 456 am 23. November 1942 zur achten Unternehmung aus. Mit höchstmöglicher Fahrtstufe marschierte das Boot nach Norden, dem gemeldeten QP.15 entgegen. Bereits am nächsten Tag fiel erneut ein Dieselmotor aus, dessen Reparatur vier Stunden dauerte. Wiederum einen Tag später war der Turm des Bootes vollkommen vereist, weshalb der Kommandant zum Abtauen des Eises tauchen ließ.

Nach zwei Stunden wurde der Marsch ins Nordmeer an der Oberfläche fortgesetzt. Am 27. November traf das Boot bei guter Sicht auf U 334, das immer noch unter dem Kommando von Kapitänleutnant Siemon stand. Nach einem kurzen Zwiegespräch unter Kameraden setzten beide Boote ihre Fahrt ins Operationsgebiet fort. Als neuer Angriffsraum war das Planquadrat AB 3411 zugewiesen worden.

Kapitänleutnant Teichert beabsichtigte, auf dem Weg ins Operationsgebiet nach Norden auszuholen, um dort auf dem vermuteten Dampferweg nach Osten zu marschieren. Am 29. November hatte das Boot seinen befohlenen Vorpostenstreifen besetzt. Die Wasseroberfläche war mit dünnen Eisschollen völlig bedeckt. Etwa zehn Seemeilen weiter ostwärts konnte man beobachten, dass das Eis immer dicker wurde.

Die Durchfahrt durch die Eisfelder schien hier nur noch für Dampfer möglich – nicht aber für U-Boote.

Am 30. November traf völlig unerwartet der Rückmarschbefehl vom Admiral Nordmeer ein. U 456 sollte Bergen anlaufen, wo es dann auch am 4. Dezember festmachte.

In Bergen musste die Besatzung sofort ihr Boot ausräumen sowie die Torpedos und den Proviant abgeben. Am 7. Dezember ging U 456 zur Reparatur in die Laksevåg-Werft. In der Zwischenzeit erfuhr Kapitänleutnant Teichert, dass U 456 nach der Werftüberholung der 1. U-Boot-Flottille zugeteilt worden sei. Da diese in Brest in Westfrankreich stationiert war, sollte die nächste Feindfahrt des Bootes in den Atlantik führen. U 456 wurde also von der Führung in die Atlantikschlacht geworfen. Da sich die Werftüberholung bis zum 9. Januar 1943 hinzog, konnte ein Teil der Besatzung nach Deutschland in Urlaub geschickt werden.

Nachdem das Boot am 10. Januar ausgedockt worden war, begann sofort die Torpedo- und Munitionsübernahme. Am 13. Januar erfolgten die Funkbeschickung und die Frischproviantübernahme. Danach war das Boot klar zum Auslaufen. Um 15.00 Uhr des 13. November 1943 legte U 456 von der Holmenwerft in Bergen zu seiner neunten Feindfahrt ab.

Die 9. Feindfahrt

Bis Marstein marschierte das Boot im Geleit mehrerer Vorpostenboote. Nachdem das Geleit entlassen worden war, befahl der Kommandant das erste Prüfungstauchen. Kaum unter Wasser, machte sich sofort eine undichte Stelle bemerkbar. Die Back leckte stark. Da die Behebung des Schadens in See nicht möglich war, beabsichtigte Teichert, zur Reparatur bei Hellisöy unter Landschutz zu gehen. Kurz darauf meldete der Funkmaat, dass der Kurzwellenempfänger ebenfalls defekt war. Umgehend ließ Teichert einen Funkspruch absetzen, in dem er um ein neues Gerät bat, das von einem Vorpostenboot nach Hellisöy gebracht werden sollte.

Inzwischen war von dem technischen Personal die wasserdichte Back repariert worden. Am Morgen des 14. Januar kam südlich von Hellisöy der Bewacher »Unitas« heran. Nachdem der Erkennungssignalaustausch abgeschlossen war, ging U 456 längsseits der »Unitas«. Die Kurzwellenempfänger wurden ausgetauscht, danach trennten sich die Boote wieder.

Als die 200-Meter-Grenze erreicht war, setzte der Kommandant ein weiteres Prüfungstauchen an. Diesmal machte das Boot kein Wasser mehr, und die Feindfahrt konnte von neuem beginnen. Gegen 13.00 Uhr passierte man Hellisöy auslaufend. Bereits einen Tag darauf stand das Boot östlich der Faröer. Befehlsgemäß meldete Teichert den Standort des Bootes per Kurzsignal.

»U-Boot in Sicht! Steuerbord 5 Dez!«

Es war der 15. Januar 1943. U 456 stand noch weitab von seiner befohlenen Position. Alle, die auf der Brücke waren, fuhren wie elektrisiert herum und suchten mit den Ferngläsern in der angegebenen Richtung. Auch der Kommandant, der sich gerade eine Zigarette anstecken wollte, riss das Glas an die Augen.

»Der Silhouette nach scheint es ein deutsches Minen-U-Boot zu sein!«, meinte der neue I. WO Wolfgang Leu.

»Den Kameraden mit E. S. anrufen!«, befahl Teichert.

Von drüben erfolgte als Antwort eine wilde Blinkerei.

»Das ist kein deutsches U-Boot – Annahme englisches U-Boot, I. WO!«

Der Gegner nahm jetzt Fahrt auf und kam achteraus langsam außer Sicht.

Mittlerweile war eine rapide Wetterverschlechterung eingetreten. Ein Orkan brach los, und die Seen donnerten förmlich gegen das Boot. Stunde um Stunde lief U 456 durch die hohe Dünung, um trotz des Sturms rechtzeitig das befohlene Seegebiet zu erreichen. Die Gefechtsposten auf der Brücke waren eingehüllt in Lederzeug und Pelzjacken. Vier lange Stunden, bis zum Wachwechsel, suchte jeder seinen Sektor nach feindlichen Schiffen, Unterseebooten oder Flugzeugen ab. Zwei Tage später klarte der Himmel endlich auf. Kapitänleutnant Teichert wies die Brückenwache an, genau auf gegnerische Flugzeuge zu achten. Kaum war die Warnung ausgesprochen, stieß eine feindliche Maschine aus den Wolken hervor, wurde aber sogleich entdeckt.

»Alarm!«

Alle Mann sausten von der Brücke den Turm hinab, der Kommandant schlug als letzter das Turmluk dicht. Aufgabe des Leitende Ingenieurs war es, das Boot auf Tiefe zu steuern. Durch die Flutventile zischte und brodelte das in die Tauchtanks einströmende Wasser. Das Dröhnen der Diesel verstummte und das leise Summen der E-Maschinen erfüllte das Boot.

Schweigend und konzentriert arbeiteten die Männer am Tiefenruder. Mit den Augen verfolgten sie ständig die Zeiger der verschiedenen Tiefenmesser. Nur die ruhig, aber deutlich gegebenen Kommandos des LI Lothar Nerlich und die Antwortmeldungen der einzelnen Stationen unterbrachen die Stille. Alles klappte wie beim Übungstauchen. Langsam neigte sich das Boot nach vorn in die Tiefe.

20 Meter – 25 – 30 gingen durch, als ein wahnsinniges Getöse einsetzte. Es schien, als würden Riesenfäuste mit furchtbarer Gewalt gegen die Stahlplatten schlagen.

Viermal hintereinander wurde das Boot brutal durchgeschüttelt und die Männer umhergeschleudert. Man hätte meinen können, U 456 bräche gleich auseinander.

Bange Sekunden vergingen, dann trafen von allen Stationen die Klarmeldungen in der Zentrale ein. Wie durch ein Wunder war nichts Ernsthaftes passiert.

U 456 blieb noch eine Zeitlang unter Wasser, bis keine Geräusche mehr zu hören waren. Nun befahl der Kommandant, auf Sehrohrtiefe einzusteuern, um einen Rundblick zu nehmen. Als Teichert nichts mehr von einem Flugzeug zu entdecken vermochte, ließ er auftauchen.

Kaum war das Turmluk offen und die Wache hangelte die Leiter hinauf, da brauste der Bomber wieder heran. Offenbar hatte er in der Wolkendecke gelauert und auf das Auftauchen des U-Bootes gewartet.

»Alarmtauchen!«

Hart schlug das Turmluk zu, und ebenso hart stieß das Boot erneut in den rettenden »Keller«. Noch hatte U 456 den Schutz einer größeren Tiefe nicht erreicht, als es abermals in seiner nächsten Umgebung knallte. Das Boot bekam einen derart gewaltigen Stoß versetzt, dass die Männer glaubten, U 456 würde gleich auf den Kopf gestellt. Doch der Leitende Ingenieur war auf Zack und fing mit den Männern am Tiefenruder das Boot geschickt ab, so dass er es bei 120 Metern sicher einsteuern konnte. Erst nach Anbruch der Dunkelheit traute der Kommandant sich wieder an die Oberfläche.

Kaum waren sie über Wasser, gingen auch schon ein Funkspruch von U-Heydemann (U 268) und ein neuer Operationsbefehl vom B. d. U. ein, die einen großen Geleitzug südwestlich von Island mit nordöstlichem Kurs meldeten.

Allerdings hatte der britische Marineflieger U 456 so lange aufgehalten, dass es den Geleitzug kaum mehr erreichen konnte. Trotzdem ließ Teichert mit südlichem Kurs auf den Konvoi zusteuern.

Aber nach wenigen Stunden Höchstfahrt streikte ein Diesel wegen eines Loches in der Zylinderbuchse. Die Reparatur dauerte einen halben Tag, und die Sache mit dem Geleitzug hatte sich damit endgültig erledigt.

Am 20. Januar kam per Funk ein neuer Einsatzbefehl zum Angriff auf einen westwärts laufenden Geleitzug. Außer U 456 wurden noch 19 U-Boote auf den Konvoi angesetzt, die zusammen die Gruppe »Landsknecht« bildeten. Die westlich von Irland operierenden U-Boote fanden den feindlichen Geleitzug aber nicht. Da die überwiegende Zahl der U-Boote ihre Brennstoffvorräte mehr oder weniger aufgebraucht hatte, wurde die Gruppe »Landsknecht« bereits am 28. Januar wieder aufgelöst, und die meisten Boote traten den Rückmarsch an.

Auf dem Marsch zu einer neuen Aufstellung sichtete U 456 am 1. Februar den Geleitzug HX.224, bestehend aus 58 Handelsschiffen und der begleitenden Escort Group C.4 mit dem britischen Zerstörer »Churchill« und dem kanadischen Zerstörer »Restigouche« sowie fünf kanadischen und britischen Korvetten.

Nach einer stürmischen, pechschwarzen Nacht mit Schnee- und Hagelschauern tauchte im ersten Zwielicht des Morgens tauchte in einiger Entfernung aus einer Regenbö ein Zerstörer auf.

»Tauchen!«, befahl Teichert.

Unter Wasser konnte durch Horchpeilung festgestellt werden, dass die beiden Zerstörer außerhalb der Geleitzugpeilung liefen. Nach einigen Stunden erst tauchte U 456 wieder auf, meldete per Funk die Zerstörer und setzte dem Geleitzug nach.

Etliche Zeit später sichtete die Brückenwache mehrere Schatten, die bei kurz aufklarender Sicht sich als Dampfer herausstellten, die sofort dem B.d.U. gemeldet wurden. In sicherer Entfernung ließ Teichert den ganzen Verband vorbeiziehen. Seine Absicht war, hinter dem Geleitzug auf die Luvseite zu marschieren, um dort eine bessere Angriffsposition zu erreichen. Doch hinter dem Konvoi stand ein Bewacher, der das Durchschlagen auf die andere Seite erschwerte.

Max-Martin Teichert ließ sich nicht aus der Ruhe bringen, er schlug einen Bogen und fuhr dann an der Backbordseite des Konvois schnell auf. Der Geleitzug war an Steuerbord gut auszumachen. Die allmählich besser werdende Sicht bevorzugte aber vorerst nur den Gegner. In einer Entfernung von 8000 Metern lief eine Korvette der Backbordsicherung, die plötzlich auf das Boot zudrehte.

»Backbord querab ein Flugzeug! Entfernung 7000 Meter!«, schrie aufgeregt ein Mann der Brückenwache.

»Alarmtauchen! Schnell auf 100 Meter gehen!«, hörte man die befehlsgewohnte Stimme des Kommandanten.

Die Männer ließen sich buchstäblich in das Turmluk fallen. Als Letzter der Kommandant, der, während er noch das Turmluk schloss, erkennen konnte, wie die Maschine abkippte und zum Angriff ansetzte.

Mit großer Fahrt und Vorlastigkeit ging es in die Tiefe. Das Aufklatschen von schweren Gegenständen in kurzen Abständen auf der Wasseroberfläche war dennoch nicht überhörbar. Die erwarteten Wasserbomben detonierten aber nicht. Die Vermutung lag nahe, dass es sich um Blindgänger handelte.

Inzwischen hatte der Leitende Ingenieur das Boot auf der befohlenen Tiefe abgefangen, ließ es durchpendeln und steuerte es ein. Atemlose Stille herrschte im Boot. Nach Sekunden bangen Wartens erklang aus der Richtung der Korvette das helle Singen von Zerstörermaschinen, die sich mit hoher Fahrt näherten und unweit des Bootes stoppten.

»Völlige Ruhe im Boot!«, befahl Teichert.

Aber oben passierte nichts. Nach einiger Zeit sprangen die Schrauben der Korvette wieder an. Langsam drehend, wanderten sie mit geringer Fahrt nach Osten aus, die Geräusche wurden immer schwächer und waren zuletzt gar nicht mehr zu hören.

»Auf Sehrohrtiefe gehen!«

Kaum war Teichert in den Turm gestiegen um sich mit einem Rundblick zu vergewissern, ob U 456 auftauchen konnte, als der Funkmaat meldete, dass die Schraubengeräusche erneut näher kamen.

Der Gegner hatte also kehrtgemacht. Und schon lief die Korvette mit hoher Fahrt so dicht am getauchten U-Boot vorbei, dass die Männer in der Stahlröhre unwillkürlich in Erwartung einer Wasserbombenserie die Köpfe einzogen. Doch nichts dergleichen erfolgte. Die Schraubengeräusche entfernten sich und wurden schwächer. Der Kommandant ließ U 456 auftauchen.

Während die Seeleute der Wache ihre Sektoren einnahmen, sprangen röhrend die Diesel an. Die Korvette zog in einer Entfernung von zirka 8000 Meter ihre Kreise, vermutlich, um das U-Boot zu orten.

U 456 befand sich keine zehn Minuten über Wasser, als aus der Richtung der Korvette erneut ein Flugzeug das Boot anflog.

Neuerliches Alarmtauchen war angesagt.

»Ich halte das direkte Zusammenwirken von Flugzeug und Korvette für wahrscheinlich«, meinte der I. Wachoffizier, gegenüber seinem Kommandanten.

Laut Horchpeilung hatte der Geleitzug inzwischen nach Steuerbord gezackt. Nach etwa einer Stunde tauchte das Boot wieder auf. Wie immer sprang Teichert zuerst auf die Brücke und erschrak mächtig. Hinter dem Heck von U 456 lag die Korvette in einer Entfernung von nur 1500 Metern.

Das übliche Procedere des Alarmtauchens erfolgte auf der Stelle, sechzig Minuten später ging es zurück an die Oberfläche.

Am 2. Februar 1943 kam keine Stunde nach Mitternacht an Backbord ein Dampfer in Sicht sowie ein zweiter nicht näher zu bestimmender Schatten. Teichert beobachtete mit Argusaugen den Gegner. Beim Vorsetzen konnte einer nur 500 Metern entfernten Korvette, ausgewichen werden. U 456 lief jetzt zum Angriff an. Um 03.04 Uhr erfolgte der Befehl des Kommandanten: »Doppelschuss aus Rohr I und II!«

Pressluft fuhr in die Rohre und beförderte die Torpedos auf ihre Laufbahn. In der Zentrale verfolgte Obersteuermann Bieselt mit der Stoppuhr die Sekunden.

»Zeit ist um!«, meldete er dem Kommandanten im Turm.

32 Sekunden waren vergangen, als es zu einer Detonation kam. Teichert sah eine kleine Feuersäule aufsteigen. Der Frachter stoppte und sank vorne etwas tiefer ein.

»Fangschuss aus Rohr III!«, ordnete der Kommandant an.

Um 03.09 Uhr schickte Oberleutnant Leu den Aal los. Nach 36 Sekunden schlug der Torpedo im Vorschiff ein. Der Dampfer fing jetzt an zu brennen, sank aber immer noch nicht. Um den Frachter so schnell wie möglich unter Wasser zu bringen, entschloss sich Teichert zu einem weiteren Versuch.

»Fangschuss aus Rohr V – Leu!«

Um 03.15 Uhr startete der Torpedo, geriet aber durch einen Fehler bei der Tiefeneinstellung zum Fehlschuss.

Der Dampfer brannte inzwischen lichterloh, hohe Wellen überspülten bereits das Vorschiff.

Die Ladung schien anscheinend aus Baumwolle zu bestehen, da er einfach nicht sinken wollte. Erst jetzt hatten sie im Geleitzug bemerkt, was los war. Leuchtgranaten stiegen in den Himmel, zwischen den Dampfern und Sicherungsfahrzeugen wurden Morsesprüche mit Signallampen ausgetauscht.

Um 03.40 Uhr vermeinten Ausgucks von U 456, den Frachter über den Vorsteven sinken zu sehen.

Doch das war ein Irrtum, denn das Wrack des Schiffes wurde erst am Nachmittag des 02. Februar von britischen Escort-Fahrzeugen versenkt. Trotzdem ging der amerikanische Dampfer »Jeremiah van Rensselaer« mit 7177 BRT auf das Versenkungskonto von U 456.

Als die ersten beiden von U 456 geschossenen Torpedos die »Jeremiah van Rensselaer« fast gleichzeitig in Höhe der Luke 6 des 1. Frachtraums trafen, rissen die Explosionen ein großes Loch in den Rumpf, wobei einige Frachtstücke ins Meer flogen und ein kleines Feuer ausbrach. Der dritte Torpedo schlug an der Backbordseite in den Frachtraum 4 ziemlich tief unten ein. Ein an Deck befestigter Lastkraftwagen, der sich vorne in Höhe des vierten Frachtraums befand, wurde durch die Explosion von Bord geschleudert. Trotzdem konnte der Maschinenraum des Frachters innerhalb von wenigen

Minuten gesichert werden, und es gab ansonsten keine weiteren Schäden im Schiff. Ohne irgendwelche Befehle gaben die Seeleute dennoch den Frachter auf. Zwei Rettungsboote kenterten, bevor sie das Wasser erreichten. Nur ein Boot brachten sie erfolgreich zu Wasser, um sich danach umgehend vom Dampfer abzusetzen. Schließlich sprangen einige Männer über Bord und schwammen zu im Wasser treibenden Rettungsflößen. Nur ein Mann blieb auf dem Schiff zurück, ihn retteten später die Escort-Schiffe, als sie an Bord der »Jeremiah van Rensselaer« gingen.

Dem britischen Rettungsschiff »Accrington« gelang es, 23 Mann zu bergen, dabei konnten acht Mann von dem Rettungsboot und weitere 18 Seeleute von den Rettungsflößen aufgenommen werden, unter denen sich drei Tote befanden. Eine Woche später fand die freifranzösische Korvette »Lobelia« zwei tote Seeleute der »Jeremiah van Rensselaer« auf einem Rettungsfloß. Die Männer der Escort-Schiffe, die an Bord des Dampfers gegangen waren, stellten in einem Bericht fest, dass das Schiff hätte gerettet und in einen Hafen gebracht werden können, wenn die Mannschaft an Bord geblieben wäre. Schließlich standen die Kessel noch unter Feuer, und das Schiff hätte wieder Fahrt aufnehmen können. Letztendlich versenkten die britischen Geleitfahrzeuge um 17.00 Uhr des 2. Februar 1943 die »Jeremiah van Rensselaer« durch Artilleriefeuer.

In der Zwischenzeit hatte U 456 die Torpedos nachgeladen und stand ungefähr 14 Seemeilen vom Konvoi entfernt.

Gegen Mittag des 2. Februar ließ Teichert das Boot wieder auf den Geleitzug zudrehen.

Kurz darauf lief ein Zerstörer mit hoher Fahrt direkt auf U 456 zu, dem von Steuerbord ein zweiter es gleich tat.

Der Kommandant befahl, gegen die See zu steuern. Etwa eine Stunde verfolgten die Zerstörer das Boot, bevor sie abdrehten zum Geleitzug zurückliefen.

Gegen 15.00 Uhr ging ein Funkspruch von U-Karpf ein, der

besagte, U 632 habe Fühlung mit dem Geleitzug aufgenommen. Bis zum Einbruch der Dunkelheit blieb U 456 in der Nähe des Konvois. Danach versuchte es allmählich, wieder Fühlung aufzunehmen, und genau um Mitternacht stieß es wieder auf den Konvoi.

»Voraus Schatten!«, meldete einer der Brückenwächter.

Der Schatten, den der mutmaßliche achtere »Feger« bildete, kam aber schnell wieder außer Sicht. Um 01.26 Uhr tauchte er nochmals in der Schwärze der Nacht auf, wobei U 456 ihm sofort auswich.

Als nachfolgend eine ganze Ansammlung von Schatten gesichtet wurde – der Geleitzug in breiter Formation – ließ Teichert das Boot von achtern in den Konvoi sacken. An Backbord voraus standen drei Tanker, auf die er sofort operierte. Es gelang ihm, das Boot zwischen zwei der Tanker zu manövrieren, die etwa 1500 Meter auseinander standen.

Der Kapitänleutnant entschloss sich, zuerst den Tanker an der Backbordseite anzugreifen, um danach nach Steuerbord auf den zweiten loszugehen.

Um 02.51 Uhr des 3. Februar stand das Boot in Angriffsposition.

»Doppelschuss auf den großen Tanker!«

Nur Sekunden später fiel der Doppelschuss aus Rohr I und II. Doch eine zeitgerechte Detonation unterblieb. Erst nach drei Minuten 14 Sekunden erfolgte eine solche. Erst ein Fehlschuss und dann doch ein Glückstreffer? Bei dieser Annahme irrten sich Teichert und seine Offiziere. Nicht der Tanker war getroffen worden, sondern die britische Sloop »Londonderry« mit 990 ts, die schwer beschädigt wurde, aber nicht sank. Der zweite Torpedo blieb verschollen.

Teichert änderte nun seine Absicht. Er wollte den Tanker an Steuerbord mit einem Heckschuss und den Tanker an Backbord mit den beiden letzten Bugtorpedos erledigen.

Doch nur die beiden Bugschüsse fielen, während der Hecktorpedo im Rohr steckenblieb.

Nach einer halben Minute erfolgte eine Detonation im Maschinenraum des Tankers. Eine hohe Sprengsäule schoss an der Bordwand des Schiffes empor. Der Tanker stoppte sofort und sackte nach hinten weg. Die Besatzung flüchtete in Rettungsboote und versuchte schleunigst von ihrem langsam sinkenden Schiff wegzukommen.

Ein regelrechter Feuerzauber mit Leuchtgranaten setzte ein. U 456 war hell erleuchtet. Etwa 3000 Meter voraus war ein Zerstörer zu sehen. Teichert ließ abdrehen und langsam nach Steuerbord achtern ablaufen, wo er unbemerkt von dem Kriegsschiff tauchte.

Als sich nach einer halben Stunde die Lage über Wasser beruhigt hatte, befahl Teichert aufzutauchen, und lief zu der Schussstelle zurück. Dort zählte er sechs bemannte Rettungsboote. Was man zu diesem Zeitpunkt auf U 456 nicht wusste, war, dass das Boot den britischen Motortanker »Inverilen« mit 9456 BRT versenkt hatte. Ein Zerstörer lief an, vermutlich zur Bergung der Schiffbrüchigen.

U 456 verließ die Versenkungsstelle, um dem Geleitzug nachzustoßen. Zwei Torpedos konnten über Wasser nachgeladen werden, was die Männer im Bugraum viel Schweiß kostete.

Der Konvoi musste jetzt ungefähr zwölf Seemeilen voraus sein, doch nach drei Stunden hoher Fahrt kam er immer noch nicht in Sicht. Da es langsam hell wurde, musste zum Rundhorchen getaucht werden. Ergebnis: Fehlanzeige! Entweder war der Konvoi nach Süden gezackt oder das Boot hatte ihn auf seinem alten Kurs wegen der miserablen Sichtverhältnisse, die während der ganzen Unternehmung herrschten, schlicht verfehlt.

Für Letzteres sprach ein Flugzeug, das etwa in zehn Seemeilen Entfernung in Richtung des vermutlichen Standorts des Konvois flog. U 456 steuerte der Maschine hinterher.

Um 12.28 Uhr meldete U-Sträter eine Korvette und ein Flugboot. Demnach stand U 614 am Geleitzug. Nach nur zwei Stunden konnten voraus in größerer Distanz zwei Flugzeuge beobachtet werden, von denen eines drehte und direkt auf U 456 zuflog.

»Alarmtauchen!«

Unbemerkt vom Gegner blieb das Boot über eine Stunde unter Wasser, bevor es wieder auftauchte und mit Höchstfahrt dem Geleitzug nachstieß. Gegen 22.00 Uhr wurden in in der Ferne drei Torpedodetonationen registriert, und nur eine halbe Stunde vor Mitternacht sichteten sie voraus einen Schatten, aus dem rasch mehrere wurden. Der erste, der zu einem Dampfer gehörte, näherte sich schnell und baute sich zunehmend größer vor dem Boot auf. Beim Abdrehen von U 456 passierte ein Zerstörer auf Gegenkurs in 1500 Meter Abstand.

»An sich muss der uns doch auch sehen, Herr Kaleu!«, meinte der II. WO Adolf Thies.

»Dem zeigen wir unser Heck! 150 Grad steuern!«, gab Teichert zur Antwort.

Langsam und träge schwenkte der Bug des Bootes herum. Doch prompt drehte auch der Zerstörer nach, bis Lage Null, und lief dann, Fahrt aufnehmend, direkt auf das U-Boot zu.

»Alarmtauchen! Schnell auf 140 Meter gehen!«

Kaum hatte U 456 die schützende Tiefe erreicht, da detonierten vier Wasserbomben in nächster Nähe.

»90 Grad steuern!«, flüsterte Teichert.

»Schraubengeräusche eines weiteren Zerstörers, Herr Kaleu!«, meldete der Funkmaat leise.

»Auf 340 Grad gehen!«, kam prompt der Befehl des Kommandanten.

Sieben Wasserbomben detonierten nahe dem Boot und rüttelten es kräftig durch. Zehn Minuten später folgten noch einmal sechs und erschütterten U 456 nachhaltig. Von allen Stationen liefen die Schadensmeldungen in der Zentrale ein, wo inzwischen, nach Ausfall des Lichtes, die Notbeleuchtung angesprungen war. »LI! Auf 90 Meter gehen!«

Die nächsten acht Wabo-Explosionen lagen bereits etwas weiter ab und zeigten kaum Wirkung.

Mittlerweile war der 4. Februar angebrochen. Von oben war jetzt das helle »Ping-Ping-Ping« der Schallimpulse des Sonargerätes zu hören.

»Auf 270 Grad steuern!«

In den nächsten Minuten wurden weitere elf Wasserbomben auf U 456 abgeworfen, landeten aber relativ weit ab.

»Die haben uns verloren!«, sagte Teichert lakonisch.

Trotzdem blieben die Zerstörer in der Nähe und warfen im Vier-Minuten-Takt Bomben.

Ab 03.00 Uhr morgens blieb es still an der Wasseroberfläche. Nach einem Rundumblick durch das Sehrohr gab der Kommandant den Befehl zum Auftauchen.

Drei Stunden hatte die Wasserbombenverfolgung gedauert und U 456 stand jetzt etwa 30 Seemeilen hinter dem Geleitzug. Trotzdem nahm Teichert erneut die Verfolgung auf. Der B.d.U. stellte ihm das Operieren auf den Konvoi nach dem Hellwerden frei. Als dieser nach Dämmerungsbeginn noch nicht erreicht war, entschloss sich Teichert zum Tauchen, um der über dem Geleitzug erwarteten Luftüberwachung zu entgehen. Aber auch in den darauffolgenden Stunden gelang es U 456 nicht mehr, Anschluss an den Konvoi zu gewinnen.

Inzwischen hatte U 632 (Karpf) einen Nachzügler des HX.224, den britischen Tanker »Cordelia« mit 8190 BRT, versenkt. Eine Befragung des geretteten Chefmaschinisten ergab, dass ein weiterer großer Konvoi, nämlich der SC.118, direkt im Kielwasser des HX.224 folgen sollte. Karpf meldete diese Information sofort per Funk an die U-Boot-Führung weiter.

Gestützt auf B-Dienst-Meldungen und diese Gefangenenaussage, bildete der B.d.U. gegen den Konvoi SC.118 die Gruppe »Pfeil«, bestehend aus 13 U-Booten. Am 4. Februar traf der Geleitzug in der Mitte des Aufklärungsstreifens auf die U-Boote, die ihn sofort meldeten. Außer den Booten der

Gruppe »Pfeil« wurden noch fünf Boote der Gruppe »Haudegen« und die beiden gegen den HX.224 operierenden U 456 und U 614 auf den SC.118 angesetzt.

Der Konvoi SC.118 bestand aus 44 Dampfern und Tankern und hatte New York am 24. Januar 1943 verlassen. Am letzten Tag des Monats übernahm vor Neufundland die britische Escort Group B.2, unter Commander Proudfoot auf dem Zerstörer »Vanessa«, die Sicherung.

Die relativ starken Geleitkräfte setzten sich aus drei britischen Zerstörern, drei britischen Korvetten, der freifranzösischen Korvette »Lobelia« und dem US-Küstenwachkutter »Bibb« zusammen. Vor Neufundland stießen zum Konvoi noch weitere 19 Dampfer aus Halifax und St. Johns.

Seit dem 5. Februar um 13.00 Uhr operierte U 456, auf die Meldung von U-Rudloff (U 609) hin, auf den Geleitzug SC.118. Gerade als in den Morgenstunden des 6. Februar das Standsehrohr ausfiel, meldete U 609 den Geleitzug erneut.

»Wir stehen knapp 70 Seemeilen vor ihm, Herr Kaleu!«, meldete Obersteuermann Bieselt dem Kommandanten.

»Na, dann mit Höchstfahrt drauflos!«, gab Teichert in ziemlich aufgeräumter Stimmung von sich.

Es brieste hart aus Osten – Windstärke sechs bis sieben. Seit Stunden fiel dichter Regen, der die Sichtgrenze auf einige hundert Meter reduzierte. Plötzlich gab der Wachhabende II. WO, Leutnant zur See der Reserve Adolf Thies, nach unten ins Boot durch:

»An Kommandant! Voraus ein U-Boot. Wahrscheinlich ein deutsches!«

Rasch angelte sich Teichert zur Brücke empor. »Wo!«

Leutnant Thies wies mit dem ausgestreckten Arm in die Richtung. Ganz schwach schälte sich ein dunkler Körper aus dem Dunst. Die Gläser der Ausgucks erfassten das Ziel.

»Deutsches U-Boot voraus!«, meldete nun auch einer der Brückengasten.

Deutlich konnte man die Umrisse eines deutschen VII-C-

Die Besatzung von U 456 im Mai 1942: 1 Max-Martin Teichert, 2 Lothar Nerlich, 3 Rudolf Zorn, 4 Adolf Thies, 5 Herbert Bieselt, 6 Hermann Paul, 7 Heinz Sikau, 8 Paul Friedrich, 9 Rudolf Huch, 10 Herbert Staudt, 11 Fritz Stolte, 12 Heinz Steger, 13 Martin Steiner, 14 Günter Zimmermann, 15 Erhard Schmelzer.

Die Besatzung beim Mittagessen.

Hinterher ist Abwasch angesagt.

U 456 läuft im Mai 1942 in Bergen ein.

U 456 legt längsseits des U-Boot-Begleitschiffs an.

U 456 hat in Bergen festgemacht. Deutlich ist das Emblem des Bootes zu erkennen (ein Würfel von einem Hufeisen umrahmt). An der Seite ist das Flottillenwappen der 11. U-Flottille zu erkennen (U-Boot-Silhouette von vorn mit Bugwelle, dahinter ein Eisbär stehend). Auf dem Turm steht Max-Martin Teichert (Bild von Thomas Huß »German Historica«).

Der Leiter des U-Stützpunktes von Bergen der 11. U-Flottille, Fregattenkapitän (Ing.) Wilhelm Reinhard, begrüßt Max-Martin Teichert.

Die Offiziere von U 456 von links nach rechts: Adolf Thies (II WO), Lothar Nerlich (LI), Max-Martin Teichert (Kommandant) und Rudolf Zorn (I WO).

Die Besatzung von U 456 marschiert mit Musik durch Bergen. Direkt hinter der Kapelle Max-Martin Teichert in Begleitung einer Krankenschwester.

U 456 sichtet den Dampfer »Honomu« und greift an. Er wird von einem Torpedo getroffen und beginnt sofort zu sinken.

Der amerikanische Dampfer »Edmore«, später »Grays Harbor« und zum Schluss unter dem Namen »Honomu« fahrend. Der Frachter wurde am 5. Juli 1942 in der Barentsee auf Position 75°05' Nord / 38°00' Ost durch U 456 versenkt.

U 456 in mitten der Versenkungsstelle der »Honomu«. Wrackteile und sonstiges Treibgut schwimmen auf der Wasseroberfläche.

Der I. WO Rudolf Zorn erspäht durchs Fernglas drei Überlebende des Schiffsuntergangs der »Honomu« auf einem Floß.

Das durch die eigene Luftwaffe beschädigte U 334 unter dem Kommando von Kapitänleutnant Hilmar Siemon, läuft im Geleit von U 456 in Kirkenes ein.

Das Lazarettschiff »Berlin« im Neidenfjord bei Kirkenes. Im Vordergrund liegt ein deutsches U-Boot.

Diesel-Maschinenmaat Rudolf Huch steigt den Turm zur Brücke hinauf, um nachzuschauen, ob die Luft oben wohl rein ist.

Die erste Wache ist auf der Brücke aufgezogen. Mit Fernglas, der I. WO Rudolf Zorn.

Der erste Wachoffizier von U 456, Oberleutnant zur See Rudolf Zorn.

Kapitän Max-Martin Teichert beim Eintrag ins Kriegstagebuch.

Herbert Staudt und Fritz Stolte am Abgasventil.

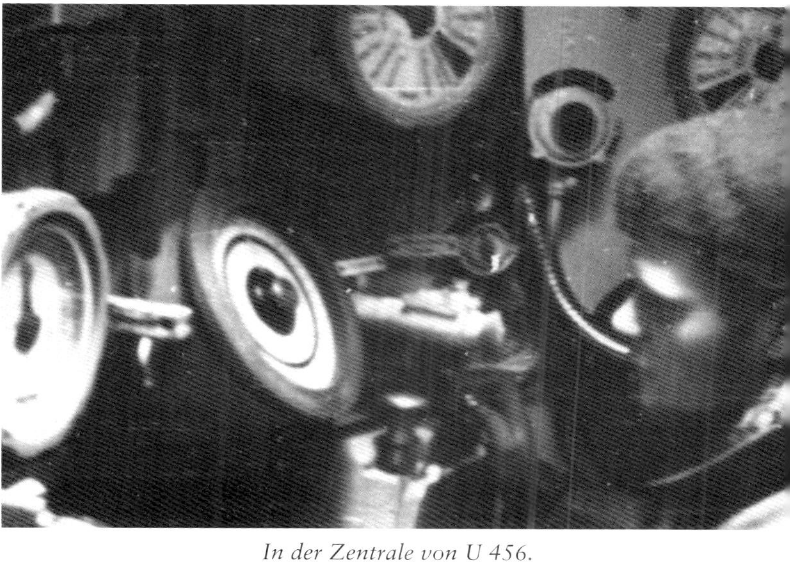

In der Zentrale von U 456.

Im »Prien-Lager« bei Bergen.

Im »Prien-Lager« bei Bergen. In der Mitte: II. WO Adolf Thies.

Verlegung im Hafen.

Beim Wäschewaschen im Hafen.

Eine Blohm & Voss 138 im Neidenfjord.

Im nahen Petsamo liegt das Jagdgeschwader 5 »Eismeer«, das auch manchmal von U-Boot-Fahrern aus Kirkenes besucht wurde. Im Bild einige Messerschmitt 109 E (Me-109).

Der Liberty-Frachter »Albert B. Cummins« 1943. Die »Albert B. Cummins« war derselbe Typ Frachter wie die »Jeremiah von Rensselaer«, die von U 456 aus dem Konvoi HX.224 versenkt wurde.

Auch der britische Motortanker »Inverilen« mit 9456 BRT wurde von U 456 aus dem Konvoi HX.224 versenkt.

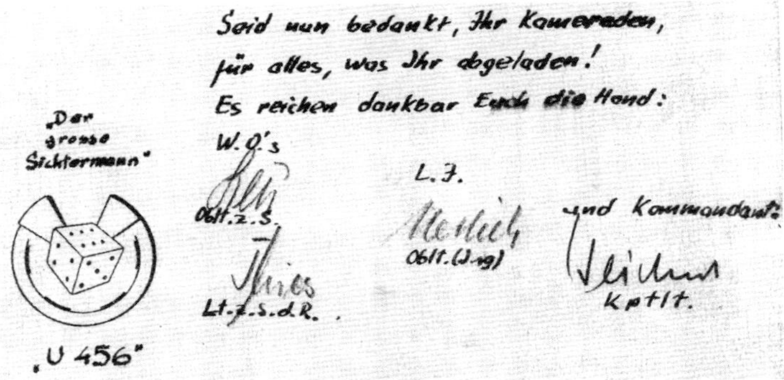

„Der grosse Sichtermann"

„U 456"

Seid nun bedankt, Ihr Kameraden,
für alles, was Ihr abgeladen!
Es reichen dankbar Euch die Hand:
W.O.'s
Oblt.z.S.
Lt.z.S.d.R.
L.I.
Oblt.(Ing.)
und Kommandant:
Kptlt.

Eintrag ins Gästebuch von U 460 vom 19. Februar 1943. Der U-Tanker U 460 versorgte an diesem Tag U 456 im Nordatlantik mit allem Nötigen.

Besuch der Besatzung von U 456 in der Patenstadt Schliersee. Auf der Treppe stehend rechts: Kapitänleutnant Max-Martin Teichert. Auf der Treppe stehend links: Der Leitende Ingenieur von U 456 Oberleutnant (Ing.) Lothar Nerlich mit seiner Frau und in der letzten Reihe in der Mitte ist der II. WO Adolf Thies zu sehen.

Bootes erkennen. Auch das Kameradenboot hatte jetzt U 456 bemerkt, und schon schossen sie von drüben die ersten Erkennungssignale, die Teichert beantworten ließ.

»Es ist U-Franzius, Herr Kaleu!«, meldete der Signalmaat.

Langsam kamen sich beide Boote näher. Hier, mitten im Atlantik, waren sie auf U 438, unter dem Kommando von Kapitänleutnant Franzius, gestoßen. Auch Franzius wollte auf den gemeldeten Geleitzug operieren. Kaum hatten beide Kommandanten mit dem Erfahrungsaustausch per Flüstertüte begonnen, als ein Mann der Brückenwache von U 456 fast zeitgleich mit einem Seemann von U 438 aufgeregt schrie:

»Flugzeug steuerbord neun Dez!«

Auf beiden Booten waren blitzschnell die Befehle zu hören: »Alarmtauchen!«

So schnell waren die Männer auf beiden Booten noch nie eingestiegen. Das Flugzeug war viel zu spät gesichtet worden und befand sich bereits im Anflug. Der Gegner flog im steilen Winkel heran wie Teichert noch beim Schließen des Turmluk feststellte.

Wie in einem Wettsturz gingen beide Boote in die schützende Tiefe. Der Feind hatte alle Vorteile auf seiner Seite. Doch trotz der rasenden Geschwindigkeit der herabstoßenden Maschine schien der Wettlauf zugunsten der U-Boote auszugehen. Dennoch krachten wenige Sekunden später die Bomben, unerhört gut gezielt, in die Nähe von U 456. Sie warfen das Boot auf die Seite, dass er fast zu kentern drohte. Die Männer, die keinen festen Halt hatten, purzelten durcheinander.

Nach einigen Augenblicken atemlosen Wartens kam ein zweiter Bombenregen von oben, der wiederum dicht am Boot lag. Durch die ungeheuren Erschütterungen gab es allerhand Kleinholz im Innern des Bootes. Mehr als ein Dutzend Manometergläser zersprangen, Kabel zerrissen, Lampen erloschen, Spinde zerbrachen, Gegenstände aller Art fielen krachend zu Boden. Die Bordwände dröhnten, als säße man im Innern einer Riesentrommel, gegen die hundert wilde Teufel schlugen. Es war schwer, bei diesem Inferno eine Übersicht über die Schäden im Boot zu gewinnen. Schließlich wurde es oben wieder ruhig.

»Schadensmeldungen!«, forderte Teichert.

Überraschenderweise meldeten alle Stationen keine besorgniserregenden Ausfälle an die Zentrale.

Zwar hatte das Bombengewitter viele Schäden im Boot angerichtet, doch konnten diese leicht mit Bordmitteln behoben werden. Am schwersten in Mitleidenschaft gezogen war das vordere Tiefenruder, das festsaß. Mit vereinter Kraft gelang es, auch diese Störung bis auf ein starkes Knarren zu beseitigen.

Ansonsten funktionierten aber noch alle wichtigen Maschinen und Geräte im Boot.

Als U 456 nach einiger Zeit wieder auf Sehrohrtiefe ging, war oben die Luft rein. Das Boot tauchte auf und Teichert setzte umgehend die Verfolgung des Geleitzuges fort. Von dem Kameradenboot U 438 war nichts zu sehen. Wie sich später herausstellte, hatte auch U-Franzius den Luftangriff mehr oder weniger unbeschädigt überstanden. Es griff sogar noch mehrmals den Geleitzug an, jedoch ohne dabei Erfolg zu haben.

Gegen 17.00 Uhr sichtete die Brückenwache die ersten Rauchwolken des Konvois, während gleichzeitig aus dem Horchraum ein Zerstörer gemeldet wurde. Teichert ließ rasch noch ein Kurzsignal mit Fühlungshaltermeldung absetzen und wollte gerade abtauchen, als plötzlich ein Flugzeug über dem Boot auftauchte. Erst im letzten Moment gelang es U 456 vor der anfliegenden Maschine unter Wasser zu gehen.

Dreimal noch griffen Flugzeuge das Boot jeweils nach dem Auftauchen an und drückten es erneut unter Wasser. Erst nach Beginn der Dämmerung tauchte U 456 erneut auf und lief mit hoher Fahrt auf den Konvoi zu. Etwa anderthalb Stunden später schoss aus einem Abstand von zirka 5000 Meter ein Zerstörer auf U 456 zu.

»Zerstörer – Alarmtauchen! Schnell auf 160 Meter gehen!«

Mit hoher Unterwasserfahrt und wechselnden Kursen versuchte Teichert den Wasserbomben auszuweichen.

Drei Wasserbomben, die sehr gut lagen, schüttelten das Boot erneut durch. Die ersten Schadensmeldungen gingen in der Zentrale ein. Das Gruppenhorchgerät und der Umformer 1 waren ausgefallen. Minuten später detonierten weitere vier weitere Wasserbomben über dem Boot und bewirkten den Ausfall des Kreiselkompasses.

Der Horcher meldete einen zweiten Zerstörer. Der Kommandant befahl, einen »Bold« auszustoßen, der den Gegner täuschen sollte. Aber das Ausstoßrohr war bewässert, und die Mündungsklappe ließ sich nicht mehr schließen. Eine Viertelstunde später detonierten nochmal drei Wasserbomben in ihrer Nähe, richteten aber keinen Schaden an. Der Funkmaat meldete einen dritten Zerstörer. Allerdings fielen nunmehr die folgenden Wasserbomben immer weiter von U 456 weg. Anscheinend hatte der Gegner ein anderes Boot erfasst.

Kurz nach Mitternacht am 7. Februar tauchte U 456 wieder auf. Es befand sich kaum über Wasser, als voraus erneut ein Zerstörer mit hoher Geschwindigkeit anlief und schnell größer wurde. Mit Schnelltauchen ging das Boot unter Wasser. Der Zerstörer überlief das Boot mehrmals, aber er ortete es nicht, und es fielen auch keine Wasserbomben. Erst gegen vier Uhr morgens tauchte U 456 wieder auf. An Backbord voraus war wildes Leuchtgranatenschießen zu beobachten, obwohl der Geleitzug bereits geschätzte 40 Seemeilen voraus stehen musste. U 456 setzte mit Höchstfahrt zur Verfolgung an.

Gegen Mittag verschlechterte sich das Wetter zusehends, weshalb der Kommandant zu tauchen befahl, um durch Rundhorchen den Konvoi zu orten. Gerade erst wieder aufgetaucht, preschte ein Zerstörer mit hoher Fahrt aus dem Dunkel heraus. Durch häufige Kursänderungen und schnelle

Fahrt gelang es Teichert abzulaufen. Wahrscheinlich hatte der Zerstörer U 456 noch nicht gesehen.

Beim plötzlichen Aufklaren des Wetters konnten am Horizont mehrere Dampfermasten und Rauchfahnen gesichtet werden. Also hatte das Boot erneut zum Geleitzug aufschließen können.

Aber schon kurz darauf gab die Brückenwache »Alarm« vor einem Flugzeug. Eine schwere viermotorige Landmaschine war im Anflug. In wenigen Sekunden war das Boot unter der Wasseroberfläche verschwunden.

Eine halbe Stunde später tauchte U 456 wieder auf. Teichert drängte zur Eile, denn er wollte vor Einbruch der Dunkelheit vor dem Geleitzug stehen, der jetzt gut am Horizont auszumachen war. Gegen 20.00 Uhr hatte sich das Boot vor den Konvoi gesetzt. In Zickzackkursen stand es auf und ab und wartete auf den Geleitzug. Der Horizont war inzwischen an manchen Stellen pechschwarz, Hagelschauer und Schneeböen peitschten über die aufgewühlte See.

Gegen 22.05 Uhr kam aus der erwarteten Richtung ein Schatten in Sicht, der zu einem Zerstörer gehörte. Mit einer Kursänderung gelang es auszuweichen, und kurz darauf erfolgte das gleiche Manöver mit einer anlaufenden Korvette. Doch dann stand das Boot zwischen Sicherung und Geleitzug.

»Unsere Chancen stehen gut, Herr Kaleu!«, bemerkte der I. Wachoffizier Wolfgang Leu.

Gespannte Aufmerksamkeit herrschte auf der Brücke, erste Ziele wurden erfasst und anvisiert. Das Boot näherte sich jetzt schnell dem Geleitzug. Plötzlich meldete der den südlichen Sektor absuchende Ausguck aufgeregt:

»Zerstörer mit Lage Null! Entfernung 2000 Meter!«

Auf dem Turm flogen die Doppelgläser herum. Mit Höchstfahrt und hoher Bugsee stürmte das Kriegsschiff genau auf U 456 zu.

»Alarmtauchen!«, befahl Teichert.

Kaum war U 456 unter Wasser, als der Zerstörer schon über

das Boot hinweglief und eine einzelne Wasserbombe abwarf, die aber keinen Schaden anrichtete. Dafür aber marschierte nunmehr der ganze Geleitzug über das getauchte U-Boot hinweg.

Als U 456 eine Stunde vor Mitternacht wieder auftauchte, hatte der Seegang etwas zugenommen. Weiße Schaumkronen tanzten auf den Wellenspitzen. Der Kommandant befahl, mit hoher Fahrt dem Geleitzug nachzustoßen. Doch nur eine Viertelstunde später drehte an Steuerbord neuerlich ein Zerstörer auf das U-Boot zu. U 456 war genau in die Steuerbord-Seitensicherung des Konvois eingedrungen.

Und schon tauchte hinter dem Boot in einer Entfernung von etwa 3000 Metern ein weiterer Zerstörer auf, der sofort seine Artillerie einsetzte. Die Granateinschläge lagen deckend, und rasch kam der Zerstörer näher heran.

»Alarmtauchen! Schnell auf 160 Meter gehen! LI!«

Das Boot war kaum unter Wasser, als sie in der Tiefe die schnell laufenden Schrauben von Zerstörern heranrauschen hörten. Eine Wasserbombe detonierte in der Nähe, die U 456 stark durchschüttelte. Das Boot gab allerlei Geräusche von sich, aber es hielt dicht. Abgesehen von einer schleifenden Steuerbord-E-Maschinen-Kupplung meldeten die Stationen keine weiteren Schäden. Wahrscheinlich hatten die Zerstörer ihren Wasserbombenvorrat erschöpft, denn sie warfen keine weiteren mehr auf das U-Boot. Wenig später lief einer der Bewacher zum Geleitzug zurück. Der zweite blieb bis 02.10 Uhr des 8. Februar in der Nähe des Bootes, ehe auch er ablief. U 456 tauchte wieder auf und hetzte dem Konvoi hinterher. Der Kommandant wollte ihn noch vor dem Hellwerden erreichen. Doch trotz aller Bemühungen gelang das Vorhaben nicht. Zwar schaffte es das Boot mit Dämmerungsbeginn, wieder Kontakt mit der Fernsicherung des Geleitzuges zu bekommen, den Konvoi selbst konnte es vor Tagesbeginn aber nicht mehr erreichen.

»Wir werden auf den rechts querab stehenden Zerstörer operieren!«, erklärte Teichert unerwartet. Der Abstand betrug ungefähr 5000 Meter. Da U 456 im dunklen Horizont stand, konnte diese Absicht gelingen.

Das Boot näherte sich langsam dem Bewacher, doch als es bis auf 3500 Meter an ihn herangekommen war, drehte der Zerstörer auf das U 456 zu. Es war inzwischen so schnell hell geworden, dass er das Boot entdeckt hatte. Teichert brach den Angriff ab und befahl zu tauchen. Das war die letzte Chance des Bootes, nochmals einen Erfolg am Geleitzug zu erzielen. Der Zerstörer kurvte noch anderthalb Stunden über dem Boot, ohne eine Wasserbombe zu werfen, dann lief er mit hoher Fahrt ab. Der im KTB von U 456 beschriebene Zerstörer war der US Coast Guard Cutter »Bibb«, dem es schließlich auch gelang, U 456 endgültig vom Geleitzug abzudrängen.

Gegen Mittag ließ der Kommandant wieder auftauchen. Der Leitende Ingenieur Nerlich meldete dem Kommandanten den letzten Brennstoffbestand, 18 cbm, die kaum für den Rückmarsch reichten.

Max-Martin Teichert gab ein Rückmarschsignal an den B. d. U. ab und trat den Heimmarsch an.

Am 10. Februar wurde U 456 per Funkspruch vom B. d. U. angewiesen, mit sparsamster Marschfahrt zu einem Versorgungsplatz zu laufen, um sich dort aus dem U-Tanker U 460 (Schnoor) zu versorgen. Danach sollte es den Rückmarsch nach Brest antreten.

Vom 16. Februar an stand U 456 auf dem Versorgungspunkt, aber vom U-Tanker war nichts zu sehen. Erst zwei Tage später kam U 460, ein U-Tanker vom Typ XIV, in Sicht. Wegen des schlechten Wetters war keine sofortige Versorgung möglich. Die begann erst am 19. Februar vormittags um 10.00 Uhr. Von U 460 wurden 28 cbm Treiböl, 1,7 cbm Schmieröl, Frischbrot, Kartoffeln und Frischgemüse übernommen. Gegen 12.00 Uhr war die Versorgung abgeschlossen, und der Rückmarsch nach Brest konnte beginnen. Am 23. Februar erreichte das Boot die äußere Biscaya, als gegen Mittag Mastspitzen eines Dampfers gesichtet wurden. Das Schiff lief zirka zwölf Knoten, hatte zwei schräge Masten, einen dicken, ebenfalls schrägen Schornstein mit einem roten Band, breite hölzerne Aufbauten, Flaggen oder Neutralitätsabzeichen waren keine zu erkennen. An der Grenze der Sichtweite setzte sich das Boot vor, was schwierig war, denn der Frachter fuhr Zickzackkurse. Um 13.43 Uhr tauchte U 456 zum Angriff. Teichert ließ das Sehrohr ausfahren.

Die Rohre I, II und III waren bereits bewässert, die Mündungsklappen geöffnet, die Torpedos lagen fertig zum Schuss.

»Er dreht auf uns zu!«, gab Teichert bekannt.

»Jetzt liegt er gut. Gegnerlage 45 Grad, Entfernung 1000 Meter!«

Die Kurbel des Vorhalterechners schnurrte. »Steht!«, meldete die Seemännische Nr. 1, die die Werte eingegeben hatte.

»Lage 75 Grad, Entfernung 700 Meter!«

»Steht!« kam prompt die Antwort zurück.

»Rohr I, II und III fertig!«

»Fertig!«

»Lage 60 Grad, Entfernung 500 Meter!«

»Steht!«

»Rohr I, II und III – Los!«

Es war 14.38 Uhr. Der I. Wachoffizier Wolfgang Leu stand neben dem Kommandanten am Abzugshebel im Turm. Die Torpedomechaniker im Bugraum an den Torpedorohren schlugen zur Sicherheit noch auf die Handabfeuerung. Ein kurzes Vibrieren, Zischen und die »Aale« waren raus.

»Torpedos laufen!«, kam die Meldung von unten. Als das Boot nach den Schüssen näher auf das Ziel zusteuerte, erkannte Teichert durch das Sehrohr am Dampfer die doppelte Aufschrift »Bire« an der Bordwand. Der Dampfer lag sehr tief und hatte nach Steuerbord leichte Schlagseite.

Teichert saß vor Anspannung wie erstarrt am Sehrohr. Nach 35 Sekunden Laufzeit detonierten zwei Torpedos im Ziel. Beobachtet werden konnten die beiden Detonationen nicht, weil gerade das Sehrohr unter die Wasseroberfläche schnitt. Als der Kommandant nach etwa einer Minute wieder durch das Sehrohr blickte, sah er eine riesige braune Wolke.

Vom Dampfer war nichts mehr zu sehen. Vermutlich hatte sich Munition unter seiner Ladung befunden, die den Frachter regelrecht zerrissen hatte.

Um 14.45 Uhr ließ Teichert auftauchen und in die Nähe der Versenkungsstelle gehen. Nur noch einzelne Trümmer trieben auf dem Wasser, Überlebende gab es nicht.

Erst nach dem Krieg wurde bekannt, dass U 456 den irischen Dampfer »Kyleclare« mit 700 BRT versenkt hatte.

Gegen 15.00 Uhr verließ U 456 die Untergangsstelle und setzte den Rückmarsch fort. Von Flugzeugen und Schnellbooten gejagt, marschierte das Boot durch die Biscaya seinem Heimatstützpunkt entgegen.

Am 25. Februar kurz nach Mitternacht horchten sie drei leise Detonationen und schnelle Schraubengeräusche in großer Entfernung. Wahrscheinlich wurde gerade ein Kameradenboot beharkt. Um die Mittagszeit beobachtete Teichert durch das Sehrohr mehrere Fischdampfer, die sich aber unauffällig verhielten. In den frühen Morgenstunden des 26. Februar 1943 nahmen Sperrbrecher das Boot in Geleit, um es sicher nach Brest zu bringen, wo es um 09.20 Uhr im Kriegshafen festmachte.

Da für U 456 eine längere Werftliegezeit festgelegt wurde, bestand für die Besatzung die Möglichkeit, in zwei Törns in Urlaub zu fahren. Auch Max-Martin Teichert besuchte noch einmal seine Eltern und Bekannten in Kiel. Seine Mutter wirkte bedrückt. Sie hatte Angst um ihn, da die Todesmeldungen in der Zeitung von Tag zu Tag zunahmen. Auch der Vater war nicht mehr der Alte, seit die ersten Bomben auf Kiel gefallen waren, und er hatte Zweifel, ob der Krieg wohl noch zu gewinnen wäre.

Max-Martin Teichert kam es deshalb nicht ungelegen, dass er und seine Besatzung von Schliersee, der Patenstadt von U 456, nach Bayern eingeladen worden waren, und er freute sich auf die willkommene Abwechslung. Die Verabschiedung fiel den Eltern diesmal besonders schwer, auch wenn Max-Martin ihnen versprach, wieder zurückzukommen.

Ab dem 18. März 1943 traf sich dann fast die gesamte Besatzung von U 456 in Schliersee. Nach einem herzlichen Empfang und einer darauffolgenden feuchtfröhlichen Feier verbrachte die Crew eine herrliche Woche in Schliersee und seiner wunderbaren Umgebung.

Die 10. Feindfahrt und der Verlust von U 456

Bis Mitte April 1943 versammelte sich die Besatzung in Brest. Die Werftliegezeit des Bootes war beendet, und nach erneuter Frontausrüstung lief das Boot am 24. April 1943 von Brest zur 10. Feindfahrt aus. Als Operationsziel war dem Boot eine Aufstellung im Vorpostenstreifen der U-Boot-Gruppe »Drossel«, westlich von Spanien, zugeteilt worden.

Unter der bewährten und eingefahrenen Besatzung hatte es wieder einige Veränderungen gegeben. Der I. Wachoffizier Leu verließ das Boot, neuer I. Wachoffizier wurde der bisherige II. Wachoffizier Leutnant zur See der Reserve Adolf Thies. Als neuer II. Wachoffizier stieg Oberleutnant zur See Werner Stockmayer ins Boot. Leitender Ingenieur blieb weiterhin Oberleutnant (Ing.) Lothar Nerlich. Zusätzlich zur Besatzung kamen für diese Feindfahrt drei Fähnriche an Bord.

Von U 456 liegt über die letzte Fahrt kein Kriegstagebuch vor. Dennoch konnte ein Bericht von dieser Unternehmung durch die 2. Seekriegsleitung beim B.d.U.op anhand von Funksprüchen rekonstruiert werden. Hier ist detailgetreu nachzulesen:

24. April 1943: Brest ausgelaufen mit Befehl, Planquadrat BE 51 anzusteuern.

27. April 1943: Aufstellung im Vorpostenstreifen Gruppe »Drossel«

29. April 1943: Von B. d. U.: Gruppe »Drossel« am 30. April 08.00 Uhr im Vorpostenstreifen stehen von BE 8615 nach 9526.

3. Mai 1943: Von B. d. U.: Gruppe »Drossel«:

1.) südgehender Geleitzug, 08.30 Uhr in BE 6944 auffangen. Mit Fahrt 9 Knoten rechnen.

2.) Teichert selbständig mit hoher Fahrt operieren.

10.55 Uhr. U 456 gibt Standortmeldung aus BE 8565.

19.36 Uhr. U 456 meldet Standort aus BE 9725.

4. Mai 1943: U 456 erbittet Peilzeichen vom Fühlungshalter.

07.55 Uhr von U 456: Auf Peilzeichen U-Lohmann (U 89)

06.00 Uhr in weit auseinander gezogenen Landungsbootgeleitzug gestoßen. Stehe vor Geleitzug.

5. Mai 1943: U 456 meldet Kreuzer der »Fidji«-Klasse, zwei Zerstörer, Kurs 130 Grad

14.45 Uhr / CF 3989 von U 456: Kreuzer kommt außer Sicht. Kurs 35 Grad, 21 Knoten, 93 cbm.

Am 5. Mai meldete der deutsche B-Dienst den Konvoi SL.128 mit nördlichem Kurs. Dieser lief genau in die U-Gruppe »Drossel« hinein.

Am 6. Mai fand U 607 den Geleitzug. Seine Funksignale brachten vier weitere U-Boote der Gruppe »Drossel« heran (U 436, U 456, U 89, U 230).

7. Mai 1943: 07.10 Uhr / CF 3726 von U 456: In Dämmerung von Korvette beschossen. Danach gut liegende Wabos. Hauptausfälle beide Kompasse. Heckrohr. Stoße nach. 84 cbm.
21.57 Uhr von U 456: Seit 21.30 Uhr Fühlung mit ortendem Fahrzeug in CF 3145. Schlechte Sicht.

An diesem 7. Mai brach der B. d. U. wegen der zahlenmäßigen Schwäche der Gruppe »Drossel« die Operationen gegen dem Konvoi SL.128 ab. Von den ehemaligen zwölf U-Booten der »Drossel«-Gruppe verblieben nur noch fünf. Diese sollten Richtung Nordwesten steuern, um sich den U-Gruppen der Nordatlantikrouten anzuschließen.

8. Mai 1943: Standortmeldung aus BE 8869.
16.37 Uhr von B. d. U.: BF 89 besetzen.

9. Mai 1943: Von B. d. U.: Gruppe »Drossel« Kurs West, Marschfahrt.
11.38 Uhr / BE 8867 von U 456:
1.) Starke Schmierölverluste bei mittlerer Fahrt, etwa 300 Liter täglich. Bestand 2700 Liter. Sonst bis auf Heckrohr voll einsatzklar. 68 cbm.
2.) Erbitte, wenn möglich, Austausch Netzgeräte, Gruppenhorchgerät mit Rückmarschierer.
3.) Gestern 09.00 Uhr bei Reparaturen unter Wasser in BE 8896 von Geleitzug überlaufen. Gehorcht. Wabos.

13.53 Uhr von B. d. U.: Gruppe »Drossel« sofort »Hubertus« schalten. Mit erhöhter Marschfahrt auf Geleitzug operieren, der um 13.00 Uhr in CD 3598 gemeldet wurde

mit 90 Grad und 9 bis 10 Knoten Fahrt.
22.02 Uhr von B. d. U. an U 456: Grund Schmierölverlust melden und ob Schaden mit Bordmitteln zu beheben.
23.15 Uhr von U 456: Schmierölverluste durch Gehäuseundichtigkeiten an unzugänglichen Stellen. Ursache: mangelhafte Werftarbeiten, Waboerschütterungen. Mit Bordmitteln nicht zu beheben.

10. Mai 1943: von B. d. U.:

1.) Kommandant entscheidet selbst, ob Fortsetzung Operation trotz gelegentlicher Ölspur.
2.) Falls Fortsetzung, Schmierölergänzung für Rückmarsch möglich.

13.02 Uhr / BE 7371 von U 456:

1.) Setze Operation fort. 59 cbm.
2.) Beobachtung M-Sonne Quimper 28. April bis 2. Mai zwischen 10 und 18 Grad West. Lautstärke 5, als Richtfeuer bis höchstens 01 Grad, als Funkfeuer wegen zeitweise sehr breiten Minimums bis 2 Grad Fehler nach jeder Seite.

11. Mai 1943: 18.07 Uhr: U 456 meldet zwei Dampfer.
18.31 Uhr: BD 9259 von U 456: Nur ein Einzelfahrer. 50 Grad, 12 Knoten.
19.58 Uhr von B. d. U.: Ehemalige »Drossel«-Boote mit Höchstfahrt auf Meldung U-Seibicke (U 436) operieren.

12. Mai 1943: 04.41 Uhr von U 456: Großen 10 000 ts-Frachter in BD 4717 versenkt. 48 cbm.
U 456 torpedierte am 11. Mai den britischen Dampfer »Fort Concord« mit 7138 BRT

aus dem Geleitzug HX.237 und meldete diesen als versenkt. Es ist nicht sicher, ob die »Fort Concord« sofort sank oder erst am Abend des 11. Mai gegen 22.00 Uhr von U 403 (Clausen) durch einen Torpedo-Fangschuss versenkt wurde. Am 19. Mai 1943 entdeckten im Nordatlantik die Ausguckposten von U 103 (Janssen) ein Rettungsboot. Es gehörte zum britischen Frachter »Fort Concord«. Die beiden Männer im Boot trieben schon acht Tage im Atlantik. U 103 nahm die beiden Schiffbrüchigen zu sich an Bord und brachte sie nach Lorient.

13.30 Uhr: BD 6646 von U 456: Bin tauchunklar. Flugzeug hält Fühlung. Erbitte dringend Hilfe.

13.50 Uhr von U 456: Steuere mit hoher Fahrt 300 Grad. Starker Wassereinbruch im Heckraum. Dringend Hilfe.

14.20 Uhr: U 456 sendet Peilzeichen.

14.28 Uhr: BD 6644 von U 456: Steuere Südwest. Kompass ausgefallen. Sende Peilzeichen. Erbitte dringend Hilfe.

14.35 Uhr von B. d. U.: Teichert Peilzeichen senden. U-Lohmann (U 89) mit Höchstfahrt zur Hilfeleistung zu Teichert gehen, andere Boote, nur falls in der Nähe Teichert und nicht am Geleit. In diesem Fall Standort melden.

15.01 Uhr / BD 6647 von U 456: Fühlung haltendes Flugzeug hat keine Bomben mehr. Frage: Wo steht eigenes Boot? Kompass wieder klar. Steuere 220 Grad. Wassereinbruch lässt sich vorläufig noch halten.

15.24 Uhr / BD 6569 von U 456 an U 89:

Frage Standort: Hören Sie meine Peilzeichen? Laufe 220 Grad, 11 Knoten.
17.21 Uhr von B.d.U.: Falls anderes Boot Peilzeichen von Teichert gehört hat, sofort hingehen und melden mit Kurzsignal »ja« und Standort.
18.18 Uhr von B.d.U.: Anderes Boot sofort zu Teichert gehen. Absicht durch »ja« und Standort.
18.19 Uhr / BD 9189 von U-Clausen (U 403): Gehe zu Teichert mit 15 Knoten und 20 Grad.
19.13 Uhr von U 403: Habe Einzelfahrer Kurs West. Frage: Geht anderes Boot zu Teichert?
20.16 Uhr von B.d.U.:
1.) Es operieren auf Teichert: U-Wintermeyer (U 190), U-Lohmann (U 89) und U-Baltz (U 603). Weitere Boote nicht zu Teichert gehen.
2.) Teichert Treffpunkt vorschlagen.
20.44 Uhr von B.d.U.: U-Clausen Einzelfahrer umlegen. U-Wintermeyer zu Teichert gehen.
22.20 Uhr / BD 6846 von U 190: U 190 an U 456: Erbitte Peilzeichen.
Doch U 456 gab keine weitere Meldung ab, noch konnten es die angesetzten U-Boote finden. U 456 wurde mit Wirkung vom 12. Mai 1943 am 29. Mai für vermisst (ein Stern), am 11. Februar 1944 für vermisst (zwei Sterne) erklärt. Es war Totalverlust anzunehmen.
So weit die Meldungen der Operationsabteilung des Befehlshabers der Unterseeboote.

> Der tatsächliche Verlust von U 456 konnte erst nach Ende des Krieges festgestellt werden.
> Die »Liberator« No. ›B‹ der 86. Squadron mit dem Pilot Flight Lieutenant John Wright flog Sicherung über dem Konvoi HX.237, als sie um die Mittagszeit des 12. Mai um 13.13 Uhr ein aufgetaucht fahrendes U-Boot sichteten, das sie sofort angriffen. Das Ziel war U 456.

Die Brückenwache des U-Bootes erkannte bei dem regnerischen Wetter das Flugzeug zu spät und Teichert gab den schicksalhaften Tauchbefehl, schließlich war das Flugzeug bereits im Anflug, als der Kommandant gerade das Alarmtauchmanöver befahl.

Bei diesem Angriff wurde zum ersten Mal eine selbst suchende »Mark XXIV-Mine-Fido«, ein Suchtorpedo, eingesetzt. Nachdem der Torpedo in der See verschwunden war, beobachtete die Flugzeugbesatzung angestrengt die raue Wasseroberfläche. Zwei Minuten später erschien nur eine halbe Seemeile vom ersten Tauchstrudel entfernt ein brauner Fleck von zirka 30 Meter Durchmesser. Mitten in diesem Ölteppich tauchte plötzlich U 456 auf. Vom Flugzeug aus konnte man erkennen, wie einige Männer schnell zu ihren Fla-Abwehrkanonen sprangen und wie wild auf die »Liberator« feuerten, um diese auf Distanz zu halten. Teichert versuchte, mit hoher Überwasserfahrt und Zickzackkursen fahrend, wegzukommen. Aber das Flugzeug erwiderte das Feuer und flog noch einen Angriff, wobei drei konventionelle Wasserbomben abgeworfen wurden, die aber weit vor U 456 detonierten. Da er keine Wasserbomben mehr hatte, rief Wright über Funk die Geleitfahrzeuge des HX.237 zu Hilfe. Sofort liefen die Zerstörer »Opportune« und »Pathfinder« mit hoher Fahrt zum gemeldeten Standort des U-Bootes hin. Die »B-24-Liberator«

blieb bis 16.35 Uhr in der Nähe von U 456, danach musste sie wegen Treibstoffmangels den Rückflug zum Stützpunkt Aldergrove in Nordirland antreten.

Der »Fido«, der U 456 ins Achterschiff getroffen hatte, riss ein großes Leck, beschädigte aber nicht die Schrauben oder Motoren des U-Bootes, so dass es danach immer noch hohe Fahrt laufen konnte. Ansonsten aber war U 456 schwer beschädigt, und die Besatzung musste den starken Wassereinbruch im Heckraum bekämpfen. Teichert gab natürlich sofort Notrufe an den B. d. U. ab. Dieser befahl zuerst U 89, danach auch anderen in unmittelbarer Nähe stehenden U-Booten, U 456 zu Hilfe zu eilen, allerdings galt dies nur für jene U-Booten, die keinen Kontakt zum Konvoi HX.237 hatten. Nach dem Notruf um 15.01 Uhr von U 456 wusste der B. d. U., dass dem »Liberator«-Bomber die Wasserbomben ausgegangen waren.

In der letzten Meldung von U 456 um 15.24 Uhr aus dem Planquadrat BD 6589 erfragte Teichert die Position von U 89 und gab den eigenen Kurs und Geschwindigkeit durch.

Der B. d. U. forderte die Positionsangabe von U 89 und fragte bei Kapitänleutnant Lohmann an, ob das Boot die Peilzeichen von U 456 empfangen habe. Als keine weiteren Meldungen mehr von U 89 und U 456 erfolgten, registrierte der B. d. U den Verlust von U 456 mit Wirkung vom 12. Mai 1943.

In der Nachkriegsliteratur schrieb man die Vernichtung von U 456 der »Liberator« No. ›B‹ der 86. Squadron zu. Weitere Nachforschungen ergaben dann, dass das beschädigte U 456 am 13. Mai 1943 durch die kanadische Korvette »Drumheller« und die Fregatte »Lagan« sowie die »Sunderland« No. ›G‹ der kanadischen 423. Squadron, die ebenfalls den Geleitzug HX.237 sicherten, auf Position 48°37' Nord / 22°39' West versenkt worden sei.

Doch die beiden Angriffe mit Wasserbomben von »Drumheller« und »Lagan«, ausgeführt am 13. Mai 1943 zwischen 09.06 Uhr und 09.29 Uhr, galten U 753 (von Mannstein), das dabei versenkt wurde.

Das fragliche, durch die beiden kanadischen Geleitfahrzeuge versenkte U-Boot konnte also nicht U 456 gewesen sein. Mittlerweile war durch weitergehende Nachforschungen Folgendes ermittelt worden: U 456 war sicherlich schon Stunden vorher verlorengegangen, denn der Standort der Versenkung von U 753 befand sich mehr als 80 Seemeilen nordöstlich der von U 456 zuletzt bekannten Position vom 12. Mai 1943 um 15.24 Uhr. Da sich aber das beschädigte U 456 mit südöstlichem Kurs direkt vom Konvoi absetzte, konnte es unmöglich die Position der beiden letzten Angriffe von »Drumheller« und »Lagan« vom 13. Mai 1943 erreicht haben.

Schließlich vermutete man, dass U 456 nach seiner Beschädigung durch die »Liberator«, durch die Angriffe des Zerstörers »Pathfinder« und von »Swordfish«-Trägerflugzeugen (811. FAA) des Hilfsträgers »Biter« auf Position 47°50' Nord / 25°38' West versenkt worden sei. Doch auch dieser Angriff galt in Wirklichkeit nicht U 456, sondern U-Baltz (U 603), das bei diesen Angriffen nur leicht beschädigt wurde.

Und was war mit U 89, das U 456 zur Hilfe eilen sollte?

Das Boot sendete seinen letzten Funkspruch am 12. Mai 1943 um 11.59 Uhr aus dem Planquadrat BD 6921. In diesem Funkspruch meldete Kapitänleutnant Lohmann, der Kommandant von U 89, einen Flugzeugträger und die Rauchfahnen mehrerer Schiffe. Zweieinhalb Stunden später bekam U 89 vom B. d. U. ein Funksignal, der das Boot zur Eile aufforderte, zwecks der Unterstützung des Kameradenbootes U 456, das bereits zuvor mehrere Notmeldungen gefunkt hatte. Aber auch von U 89 ging auf Anfragen vom B. d. U. am 13. und 14. Mai keine Antwort ein.

Der letzte Kontakt mit U 89 erfolgte gegen 14.05 Uhr am 12. Mai , als U 607 (Jeschonnek) im Quadrat BD 6659 eintraf. Das Kriegstagebuch von U 607 berichtet, dass es um 14.30 Uhr vor einem sich nähernden Flugzeugträger getaucht sei. Ein »Swordfish«-Flugzeug des Trägers warf Wasserbomben, die nur etwa 70 Meter von U 607 entfernt detonierten.

Schließlich meldete der britische Träger »Biter« einen Angriff der »Swordfish« ›B‹ mit Raketen und Torpedos auf ein U-Boot und führte gleichzeitig den Zerstörer »Broadway« und die Fregatte »Lagan« heran, die das geortete U 89 mit Wasserbomben angriffen.

Zwischen 15.01 Uhr und 17.14 Uhr des 12. Mai jagten die beiden Geleitschiffe sechs »Hedgehog«-Salven hinaus und warfen zwei schwere Wasserbomben. Nach dem letzten Angriff kamen verschiedene Wrackstücke an die Wasseroberfläche, unter anderem Teile aus dem Innern eines deutschen U-Bootes sowie U-Boot-Bekleidung und Seesäcke.

U 607, das den Anmarsch des Zerstörers »Broadway« entdeckt hatte und rechtzeitig wegtauchen konnte, hörte unter Wasser die Attacken auf das Kameradenboot in nur schätzungsweise 2000 Meter Entfernung. Oberleutnant Jeschonnek folgerte daraus richtig, dass diese Angriffe nur auf U 89 gerichtet sein konnten. Somit war klar, dass U 89 niemals U 456 zu Hilfe eilen konnte, da es wahrscheinlich gleichzeitig mit diesem durch die »Broadway« und »Lagan« sowie eine »Swordfish« der 811. F.A.A. des Geleitträgers »Biter« versenkt worden war.

Und was geschah mit U 456?

Nachdem die »Liberator« No. ›B‹ die beiden Zerstörer »Pathfinder« und »Opportune« herbeigerufen hatte, traf zuerst die »Opportune« auf dem Schauplatz des Geschehens ein. Um 16.40 Uhr machte der Zerstörer U 456 in einer Entfernung von zirka 10 Seemeilen aus und beobachtete das Boot um 16.45 Uhr beim Tauchen, obwohl es ja nachweislich, nach dem Angriff der »Liberator«, dazu nicht mehr imstande war.

Wollte sich Teichert lieber auf dieses Risiko einlassen, als sich zu ergeben? Vielleicht meldete ihm auch der Leitende Ingenieur, dass U 456 bedingt tauchklar sei, und Teichert nahm eben das Risiko in Kauf, um eventuell dem Gegner doch noch zu entkommen. Man kann es nur vermuten oder erahnen, erfahren wird man es nicht mehr.

Schließlich erreichte der Zerstörer »Pathfinder« die »Opportune« gegen 17.25 Uhr, als die »Opportune« bereits mit der Jagd auf das U-Boot begonnen hatte, da kurz zuvor ein Kontakt hergestellt worden war. Doch kurze Zeit später ging dieser Kontakt trotz intensiver Suche wieder verloren.

Die »Pathfinder« drehte daraufhin wieder ab und lief zum Konvoi zurück, von dem sich der Zerstörer mittlerweile 60 Seemeilen entfernt hatte. Nur die »Opportune« setzte alleine die Suche fort. Als der Zerstörer trotz großen Zeitaufwandes das U-Boot nicht mehr orten konnte, brach auch er die Suche ab und lief zum Geleitzug zurück.

Mit ziemlicher Sicherheit ist U 456 nach dem Tauchen vor dem heranlaufenden Zerstörer wegen seiner schweren Beschädigungen langsam auf den Meeresgrund gesunken. Durch die Beschädigungen und durch das große Leck im Achterschiff bekam U 456 beim Abtauchen zu viel Wasser ins Boot und hatte vermutlich zu wenig Druckluft zum Auftauchen, weshalb es viel zu schwer wurde, um die Wasseroberfläche noch einmal zu erreichen. Zu vermuten ist auch der Ausfall von Pumpen und anderem technischem Gerät.

Obwohl die Position von U 456 dem letzten schicksalhaften Tauchgang nicht genau bekannt ist, musste sich das Boot nach Koppelung ungefähr 15 Seemeilen in 220 Grad von seiner zuletzt gemeldeten Position befunden haben. Dieses entsprach dem Planquadrat BD 6594. Damit würde sich eine ungefähre Untergangsposition von 46°39' Nord / 26°54' West ergeben.

Nach diesem letzten Stand der Forschungsergebnisse wurde der Verlust von U 456 dem Angriff der »Liberator« No. ›B‹ der 86. Squadron zugeschrieben, auch wenn das beschädigte Boot erst etwa vier Stunden später, nach dem Sichten der herannahenden »Opportune«, durch das eingeleitete Alarmtauchen gesunken ist. Die neue britische Waffe zur Bekämpfung von U-Booten, der »Mk XXIV«-Suchtorpedo, hatte mit U 456 sein erstes Opfer gefunden.

U 456 war ein Totalverlust. Von der 49-köpfigen Besatzung gab es keinen Überlebenden.

Für seine Leistungen im U-Boot-Krieg wurde Kapitänleutnant Max-Martin Teichert posthum am 19. Dezember 1943 mit dem Ritterkreuz des Eisernen Kreuzes ausgezeichnet.

Max-Martin Teichert konnte auf seinen zehn Feindfahrten mit U 456 sechs Handelsschiffe mit zusammen 31 721 BRT versenken. Außerdem wurde ihm die Versenkung des britischen Kreuzers »Edinburgh« mit 11 500 ts zugeschrieben.

Anlagen

Anlage 1 –

Die Offiziere und Besatzung von U 456

Max-Martin Teichert

Lebenslauf:
* 31.01.1915 in Kiel
† 12.05.1943 im Nordatlantik

Eintritt in die Reichsmarine als Seeoffiziersanwärter (Crew 34)

08.04.1934–13.06.1934	Infanterieausbildung 2. Kompanie / II. Schiffsstammabteilung der Ostsee, Stralsund (Dänholm)
14.06.1934–26.09.1934	praktische Bordausbildung auf Segelschulschiff »Gorch Fock«
27.09.1934–26.06.1935	praktische Bordausbildung auf Leichter Kreuzer »Emden«
27.06.1935–30.03.1936	Hauptlehrgang für Fähnriche an der Marineschule Flensburg-Mürwik – und
02.10.1935–08.10.1935	Navigationsbelehrungsfahrt auf Tender »Nordsee« – und
20.01.1936–25.01.1936	Navigationsbelehrungsfahrt auf Dampfer »Hecht«

31.03.1936–19.05.1936	Torpedolehrgang für Fähnriche an Torpedoschule Flensburg-Mürwik
20.05.1936–06.06.1936	Fla-Waffenlehrgang für Fähnriche an Küstenartillerieschule, Wilhelmshaven
07.06.1936–13.06.1936	Sperrlehrgang an der Sperrschule Kiel-Wik
14.06.1936–04.07.1936	Nachrichtenlehrgang für Fähnriche an Marine-Nachrichtenschule Flensburg-Mürwik
05.07.1936–28.07.1936	Infanterielehrgang für Fähnriche bei 3. Kompanie/II. Schiffsstammabteilung der Ostsee, Stralsund
29.07.1936–09.10.1936	Artillerielehrgang für Fähnriche an Schiffsartillerieschule Kiel-Wik
10.10.1936–30.03.1937	praktische Bordausbildung auf Torpedoboot »Iltis«, 3. Torpedobootsflottille, Wilhelmshaven
31.03.1937–25.04.1937	z. Vfg., 3. Torpedobootsflottille, Wilhelmshaven
26.04.1937–30.06.1937	Wachoffizier bei 3. Torpedobootsflottille, Wilhelmshaven
01.07.1937–30.09.1937	Kompanieoffizier bei III. Schiffsstammabteilung der Nordsee, Wilhelmshaven
01.10.1937–17.01.1938	4. Kompanie / Ausbildungsabteilung der 6. Zerstörerdivision, Besatzungsstamm für Zerstörer »Z-9 Wolfgang Zenker«
18.01.1938–01.02.1938	Wachoffizier auf Torpedoboot »Iltis«, 3. Torpedobootsflottille, Wilhelmshaven

02.02.1938–27.03.1938	4. Kompanie / Ausbildungsabteilung der 6. Zerstörerdivision
28.03.1938–18.09.1938	bei 8. Schiffsstammabteilung, Leer / Ostfriesland
19.09.1938–17.12.1938	T/B-Lehrgang an Torpedoschule Flensburg-Mürwik
18.12.1938–03.02.1939	4. Kompanie /Ausbildungsabteilung der 8. Zerstörerdivision
04.02.1939–16.03.1939	Kommandant Hilfsminensuchboot »Wotan«
17.03.1939–31.05.1940	II. Wach- und Torpedooffizier auf Zerstörer »Z-14 Friedrich Ihn«
01.06.1940–02.06.1940	z. Vfg. Marinestation Ostsee
03.06.1940–30.06.1940	z. Vfg. Führer der Torpedoboote bzw. z. Vfg. Befehlshaber der Unterseeboote
01.07.1940–28.07.1940	U-Boots-Wachoffizierlehrgang (U. W. O.) an Schiffsartillerieschule Kiel-Wik
29.07.1940–30.09.1940	U-Ausbildungslehrgang bei 1. U-Boot-Lehrdivision, Neustadt i./Holstein
01.10.1940–02.11.1940	U-Boots-Torpedolehrgang an Torpedoschule, Flensburg-Mürwik
03.11.1940–24.11.1940	U-Lehrgang an Sperrschule Kiel-Wik
25.11.1940–21.12.1940	U-Boots-Nachrichtenlehrgang an Marine-Nachrichtenschule, Flensburg-Mürwik
22.12.1940–24.02.1941	U-Lehrgang bei 1. Unterseebootsabteilung Plön
25.02.1941–30.06.1941	I. Wachoffizier auf U 94 / 7. U-Flottille, St. Nazaire

01.07.1941–18.08.1941	Kommandantenlehrgang bei 24. U-Flottille, Drontheim
19.08.1941–17.09.1941	Baubelehrung bei Kriegsschiffbaulehrabteilung U-Ost in Kiel, für U 456
18.09.1941–30.06.1942	Kommandant U 456 / 6. U-Flottille
01.07.1942–30.11.1942	Kommandant U 456 / 11. U-Flottille
01.12.1942–12.05.1943	Kommandant U 456 / 1. U-Flottille

Verbleib:
† 12.05.1943 im Nordatlantik

Feindfahrten (U-Boote):

29.03.1941–18.04.1941	als I. Wachoffizier U 94
29.04.1941–04.06.1941	als I. Wachoffizier U 94
31.01.1942–15.02.1942	als Kommandant U 456
24.02.1942–22.03.1942	als Kommandant U 456
29.03.1942–02.04.1942	als Kommandant U 456
07.04.1942–20.04.1942	als Kommandant U 456
29.04.1942–12.05.1942	als Kommandant U 456
25.06.1942–06.07.1942	als Kommandant U 456
04.08.1942–27.09.1942	als Kommandant U 456
23.11.1942–04.12.1942	als Kommandant U 456
13.01.1943–26.02.1943	als Kommandant U 456
24.04.1943–12.05.1943	als Kommandant U 456

Beförderungen:

26.09.1934	Seekadett (Ernennung)
01.07.1935	Fähnrich zur See
01.01.1937	Oberfähnrich zur See
01.04.1937	Leutnant zur See

01.04.1938	Oberleutnant zur See
01.12.1941	Kapitänleutnant

Orden und Ehrenzeichen (Auszeichnungen):

01.04.1938	Dienstauszeichnung IV. Klasse
15.12.1939	Eisernes Kreuz II. Klasse
15.01.1940	Medaille zur Erinnerung an den 01.10.1938 (Sudetenmedaille)
19.10.1940	Zerstörerkriegsabzeichen
07.06.1941	U-Boots-Kriegsabzeichen 1939
07.06.1941	Eisernes Kreuz I. Klasse
04.05.1942	Nennung im Wehrmachtsbericht
19.12.1943	Ritterkreuz des Eisernen Kreuzes (posthum)

Lothar Nerlich

Lebenslauf:
* 23.06.1918 in Marne i./Holstein
† 12.05.1943 im Nordatlantik

03.04.1937	Eintritt in die Kriegsmarine als Ingenieuranwärter (Crew 37a)
03.04.1937–15.06.1937	Infanterieausbildung 3. Kompanie / II. Schiffsstammabteilung der Ostsee, Stralsund (Dänholm)
16.06.1937–23.09.1937	Werkstatt-Ausbildung an Marineschule, Flensburg-Mürwik
24.09.1937–27.04.1938	praktische Bordausbildung auf Linienschiff »Schleswig-Holstein«
28.04.1938–25.11.1938	Ingenieurlehrgang für Fähnriche an Marineschule, Flensburg-Mürwik
26.11.1938–04.01.1939	Infanterielehrgang für Fähnriche

	bei 7. Schiffsstammabteilung, Stralsund
05.01.1939–02.04.1939	Werkstatt-Lehrgang für Fähnriche an Marineschule, Kiel
03.04.1939–29.09.1939	Bordausbildung Aviso »Grille« (Führeryacht)
30.09.1939–31.03.1940	Ingenieursoffiziersberufslehrgang an Marineschule, Kiel
01.04.1940	Ingenieursoffiziersberufsprüfung
02.04.1940–18.07.1940	Marineschule, Wesermünde
19.07.1940–27.07.1940	z. Vfg. des Befehlshabers der U-Boote (B. d. U.)
28.07.1940–27.09.1940	U-Ausbildungslehrgang bei 1. U-Boot-Lehrdivision, Neustadt i./Holstein
28.09.1940–28.10.1940	Leitender Ingenieurschüler bei 24. U-Flottille, zuerst Danzig dann Memel
29.10.1940–18.11.1940	Leitender Ingenieur bei 1. U-Flottille, Kiel
19.11.1940–29.06.1941	Leitender Ingenieur bei 21. U-Flottille, Pillau
30.06.1941–17.09.1941	Baubelehrung für U 456, Deutsche Werke Kiel, bei Kriegsschiffbaulehrabteilung (K. L. A.) U-Ost in Kiel
18.09.1941–30.06.1942	Leitender Ingenieur U 456 / 6. U-Flottille
01.07.1942–30.11.1942	Leitender Ingenieur U 456 / 11. U-Flottille
01.12.1942–12.05.1943	Leitender Ingenieur U 456 / 1. U-Flottille

Verbleib:

† 12.05.1943 im Nordatlantik

Feindfahrten (U-Boote):

31.01.1942–15.02.1942	als Leitender Ingenieur U 456
24.02.1942–22.03.1942	als Leitender Ingenieur U 456
29.03.1942–02.04.1942	als Leitender Ingenieur U 456
07.04.1942–20.04.1942	als Leitender Ingenieur U 456
29.04.1942–12.05.1942	als Leitender Ingenieur U 456
25.06.1942–06.07.1942	als Leitender Ingenieur U 456
04.08.1942–27.09.1942	als Leitender Ingenieur U 456
23.11.1942–04.12.1942	als Leitender Ingenieur U 456
13.01.1943–26.02.1943	als Leitender Ingenieur U 456
24.04.1943–12.05.1943	als Leitender Ingenieur U 456

Beförderungen:

21.09.1937	Kadett (Ing.) (Ernennung)
01.05.1938	Fähnrich (Ing.)
01.07.1939	Oberfähnrich (Ing.)
01.08.1939	Leutnant (Ing.)
01.09.1941	Oberleutnant (Ing.)

Orden und Ehrenzeichen:

Eisernes Kreuz II. Klasse
U-Boots-Kriegsabzeichen 1939
Eisernes Kreuz I. Klasse

Rudolf Zorn

Lebenslauf:

* 20.07.1917 in Ochsenfurt / Franken

† 07.01.1945 für vermisst erklärt (Nordatlantik, nördlich von England)

09.10.1937	Eintritt in die Kriegsmarine als Seeoffiziersanwärter (Crew 37b)
09.10.1937–27.02.1938	Infanterieausbildung bei II. Schiffsstammabteilung der Ostsee, Stralsund
28.02.1938–30.06.1938	praktische Bordausbildung auf Segelschulschiff »Albert Leo Schlageter«
01.07.1938–12.03.1939	praktische Bordausbildung auf Linienschiff »Schlesien«
13.03.1939–29.09.1939	Hauptlehrgang für Fähnriche an Marineschule, Flensburg-Mürwik
30.09.1939–30.11.1939	Torpedolehrgang für Fähnriche an Torpedoschule

01. 12. 1939 – 09. 04. 1940	kommandiert auf Schweren Kreuzer »Blücher«
10. 04. 1940 – 05. 07. 1940	Adjutant beim Kdt. der Seeverteidigung, Oslofjord
06. 07. 1940 – 06. 01. 1941	Chef der C-Gruppe bei Hafenschutzflottille, Oslofjord
07. 01. 1941 – 02. 02. 1941	z. Vfg. des Befehlshabers der U-Boote (B. d. U.) U-Boots-Wachoffizier (U. W. O.)-Lehrgang
03. 02. 1941 – 01. 03. 1941	U-Boots-Torpedolehrgang an Torpedoschule, Flensburg-Mürwik
02. 03. 1941 – 29. 03. 1941	U-Boots-Nachrichtenlehrgang an Nachrichtenschule, Mürwik
30. 03. 1941 – 26. 04. 1941	U-Boots-Artillerielehrgang an Schiffsartillerieschule (S. A. S.), Saßnitz / Rügen
27. 04. 1941 – 14. 06. 1941	U-Ausbildungslehrgang bei 2. U-Boot-Lehrdivision (2. U. L. D.), Gotenhafen
15. 06. 1941 – 11. 08. 1941	U-Ausbildungslehrgang bei 2. U-Ausbildungsabteilung (2. U. A. A.), Neustadt i./Holstein
12. 08. 1941 – 17. 09. 1941	Baubelehrung für U 456, Deutsche Werke Kiel, bei Kriegsschiffbaulehrabteilung (K. L. A.) U-Ost in Kiel
18. 09. 1941 – 30. 06. 1942	I. Wachoffizier U 456 / 6. U-Flottille
01. 07. 1942 – 14. 10. 1942	I. Wachoffizier U 456 / 11. U-Flottille
15. 10. 1942 – 14. 11. 1942	Kommandanten-Schießlehrgang bei 24. U-Flottille, Memel

15.11.1942–20.08.1943	Kommandant U 29 / 24. U-Flottille / Memel
21.08.1943–14.11.1943	Kommandant U 416 / 23. U-Flottille / Danzig
15.11.1943–16.07.1944	Kommandant U 382 / 7. U-Flottille / St. Nazaire (Seit Mai 1944 führte Oberleutnant zur See Ernst-August Gerke U 382 in Vertretung)
17.07.1944–07.01.1945	Kommandant U 650 / 7. und 11. U-Flottille

Verbleib:
Seit 09.12.1944 im Nordatlantik, nördlich von England, verschollen. U 650 lief am 09.12.1940 von Bergen aus und kehrte nicht zurück. Nachdem von U 650 keine weitere Meldung mehr einging, wurde es mit Wirkung vom 07.01.1945 als vermisst erklärt. U 650 war Totalverlust. 47 Tote.

Feindfahrten (U-Boote):

31.01.1942–15.02.1942	als I. Wachoffizier U 456
24.02.1942–22.03.1942	als I. Wachoffizier U 456
29.03.1942–02.04.1942	als I. Wachoffizier U 456
07.04.1942–20.04.1942	als I. Wachoffizier U 456
29.04.1942–12.05.1942	als I. Wachoffizier U 456
25.06.1942–06.07.1942	als I. Wachoffizier U 456
04.08.1942–27.09.1942	als I. Wachoffizier U 456
08.12.1943–26.01.1944	als Kommandant U 382
12.08.1944–17.08.1944	als Kommandant U 650
22.08.1944–22.09.1944	als Kommandant U 650
26.11.1944–03.12.1944	als Kommandant U 650
09.12.1944–07.01.1945	als Kommandant U 650

Beförderungen:
Seekadett (Ernennung)

Fähnrich zur See
Oberfähnrich zur See
Leutnant zur See

01.04.1942	Oberleutnant zur See
01.04.1944	Oberleutnant zur See zur Verwendung

Rudolf Zorn wurde mit Wirkung vom 31.03.1944 aus dem aktiven Wehrdienst entlassen und am 01.04.1944 zur Verfügung der Kriegsmarine gestellt und mit dem gleichen Tage, aufgrund des Wehrgesetzes, zum aktiven Wehrdienst einberufen.

Orden und Ehrenzeichen:

20.04.1940	Eisernes Kreuz II. Klasse
20.04.1942	U-Boots-Kriegsabzeichen 1939
13.07.1942	Flotten-Kriegsabzeichen
25.07.1942	Eisernes Kreuz I. Klasse
1944	U-Frontspange in Bronze

Wolfgang Leu

Lebenslauf:
* 06.07.1917 in Kaltennordheim / Thüringen
† 24.05.1944 im Nordmeer / Höhe Drontheim

09.10.1937	Eintritt in die Kriegsmarine als Seeoffiziersanwärter (Crew 37b)
09.10.1937–27.02.1938	Infanterieausbildung bei 2. Kompanie / II. Schiffsstammabteilung der Ostsee, Stralsund
28.02.1938–30.06.1938	praktische Bordausbildung auf Segelschulschiff »Albert Leo Schlageter«
01.07.1938–15.03.1939	praktische Bordausbildung auf Leichtem Kreuzer »Emden«
16.03.1939–29.09.1939	Hauptlehrgang für Fähnriche (4. Fähnrichskompanie) auf Marineschule, Flensburg-Mürwik, während dieser Zeit:
21.08.1939–29.08.1939	Belehrungsfahrt auf der Nordsee

30.09.1939–30.11.1939	Torpedolehrgang für Fähnriche (4. Fähnrichskompanie) an Torpedoschule, Mürwik
01.12.1939–31.01.1940	kommandiert auf Zerstörer »Z-13 Erich Koellner«
01.02.1940–30.09.1940	Beobachterlehrgang an Fliegerwaffenschule (See) auf Bug / Rügen
01.10.1940–14.12.1940	kommandiert zur Fliegerergänzungsgruppe (See) in Kamp
15.12.1940–29.03.1942	Beobachter bei 1. Staffel / Küstenfliegergruppe 406
30.03.1942–07.06.1942	U-Boots-Wachoffizier (U.W.O.)-Lehrgang bei 1. U-Boot-Lehrdivision, Neustadt i./Holstein und Pillau
08.06.1942–02.08.1942	U-Boots-Torpedolehrgang an Torpedoschule, Flensburg-Mürwik
03.08.1942–29.08.1942	U-Boots-Nachrichtenlehrgang an Nachrichtenschule, Mürwik
30.08.1942–29.09.1942	U-Boots-Artillerielehrgang an Schiffsartillerieschule (S.A.S.), Saßnitz / Rügen
30.09.1942–30.11.1942	I. Wachoffizier U 456 / 11. U-Flottille in Bergen
01.12.1942–07.03.1943	I. Wachoffizier U 456 / 1. U-Flottille in Brest
08.03.1943–14.03.1943	Lehrgang am F-Gerät bei 2. U-Boot-Ausbildungsabteilung, Neustadt i./Holstein
15.03.1943–19.04.1943	Kommandanten-Schießlehrgang bei 24. U-Flottille, Memel
20.04.1943–29.05.1943	Baubelehrung bei 5. Kriegs-

	schiffbaulehrabteilung (K. L. A.), Rostock
30.05.1943–24.05.1944	Kommandant U 921 / 8. U-Flottille

Verbleib:
In den Mittagsstunden des 24. Mai 1944 sichtete ich auf meiner Wache eine »Catalina« an Steuerbord und gab Alarm. Nach dem Wegtauchen wurde dem Kommandanten ein entschlüsselter Funkspruch gereicht, der besagte, dass das Kameradenboot U 476 in der Nähe durch Fliegerbomben tauchunklar gebombt worden sei. U 921 wurde befohlen, sofort darauf zuzuhalten, um eventuell die Besatzung von U 476 zu retten. Leu befahl aufzutauchen, und die Fliegerabwehrkanonen wurden besetzt, denn über dem Boot kreiste bereits ein »Sunderland«-Flugboot, das auch sofort angriff. Mit dreimal »AK« und Hartruderlage entkamen wir knapp den Bombenwürfen. Beim Abdrehen zu einem neuen Anflug auf uns wurde die Maschine durch unsere 2-cm-Zwillingsflak abgeschossen, obwohl die achtere 3,7 cm-Flak versagt hatte. Nach Ende des Krieges stellte sich heraus, dass es sich bei der von U 921 abgeschossenen Maschine um die »Sunderland« ›R‹ der kanadischen 422. Squadron handelte. Wir nahmen sofort wieder Kurs auf die befohlene Position. Kurz danach sichteten wir eine weitere »Sunderland«, die uns sofort anflog. Ebenso wie zuvor entgingen wir nur knapp ihren Bombenwürfen. Auch bei diesem Anflug war die 3,7 cm-Flak nicht klar zu bekommen. Die 2-cm-Geschosse blieben an dem Flugboot wirkungslos, zudem schoss sie mit ihren Bordkanonen zurück. Dabei wurde der Matrosengefreite Wolfgang Dürr am Hals schwer verwundet, und ich bekam zwei Schüsse durch meinen Oberarm und einen Streifschuss am Bein. Der Kommandant ließ mich durch den III. WO (Obersteuermann) ablösen. Notdürftig wurde ich unter Deck verbunden. Da der Beschuss durch die »Sunderland« immer unerträglicher wurde, befahl Wolfgang Leu zu tauchen.

Mit »Alarm Fluten« ging es unter Wasser. Kurz darauf hörte ich undeutlich die Durchgabe »Kommandant über Bord«. Das Boot tauchte mit hoher Lastigkeit weg, so dass wir zunächst glaubten, wir würden absaufen. Der I. WO Hans-Joachim Neumann ließ trotz der Fliegergefahr sofort anblasen und auftauchen, um nach dem Kommandanten zu suchen. Dies war jedoch vergeblich, und die Suche nach ihm in der rauen See blieb erfolglos.

Mir wurde später gesagt, dass durch die vorangegangenen Fliegerangriffe der Tauchvorgang sehr schnell verlief, so dass sich der Kommandant während des Unterschneidens des Bootes noch außerhalb befand. Um dem Boot ein sicheres Tauchen zu ermöglichen, schloss er das Turmluk von außen, weshalb er außenbords blieb. Wolfgang Leu hatte somit der Besatzung seines Bootes durch sein selbstloses Verhalten das Leben gerettet. Das Boot wurde zum Rückmarsch nach Drontheim befohlen. Dabei wurden wir dauernd von Flugzeugen unter Wasser gedrückt, so dass wir kurz vor der Küste keine Pressluft mehr hatten. Mit großer Mühe erreichten wir dann doch noch den Hafen von Drontheim. Dort wurde ich ins Lazarett eingeliefert, in dem der schwer verwundete Wolfgang Dürr nach zwei Tagen verstarb. Durch meine Verwundung war für mich der Krieg zu Ende. Ich hatte nicht nur den Kommandanten verloren, sondern auch meinen besten Freund. Wir waren zusammen auf U 456 gefahren. Er als I. WO und ich als Fähnrich auf seiner Wache. Nach der Indienststellung von U 921 hatte er durch seine Verbindungen beim Personalbüro des kommandierenden Admirals der Unterseeboote, von Friedeburg, veranlasst, dass sein II. WO abgelöst und durch mich ersetzt wurde. Ich war dann derjenige, der den Tod des Kommandanten dessen Mutter schildern musste.

(Bericht von Rainer Lang – II. Wachoffizier U 921)

Feindfahrten (U-Boote):

23.11.1942–04.12.1942	als I. Wachoffizier U 456
13.01.1943–26.02.1943	als I. Wachoffizier U 456
18.05.1944–24.05.1944	als Kommandant U 921

Beförderungen:

Seekadett (Ernennung)

01.04.1939	Fähnrich zur See
01.03.1940	Oberfähnrich zur See
01.05.1940	Leutnant zur See
01.04.1942	Oberleutnant zur See

Orden und Ehrenzeichen:

14.05.1941	Eisernes Kreuz II. Klasse
23.05.1941	Frontflugspange für Aufklärer in Bronze
25.07.1941	Frontflugspange für Aufklärer in Silber
23.10.1941	Eisernes Kreuz I. Klasse
28.06.1944	U-Boots-Kriegsabzeichen 1939 (posthum)

Adolf Thies

Lebenslauf:
* 29.03.1919 in Eckernförde
† 12.05.1943 im Nordatlantik

Reichsarbeitsdienst:

1938	absolvierte Adolf Thies bei der 6. Kompanie / RAD-Bataillon 70 in Bredstedt/Husum seinen Arbeitsdiensteinsatz (genaue Zeit nicht bekannt).
01.11.1938	Einberufung zur Kriegsmarine
01.11.1938–03.04.1939	Rekrut bei 1. Kompanie / 9. Schiffsstammabteilung, Stralsund
04.04.1939–18.04.1939	bei 2. Kompanie / 11. Schiffsstammabteilung, Stralsund
19.04.1939–30.11.1939	praktische Bordausbildung auf Minensuchboot »M-132«, 1. Minensuchflottille (während des Polenfeldzuges Gefechte bei Hela und Oxhöft)

01.12.1939–01.02.1940	Lehrgang zum Reserveoffizieranwärter bei 5. Kompanie / 3. Marineunteroffizierlehrabteilung (3. M.L.A.), Plön
02.02.1940–04.05.1940	eingeschifft auf Leichten Kreuzer »Nürnberg«
05.05.1940–14.07.1940	Lehrgang zum Reserveoffizieranwärter bei 5. Kompanie / 1. Marineunteroffizierlehrabteilung 1. M.L.A.), Friedrichsort
15.07.1940–29.09.1940	eingeschifft auf Leichten Kreuzer »Nürnberg«
30.09.1940–05.01.1941	Lehrgang zum Reserveoffizieranwärter bei 3. Kompanie / Steuermannsschule, Mürwik
06.01.1941–28.02.1941	U-Schüler bei 1. Kompanie / 2. U-Boot-Lehrdivision (2. U.L.D.), Gotenhafen
01.03.1941–29.03.1941	U-Boots-Torpedolehrgang für U-Bootswachoffiziere an Torpedoschule, Flensburg-Mürwik
30.03.1941–26.04.1941	U-Boots-Nachrichtenlehrgang für U-Bootswachoffiziere an Nachrichtenschule, Mürwik
27.04.1941–24.05.1941	U-Boots-Artillerielehrgang an Schiffsartillerieschule (S.A.S.), Kiel
25.05.1941–11.08.1941	U-Lehrgang bzw. Durchgang 1. U-Bootausbildungsabteilung (1. U.A.A.), Plön
12.08.1941–17.09.1941	Baubelehrung für U 456, Deutsche Werke Kiel, bei Kriegsschiffbaulehrabteilung (K.L.A.) U-Ost, Kiel

18.09.1941–30.06.1942	II. Wachoffizier U 456 / 6. U-Flottille
01.07.1942–30.11.1942	II. Wachoffizier U 456 / 11. U-Flottille
01.12.1942–07.03.1943	II. Wachoffizier U 456 / 1. U-Flottille
08.03.1943–12.05.1943	I. Wachoffizier U 456 / 1. U-Flottille

Verbleib:
† 12.05.1943 im Nordatlantik

Feindfahrten (U-Boote):

31.01.1942–15.02.1942	als II. Wachoffizier U 456
24.02.1942–22.03.1942	als II. Wachoffizier U 456
29.03.1942–02.04.1942	als II. Wachoffizier U 456
07.04.1942–20.04.1942	als II. Wachoffizier U 456
29.04.1942–12.05.1942	als II. Wachoffizier U 456
25.06.1942–06.07.1942	als II. Wachoffizier U 456
04.08.1942–27.09.1942	als II. Wachoffizier U 456
23.11.1942–04.12.1942	als II. Wachoffizier U 456
13.01.1943–26.02.1943	als II. Wachoffizier U 456
24.04.1943–12.05.1943	als I. Wachoffizier U 456

Beförderungen:

01.10.1939	Matrosengefreiter
02.02.1940	überzähliger Bootsmannsmaat
01.07.1940	planmäßiger Bootsmannsmaat
01.10.1940	Bootsmannsmaat der Reserve (Umernennung)
01.10.1941	Leutnant zur See der Reserve, mit RDA vom 01.07.1941

Orden und Ehrenzeichen:
Eisernes Kreuz II. Klasse
U-Boots-Kriegsabzeichen 1939

Werner Stockmayer

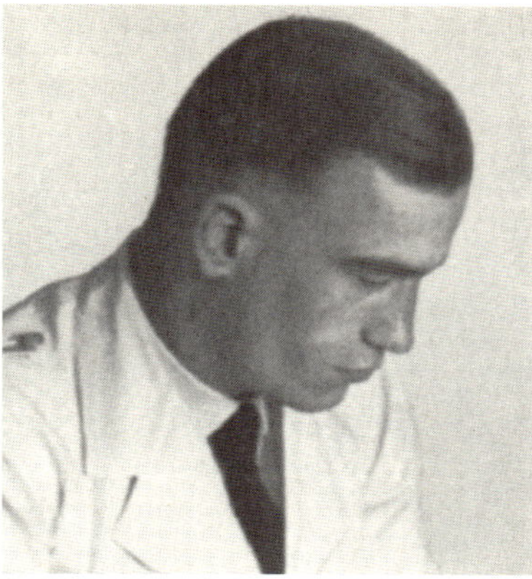

Lebenslauf:
* 11.10.1917 in Stuttgart
† 12.05.1943 im Nordatlantik

Reichsarbeitsdienst:

05.04.1938–11.08.1938	Einheit 4./292 in Regensburg
12.08.1938–21.09.1938	Einheit 1./292 in Wolkering – Eintritt in die Kriegsmarine Seeoffiziersanwärter (Crew 38)
01.10.1938–27.02.1939	Infanterieausbildung bei 1. Kompanie / 7. Schiffsstammabteilung, Stralsund
28.02.1939–01.07.1939	praktische Bordausbildung auf Segelschulschiff »Gorch Fock«
02.07.1939–12.09.1939	praktische Bordausbildung auf Leichtem Kreuzer »Emden«
13.09.1939–14.10.1939	Fortsetzung der Bordausbildung bei 4. Kompanie / 3. Marineunteroffizierlehrabteilung, Stralsund

15.10.1939–01.03.1940	Hauptlehrgang für Fähnriche an Marineschule, Flensburg-Mürwik
02.03.1940–30.04.1940	Torpedolehrgang für Fähnriche an Torpedoschule, Mürwik
01.05.1940–30.03.1941	Wachoffizier auf U-Jäger »UJ-115«, 11. U-Jagdflottille
31.03.1941–30.05.1941	Kommandant bei Schneller Unterseeboots-Jagdgruppe, Wilhelmshaven
31.05.1941–01.08.1942	kommandiert zum Küstenführungsverband Westküste
02.08.1942–27.09.1942	U-Boots-Wachoffizier (U. W. O.)-Lehrgang bei 1. U-Boot-Lehrdivision in Neustadt i./Holstein und Pillau
28.09.1942–23.11.1942	U-Boots-Torpedolehrgang an Torpedoschule, Flensburg-Mürwik
24.11.1942–06.01.1943	U-Boots-Nachrichtenlehrgang bei 6. Kompanie / Marine-Nachrichtenschule Flensburg-Mürwik
07.01.1943–01.02.1943	U-Boots-Artillerielehrgang an Schiffsartillerieschule (S. A. S.) Saßnitz / Rügen
02.02.1943–22.02.1943	U-Boots-Flaklehrgang an Marineflakschule I, Swinemünde
23.02.1943–07.03.1943	z. Vfg. 1. U-Flottille, Brest
08.03.1943–12.05.1943	II. Wachoffizier U 456 / 1. U-Flottille, Brest

Verbleib:

† 12.05.1943 im Nordatlantik

Feindfahrten (U-Boote):

24.04.1943–12.05.1943 als II. Wachoffizier U 456

Beförderungen:

01.07.1939 Seekadett (Ernennung)
01.12.1939 Fähnrich zur See
01.08.1940 Oberfähnrich zur See
01.04.1941 Leutnant zur See
01.04.1943 Oberleutnant zur See

Orden und Ehrenzeichen:

31.08.1942 Eisernes Kreuz II. Klasse

Raimund (Rainer) Franz Xaver Lang

Lebenslauf:

* 31.08.1922 in München

01.05.1941	Eintritt in die Kriegsmarine als Seeoffiziersanwärter (Crew V/41)
01.05.1941–31.07.1941	Infanterieausbildung bei 7. Schiffsstammabteilung, Stralsund
01.08.1941–17.10.1941	kommandiert zur 34. Minensuchflottille
18.10.1941–31.01.1942	kommandiert zur 8. Minensuchflottille
01.02.1942–31.07.1942	Hauptlehrgang für Fähnriche bei Marineschule, Flensburg-Mürwik
01.08.1942–31.10.1942	kommandiert zur 8. Räumbootflottille
01.11.1942–30.11.1942	als Fähnrich zur See auf U 456, 11. U-Flottille

01.12.1942–28.03.1943	als Fähnrich zur See auf U 456, 1. U-Flottille
29.03.1943–06.06.1943	U-Boots-Wachoffizier (U. W. O.)-Lehrgang bei U. L. D.
07.06.1943–01.08.1943	U-Boots-Torpedolehrgang an Torpedoschule, Mürwik
02.08.1943–05.09.1943	U-Boots-Nachrichtenlehrgang an der Nachrichtenschule, Mürwik
06.09.1943–25.09.1943	U-Boots-Flaklehrgang an Flakschule I, Swinemünde
26.09.1943–31.05.1944	II. Wachoffizier U 921, 8. U-Flottille, ab 01.06.1944 13. U-Flottille, Drontheim
24.05.1944	Verwundung im Nordmeer auf U 921.
Ab 26.05.1944	Lazarett Drontheim
01.06.1944–30.11.1944	Lazarette in Oslo, Greifswald und München
01.12.1944–31.12.1944	Reservelazarett Rottach-Egern
01.01.1945–Kriegsende	U-Boot-Erholungsheim Bad Wiessee

Feindfahrten (U-Boote):

23.11.1942–04.12.1944	als Fähnrich zur See auf U 456
13.01.1943–26.02.1943	als Fähnrich zur See auf U 456
18.05.1944–26.05.1944	als II. Wachoffizier auf U 921

Beförderungen:

01.10.1941	Seekadett (Ernennung)
20.04.1942	Fähnrich zur See
01.05.1943	Oberfähnrich zur See
01.11.1943	Leutnant zur See
20.04.1945	Oberleutnant zur See

Orden und Ehrenzeichen:

16.05.1943 Minensuchabzeichen
28.06.1944 U-Boots-Kriegsabzeichen 1939
22.09.1944 Eisernes Kreuz II. Klasse
22.09.1944 Verwundetenabzeichen in Silber

Besatzungsliste U 456 von 1941

Offiziere:

Kommandant: Kapitänleutnant Max-Martin Teichert
Leitender Ingenieur: Oberleutnant (Ing.) Lothar Nerlich
I. Wachoffizier: Leutnant zur See Rudolf Zorn
II. Wachoffizier: Leutnant zur See der Reserve Adolf Thies

Seemännisches Personal:

Steuermann und III. WO: Obersteuermann Herbert Bieselt
Seemännische Nr. 1: Oberbootsmaat Erich Mollenhauer
Seemännische Nr. 2: Bootsmaat Willi Wohlers
Seemännische Nr. 3: Bootsmaat Herbert Funk

Matrosengefreiter Heinz Bender (Smutje–Koch)
Matrosengefreiter Friedrich Ruf
Matrosengefreiter Heinz Altmann
Matrosengefreiter Heinz Huck
Matrosengefreiter Paul Chwastek
Matrosengefreiter Robert Becker
Matrosengefreiter Rudolf Henschker
Matrosengefreiter Georg Malek
Matrosengefreiter Karl Behrhorst
Matrose I Georg Lütjen

Funkpersonal:

Funkmaat Fritz Urbild
Funkmaat Gerhard Jaeck
Funkgefreiter Leonhard Dietrich
Funkgefreiter Georg Schreiber

Torpedomechanikerpersonal:

Mechanikermaat Walter Schöttke
Mechanikergefreiter Günter Zimmermann
Mechanikergefreiter Kurt Rebs

Maschinenpersonal:

Obermaschinist Otto Kühner (D)
Obermaschinist Hermann Paul (E)

Obermaschinenmaat Heinz Tietz (E)
Maschinenmaat Rudolf Huch (D)
Maschinenmaat Paul Friedrich
Maschinenmaat Erich Draheim (Z)
Maschinenmaat Albert Böker

Maschinengefreiter Erhard Schmelzer (Z)
Maschinengefreiter Heinz Sikau (Z)
Maschinengefreiter Heinz Steeger (E)
Maschinengefreiter Fritz Rumpel
Maschinengefreiter Martin Steiner (E)
Maschinengefreiter Johannes Sträter
Maschinengefreiter Herbert Staudt (D)
Maschinengefreiter Bernhard Putkowski (D)
Maschinengefreiter Hans Gutzmann
Maschinengefreiter Fritz Stolte (D)
Maschinengefreiter Werner Streese (D)

* (D) = Dieselmotoren
* (E) = Elektro-Motoren
* (Z) = Zentrale

Bis zum 20.11.1942 vollzogen sich folgende Veränderungen an Personal auf U 456:

Abkommandiert wurden:
Oberleutnant zur See Rudolf Zorn
Oberbootsmaat Willi Wohlers
Obermaschinenmaat Heinz Tietz
Maschinenmaat Albert Böker
Funkmaat Gerhard Jaeck
Maschinengefreiter Heinz Steeger
Maschinengefreiter Herbert Staudt
Maschinengefreiter Erhard Schmelzer
Maschinengefreiter Werner Streese
Matrosengefreiter Heinz Altmann
Matrosengefreiter Paul Chwastek
Mechanikergefreiter Kurt Rebs

Neu an Bord kommandiert wurden:
Oberleutnant zur See Wolfgang Leu
Fähnrich zur See Hans Gerlach
Fähnrich zur See Raimund Lang
Bootsmaat Johann Wecklein
Maschinenmaat Heinrich Hasse
Maschinenmaat Gustav Bösel
Funkmaat Edgar Eisenbarth
Matrosengefreiter Werner Senger
Matrosengefreiter Hans Scharmann
Maschinengefreiter Adolf Pfaff
Maschinengefreiter Wilhelm Kreutzer
Maschinengefreiter Georg Piosczyk
Maschinengefreiter Ewald Moll
Mechanikergefreiter Rolf Wentzel

Letzte Besatzung U 456

Offiziere:
Kommandant: Kapitänleutnant Max-Martin Teichert
Leitender Ingenieur: Oberleutnant (Ing.) Lothar Nerlich
I. Wachoffizier: Leutnant zur See der Reserve Adolf Thies
II. Wachoffizier: Oberleutnant zur See Werner Stockmayer

Fähnriche:
Oberfähnrich (Ing.) Joachim Bothe
Fähnrich zur See Horst Romig
Fähnrich zur See Hans Thurmann

Oberfeldwebel:
Steuermann und III. WO: Obersteuermann Herbert Bieselt
Seemännische Nr. 1: Bootsmann Erich Mollenhauer
Dieselmaschinist: Obermaschinist Otto Kühner
E-Maschinist: Obermaschinist Hermann Paul

Unteroffiziere:
Oberbootsmaat Johann Wecklein
Bootsmaat Herbert Funk

Funkmaat Edgar Eisenbarth
Funkmaat Josef Moser

Mechanikermaat Walter Schöttke

Obermaschinenmaat Gustav Bösel
Obermaschinenmaat Erich Draheim
Obermaschinenmaat Paul Friedrich
Maschinenmaat Erich Allmenröder
Maschinenmaat Robert Schimanek
Maschinenmaat Walter Schmidtke

Mannschaften:

Matrosenobergefreiter Robert Becker
Matrosenobergefreiter Karl Behrhorst
Matrosenobergefreiter Heinz Huck
Matrosenobergefreiter Georg Lütjen
Matrosenobergefreiter Eduard Maier
Matrosenobergefreiter Georg Malek
Matrosenobergefreiter Friedrich Ruf
Matrosengefreiter Kurt Hoppe
Matrosengefreiter Hermann Leitzke
Matrosengefreiter Hans Scharmann
Matrosengefreiter Eduard Schruff

Funkobergefreiter Heinz Schaper
Funkobergefreiter Georg Schreiber

Mechanikergefreiter Otto Felske
Mechanikergefreiter Rolf Wentzel

Maschinenobergefreiter Hans Gutzmann
Maschinenobergefreiter Wilhelm Kreutzer
Maschinenobergefreiter Ewald Moll
Maschinenobergefreiter Walter Pfabe
Maschinenobergefreiter Adolf Pfaff
Maschinenobergefreiter Bernhard Rutkowski
Maschinenobergefreiter Martin Steiner
Maschinenobergefreiter Fritz Stolte
Maschinenobergefreiter Johannes Sträter
Maschinengefreiter Karl Franck
Maschinengefreiter Gerhard Maier
Maschinengefreiter Georg Piosczyk

Anlage 2 –

Bericht von Kapitänleutnant Teichert zur Torpedierung des britischen Kreuzers »Edinburgh« (Zusatz zum KTB Nr. 5 von U 456)

U 456 (Teichert)

Anlage zu Adm. Nordmeer Gkdos. 1333/42
Anlage zu Gruppe Nord
Buch-Nr. Gkdos. ...

Zusatz zum K.T.B. Nr. 5.

I.) Zu der Frage Fühlunghalten oder eigener Angriff, die zu Meinungsverschiedenheiten geführt hat, habe ich folgendes zu bemerken:

1.) Das Wiederfinden eines einmal verlorenen Gegners im Nordmeer ist wenig wahrscheinlich. Es war mit dem Ansatz der Luftwaffe und eigener Zerstörer zu rechnen; außerdem war "U 88" in der Nähe. Die Erfolgsaussichten eines eigenen Angriffes waren sehr gering, weil

a) der Kreuzer keinen geraden Kurs und wechselnde Fahrt steuerte,

b) in jedem Falle mindestens 2 Stunden getaucht angelaufen werden mußte, in welcher Zeit der Gegner seinen Standort in unbestimmter Richtung verändert haben mußte,

c) das unklare Standsehrohr keinen Überblick über die Lage gegeben hätte. Es hätte nach Horchpeilung gefahren werden müssen, (Kreuzer war nicht zu hören, nur Zerstörer) und der Angriff mit dem Zentralesehrohr gefahren werden müssen.

2.) Es hätte selbstverständlich eine geringe Erfolgsmöglichkeit gegeben. Deshalb wurde am 1.5. mittags, nachdem die Luftwaffe ausgeblieben war, um Angriffsfreiheit ersucht.

3.) Solange jedoch eine Möglichkeit bestand, das Schiff mit größerer Wahrscheinlichkeit zu erledigen (Zerstöreransatz), durfte die Fühlung durch meinen Angriff nicht verloren gehen. So habe ich auch das Angriffsverbot verstanden. Bei sich bietender Gelegenheit hätte ich diese selbstverständlich sofort ausgenutzt, natürlich unter Aufgabe der Fühlunghaltermeldungen. (U.Kdt.Hdb.Nr. 384)

4.) Der Auftrag, Fühlung zu halten, durfte selbstverständlich bei sich bietender Gelegenheit den eigenen Angriff nicht ausschließen. Die Entscheidung mußte beim Kommandanten liegen.

II.) Versenkung des Kreuzers:

1.) Der Kreuzer konnte nach der Torpedierung seinen Weg mit geringer Fahrt fortsetzen. Wegen der durch Ausfall der Ruderanlage bedingten wechselnden Kurse des Kreuzers fiel der zweite Angriff aus.

2.)

Anlage 9 zu 1/Skl. 1248/42 Gkdos

Zusatz zum Kriegstagebuch Nr. 5 – Seite 1

2.) Es besteht die Möglichkeit, daß der Kreuzer am 2.5. 0702 Uhr einen Torpedotreffer eines Zerstörers erhalten hat, der allerdings das Sinken des Kreuzers nicht unmittelbar zur Folge hatte.

3.) [„U 456" befand sich zwischen 0700 und 0850 Uhr in großer Nähe des Kreuzers. Gesehen wurde nichts, da wegen des Zerstörgefechts auf 30 m Tauchtiefe gefahren wurde (Sehrohrstörung). Zwischen etwa 0800 Uhr und 0852 Uhr muß an der Versenkung des Kreuzers gearbeitet sein. Obwohl alle Anzeichen einer Waboverfolgung vorhanden waren, erscheint es rückblickend nicht ausgeschlossen, daß die Wabos der Selbstversenkung des Kreuzers gegolten haben, da sich das Boot während dieser Zeit in unmittelbarer Nähe des Kreuzers befunden hat. (Zugegebene Selbstversenkung des Kreuzers "Edinburgh" am 7.5. durch brit. Admiralität). Die Wahrscheinlichkeit einer Waboverfolgung bleibt nach wie vor bestehen (Ölspur ?).

4.) Damit kann m.E. "U 456" den Kreuzer "Edinburgh" als Versenkungserfolg beanspruchen.]

Zusatz zum Kriegstagebuch Nr. 5 – Seite 2

Anlage 3 –

Das Gold des britischen Kreuzers »Edinburgh«
(Eine kurze Chronik)

Der Kreuzer »Edinburgh«

Technische Daten:

Verdrängung:	10 500 tons
Länge:	187 Meter
Breite:	19,4 Meter
Tiefgang:	5,2 Meter
Antrieb:	Getriebeturbinen; 4 Wellen; 80 000 PS
Geschwindigkeit:	32 Knoten
Bewaffnung:	12× 15,2-cm-Kanonen
	(4×3=Drillingstürme)
	12× 10,2-cm-Flakkanonen
	(6×2 = Zwillingsgeschütze)
	16× 4,0-cm-Flakgeschütze
	(2×8 = Zwillingsgeschütze)
	6× 53,3-cm-Torpedorohre
	(2×3 = Drillingsrohre)
	3 Flugzeuge
Panzerung/	
Wasserlinie:	114 mm
	Deck: 51 mm
	Geschütztürme: 25 bis 63 mm
	Besatzung: 850 Mann

Erst nach Ende des Krieges wurde bekannt, dass mit der »Edinburgh« fünf Tonnen Gold auf dem Grund der Barentssee gesunken waren. Es war der Staatsschatz des Zaren, den der britische Kreuzer an Bord hatte. Mit den 465 Goldbarren, die den Doppeladler des Zaren als Siegel hatten, wollte Stalin einen Teil der Waffenlieferungen aus den Vereinigten Staaten bezahlen. Aber der Kreuzer und das Gold erreichten nicht ihr Ziel. In 93 unscheinbaren Kisten verpackt, war das Gold am 25. April 1942 in Murmansk an Bord verstaut worden. Den Inhalt der Kisten kannten nur wenige britische Offiziere und einige sowjetische Regierungsbeamte. Die »Edinburgh« musste auf dem Rückmarsch den Konvoi QP.11 begleiten. Sie gehörte zur Nahsicherung des Geleitzuges und sollte um das Nordkap herum nach Reykjavik auf Island laufen.

Wie bekannt, wurde die »Edinburgh« fünf Tage nach dem Auslaufen durch U 456 torpediert. Der Kreuzer befand sich zu diesem Zeitpunkt etwa 11 Seemeilen vor dem Geleitzug am Rande der Treibeisgrenze. Der Torpedoangriff Teicherts traf den Kreuzer steuerbords. Während der erste Torpedo in die Maschine traf, riss der zweite Treffer einen Teil des Hecks und das Ruder ab. Die »Edinburgh« war kaum noch manövrierfähig, aber der Kommandant des Kreuzers, Captain Hugh Faulkner, versuchte noch, Murmansk zu erreichen. Aber während des Zerstörergefechts vom 02. Mai 1942 wurde die »Edinburgh« noch einmal von einem Torpedo von »Z-25« an der Backbordseite getroffen und war nicht mehr zu halten. Nachdem die Besatzung, unter ihnen Admiral Stuart Bonham-Carter und der Kommandant, die »Edinburgh« verlassen hatten, wurde diese auf Befehl vom eigenen Zerstörer »Foresight« mit dessen letztem Torpedo versenkt. Auch dieser Torpedo traf das bereits waidwund getroffene Kriegsschiff an Backbord. Wenig später kenterte die »Edinburgh« über Backbord und versank innerhalb von zwei Minuten mit dem Heck voran in der eisigen Barentssee. Es war genau 08.52 Uhr am 02. Mai 1942.

Die »Edinburgh« nahm nicht nur das Gold, sondern auch 57 gefallene britische Seeleute mit in die Tiefe des Nordmeers. Der Kreuzer sank nordöstlich von Murmansk auf Position: 72°04' Nord / 35°01' Ost. Er liegt auf 260 Meter Wassertiefe.

Obwohl das britische Kriegsministerium die »Edinburgh« offiziell zum Kriegsgrab erklärte, dessen Ruhe nicht gestört werden durfte, gab man den Gedanken einer Hebung des Goldes nicht auf. Trotzdem schien jahrelang der Goldschatz für immer verloren zu sein, auch als die britische Regierung 1957 ihr Verbot, zum Wrack hinabzutauchen, teilweise lockerte.

Aber erst die neue Tiefseetechnik, die zur Ausbeutung der Öl- und Erdgasfelder in der Nordsee erprobt wurde, ließ das in 260 Metern Tiefe liegende Gold wieder in den Blickpunkt rücken.

1981 schließlich – 39 Jahre nach dem Untergang der »Edinburgh« – erlaubten britische und sowjetische Behörden der englischen Bergungsfirma »Jessop Marine Recoveries«, eine Bergungsaktion einzuleiten.

Mehrere professionelle Schatzsucher aus Großbritannien, Norwegen und der Sowjetunion waren schon zuvor an dem Versuch gescheitert, das Wrack überhaupt zu orten.

Keith Jessop, selbst Taucher, schaltete die schottische Bergungsfirma »Wharton Williams« aus Aberdeen ein. Nach Absprachen mit dem britischen Handelsministerium und der sowjetischen Versicherungsgesellschaft »Ingosstrach« sollte die englische Bergungsfirma »Jessop Marine Recoveries« für die äußerst komplizierten und gefährlichen Arbeiten wegen der beim Gold lagernden Munition 45 Prozent des gefundenen Goldwertes erhalten. Die übrigen 55 Prozent teilten sich die Sowjetunion mit zwei Dritteln (67,68 Prozent) und Großbritannien mit einem Drittel (32,32 Prozent). Die Amerikaner als eigentliche Adressaten waren schon früher von der Versicherung abgefunden worden. Für das Unternehmen mit dem Codenamen »Greyhound« charterte die englische Bergungsfirma das deutsche Bohrinselversorgungsschiff »Dammtor« und das in Lauenburg bei Hamburg gebaute Spezialschiff »Stephaniturm«, das sonst beim Aufbau und der Wartung von Ölplattformen eingesetzt war.

Nach Abschluss der nötigen Installationsarbeiten von technischen Geräten lief am 06. Mai 1981 die »Dammtor« von Kirkenes in die Barentssee aus. Die »Dammtor« wurde zur vermuteten Untergangsposition der »Edinburgh« dirigiert. Dort angelangt, konnte schon nach einigen Stunden mit dem Unterwassersonargerät ein großes eisernes Wrack geortet werden, was sich durch die Videoaufnahmen bestätigte, die auch zeigten, dass der Munitionsraum, in dem das Gold lagerte, unbeschädigt geblieben war. Die »Dammtor« hatte dank ihrer modernen Technikausrüstung innerhalb von kürzester Zeit den Kreuzer gefunden.

Bereits Mitte Mai 1981 traf die »Dammtor« wieder in Kirkenes ein, um dann anschließend nach Peterhead zurückzulaufen. Die Suche nach der »Edinburgh« war äußerst erfolgreich und konnte innerhalb von 14 Tagen abgeschlossen werden.

Mittlerweile gestattete man den Bergungstauchern an dem Kreuzer »Belfast«, einem Schwesterschiff der »Edinburgh«, der in London auf der Themse als Museumsschiff lag, die minutiöse Vorbereitung der Bergungsoperation.

Schließlich verließen am 29. August 1981 das Taucherschiff »Stephaniturm« und die »Dammtor« den schottischen Hafen Peterhead und nahmen Kurs auf die Barentssee.

Der Kommandant des Taucherschiffes war Kapitän Roland Götz. Außer der ihm unterstellten Besatzung und Keith Jessop befanden sich noch 29 Männer der britischen Taucherfirma Wharton-Williams, je ein Unterwasser- und ein Vermessungsexperte, drei Mann von der britischen Presse sowie ein britischer und zwei sowjetische Regierungsvertreter an Bord.

Insgesamt befanden sich 59 Personen auf dem Schiff.

Das Herzstück der »Stephaniturm« war der mittschiffs gelegene Tieftauchkomplex. Er bestand aus einem Druckkammersystem, der Tauchanlage mit Glocke sowie Steuer-, Kontroll- und Rettungseinrichtungen. Die beiden vorhandenen Druckkammern dienten unter einigermaßen normalen Bedingungen zehn Tauchern etwa 20 Tage als Wohn- und Schlafstätte. Am 3. September 1981 traf die »Stephaniturm« im Bergungsgebiet ein. Über der von der »Dammtor« ermittelten Wrackposition wurde die exakte Lage des Wracks der »Edinburgh« aufgezeichnet. Zudem bereiteten sich die zwölf Taucher auf ihre Arbeit in 260 Meter Tiefe vor.

Danach wurde am 4. September von der »Stephaniturm« eine Tauchglocke, besetzt mit drei Tauchern, bis 15 Meter über dem Wrack herabgelassen. Aber im Innern der Glocke herrschte Aufregung, denn durch die Enge behinderten sich die Taucher gegenseitig. Daraufhin brach man den ersten Tauchgang ab und holte die Glocke wieder nach oben.

Nach der Ausschleusung eines Tauchers erfolgte der zweite Abstieg, jetzt war die Glocke nur noch mit zwei Männern besetzt und es verlief alles reibungslos. Zuerst sollte der beste Einstieg erkundet werden. Mit Schneidbrennern wurde dann an der vorgesehenen Stelle vorsichtig eine Öffnung in der Panzerung und der inneren Rumpfwand geschaffen. Es war eine gefährliche Arbeit, schließlich lagen im Arbeitsbereich scharfe Granaten und 250-Pfund-Phosphorbomben. Wegen der starken Zerstörungen, auch im Innern des auf der Seite liegenden Kriegsschiffes, brauchten die Taucher fast zwei Wochen, bis sie sich zur Schatzkammer vorgearbeitet hatten.

Am 17. September wurden die ersten sechs der 465 Goldbarren entdeckt und an Bord der »Stephaniturm« gehievt. Jeder der Goldbarren war mit dem kaiserlichen russischen Adler gestempelt.

Bis zum 5. Oktober konnten 431 Goldbarren geborgen werden, danach mussten wegen der Erschöpfung der Taucher und der einsetzenden Wetterverschlechterung die Bergungsarbeiten abgebrochen werden. Britische und sowjetische Regierungsbeamte wachten über jeden der einzelnen Barren. 34 Goldbarren jedoch konnten nicht aus den unzugänglichen Winkeln des Wracks gehoben werden.

Nach dem Ende der Operation »Greyhound« im Bergungsgebiet am 7. Oktober 1981 lief die »Stephaniturm« nach Murmansk, wo das Schiff am 8. Oktober eintraf. Einen Tag später wurden den Vertretern der Sowjetunion die zustehenden 159 Goldbarren übergeben.

Noch am selben Tag verließ die »Stephaniturm« Murmansk, umrundete das Nordkap, steuerte die norwegische Küste nach Süden entlang und machte am 16. Oktober 1981 in Peterhead fest. Hier wurden die übrigen 272 Goldbarren der Bank von England übergeben. Damit fand die Operation »Greyhound« ihren endgültigen Abschluss.

Inzwischen bestätigte die britische Regierung Anfragen, dass nach wie vor noch 34 Goldbarren im Wrack der »Edinburgh« lägen, das nun für immer zum Kriegsgrab erklärt wurde. Künftig sollte kein Schatzsucher mehr die letzte Ruhestätte der gefallenen britischen Matrosen stören.

2. Goldbergung 1986:

Obwohl nach der Hebung der Goldbarren das Konsortium zur Bergung des Goldes aufgelöst worden war, konnte Keith Jessop eine Verlängerung des sowjetisch-britischen Bergungsvertrags durchsetzen. Die schottische Bergungsfirma Wharton-Williams, die schon 1981 die Taucher stellte, wollte das restliche Gold in eigener Regie aus dem gesunkenen Kreuzer bergen. Zusammen mit Jessop charterte sie im Sommer 1986 das Bergungsschiff »Deepwater 2«, das ähnlich wie die »Stephaniturm« konstruiert war, aber natürlich technisch auf dem neuesten Stand war.

Am 29. August 1986 verließ die Expedition Peterhead. Außer dem Bergungsteam von Wharton-Williams mit neun Tauchern befanden sich drei Gäste an Bord, darunter zwei Vertreter der sowjetischen Regierung und ein Beamter der britischen Regierung.

Schon auf der Hinfahrt zur Untergangsstelle der »Edinburgh« bereiteten sich die Taucher in den Dekompressionskammern auf die Druckverhältnisse in 260 Meter Tiefe vor.

Auch diesmal wurde ohne Zeitverlust die Position der »Edinburgh« erreicht.

Schon am 3. September 1986 begann die Bergungsaktion, und im Unterschied zu 1981 arbeiteten jetzt die Taucher in drei Schichten zu je acht Stunden. Das war nur durchführbar, weil die Taucherglocke der »Deepwater 2« relativ groß und geräumig war. Deshalb konnten sich immer drei Taucher in der Tiefe aufhalten, zwei arbeiteten im Wrack, während einer in der Glocke blieb, um die Versorgungseinheiten zu überwachen.

Trotzdem blieben die Bergungsarbeiten, durch den offiziellen Status der »Edinburgh« als britisches Kriegsgrab, recht schwierig. Den Tauchern war es quasi verboten, an dem Kriegsschiff etwas zu verändern oder zu berühren, was nicht mit der Bergung der Goldbarren in Beziehung stand. So durften zum Beispiel keine neuen Löcher in den Schiffsrumpf getrieben oder außerhalb der Räume, in denen das Gold lagerte, gearbeitet werden.

Die Männer mussten zuerst aus dem Öltank, dann aus der Munitionskammer die Schutt- und Stahltrümmer sowie den Sand herausbekommen. Schließlich wurde die Munitionskammer komplett ausgeräumt, dabei fanden die Taucher 29 Goldbarren, die auf die »Deepwater 2« gebracht wurden. Die restlichen fünf Goldbarren waren nicht mehr auffindbar.

Bereits am 12. September wurde die Aktion abgebrochen.

Die sowjetischen Vertreter von der »Ingosstrach«-Versicherung übernahmen die der Sowjetunion zustehenden 16 Goldbarren, danach wechselten sie ihr Schiff und kehrten nach Murmansk zurück. Die »Deepwater 2« kehrte ebenfalls in ihren Heimathafen Peterhead zurück, wo sie am 18. September 1986 festmachte. Damit ging die Saga über das Gold der H. M. S. »Edinburgh« zu Ende. Das ganze Gold, bis auf fünf Barren, war gehoben worden. Den Kreuzer »Edinburgh« stört wohl keiner mehr in seiner Ruhe, und auch über dem Seemannsgrab der britischen Soldaten wird es in Zukunft still bleiben.

Anlage 4 –

Schliersee – Die Patenstadt

Schliersee war während des II. Weltkrieges Patenstadt von zwei U-Booten: U 456 unter Kapitänleutnant Max-Martin Teichert und U 505 unter der Führung von Kapitänleutnant Peter Zschech. Während die beiden Kampfboote ihre Einsätze im Nordmeer, Atlantik und in der Karibik durchstanden, dachten im fernen Schliersee zahlreiche Bewohner an die tapferen Mannschaften beider U-Boote, die sie zu Freunden gewonnen hatten. Schließlich wussten viele Bürger der Oberlandgemeinde gute Bekannte auf beiden Unterseebooten.

Die Patenschaftsbeziehung zwischen U 456 und Schliersee begann im August 1942 durch regen freundschaftlichen Briefwechsel zwischen dem damaligen Bürgermeister Matheus Dötsch und dem Kommandanten von U 456, Kapitänleutnant Max-Martin Teichert, und seinem Leitenden Ingenieur Oberleutnant (Ing.) Lothar Nerlich. Als in Schliersee schließlich dem Wunsch nach der geplanten Patenschaft stattgegeben wurde, stand einem Besuch der U-Bootbesatzung nichts mehr im Wege.

Immer wieder versuchte die Gemeinde, ihre U-Boot-Männer einzuladen, was bei U 456, nachdem das Boot die 9. Unternehmung beendet hatte, auch gelang. Ab dem 18. März 1943 besuchte der größte Teil der Besatzung von U 456 ihre Patenstadt im Oberland, darunter auch der Kommandant Max-Martin Teichert und seine Offiziere Oberleutnant (Ing.) Lothar Nerlich, Leutnant zur See der Reserve Adolf Thies und Fähnrich (Ing.) Rainer Lang. Nur der I. Wachoffizier Wolfgang Leu fehlte, er war zu dem Zeitpunkt bereits zur Kommandantenausbildung befohlen worden. Auch Rainer Lang wurde während der Feierlichkeiten zur Wachoffizierausbildung abkommandiert.

Nach dem herzlichen Empfang schloss sich am Abend gleich die erste große Feier an. Eine Woche lang kümmerten sich die Schlierseer um ihre U-Boot-Leute und verwöhnten sie.

Als man die Besatzung von U 456 verabschiedete, versprachen die U-Boot-Männer, wieder nach Schliersee zurückzukommen. Sobald wie möglich, gleich nach der nächsten Unternehmung, wollten sie ihrer Patenstadt einen erneuten Besuch abstatten. Aber ihre nächste Feindfahrt sollte eine Reise ohne Wiederkehr werden.

Etwas anders verlief das Schicksal von U 505, dem zweiten Patenboot. Die Besatzung des U-Bootes traf sich zum ersten Mal im Februar 1943 in ihrer Patengemeinde Schliersee. Nach einem ebenfalls einwöchigen Aufenthalt fuhren die U-Boot-Männer von U 505 nach Bad Wiessee und blieben dort noch drei Wochen im U-Boot-Heim zur Erholung. Auch die Besatzung von U 505 besuchte danach ihre Patenstadt nicht mehr. Der Kontakt zur Oberlandgemeinde wurde weniger und blieb bald völlig aus.

Nachdem der Kommandant Peter Zschech am 24. Oktober 1943 den Freitod gewählt hatte, wurde Oberleutnant zur See der Reserve Harald Lange Kommandant des Bootes. Auch viele Besatzungsmitglieder des U-Bootes wurden von Bord kommandiert, danach verblassten auch die Erinnerungen an die gemeinsam verbrachten Stunden allmählich.

U 505 wurde am 04.06.1944 im Mittelatlantik durch den US-Zerstörer »Pillsbury« zum Auftauchen gezwungen und mit Unterstützung von zwei Flugzeugen des US-Trägers »Guadalcanal« aufgebracht und über Bermuda nach den USA eingeschleppt. Bis 1953 war es Versuchsboot der US-Marine, bevor es ab 1954 Ausstellungsstück im Museum in Chicago wurde.

Anlage 5 –

Deutsche Marine-Quadratkarten (Ausschnitte)

Die Erstveröffentlichung dieser Marine-Quadratkarten erfolgte im Buch von Jürgen Rohwer:

»Die U-Boot-Erfolge der Achsenmächte 1939–1945«, herausgegeben von der Bibliothek für Zeitgeschichte, bei J. F. Lehmanns Verlag, München 1968.

Gezeichnet wurden die Karten von Rolf Schindler nach Entwürfen von Professor Dr. Jürgen Rohwer.

Durch erforderliche Änderungen am Format mussten die Karten geteilt werden. Der Druck erfolgte mit freundlicher Genehmigung des Herausgebers des o. g. Buches.

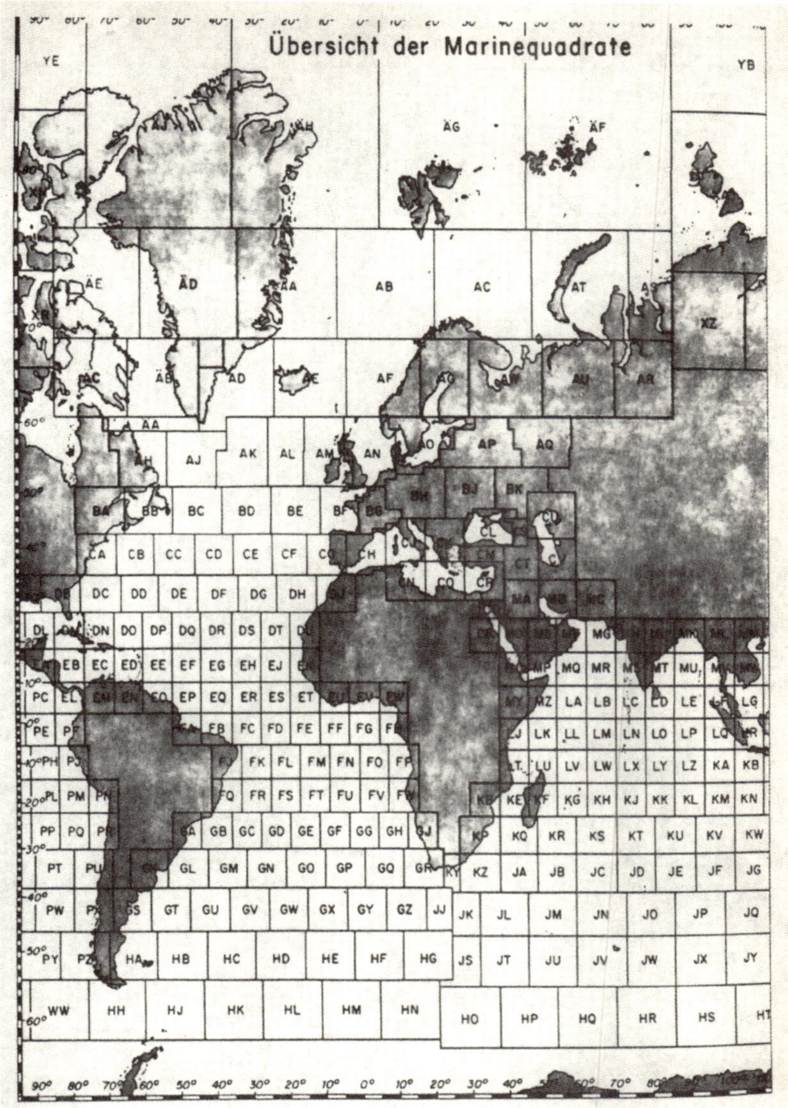

Übersicht der Marinequadrate

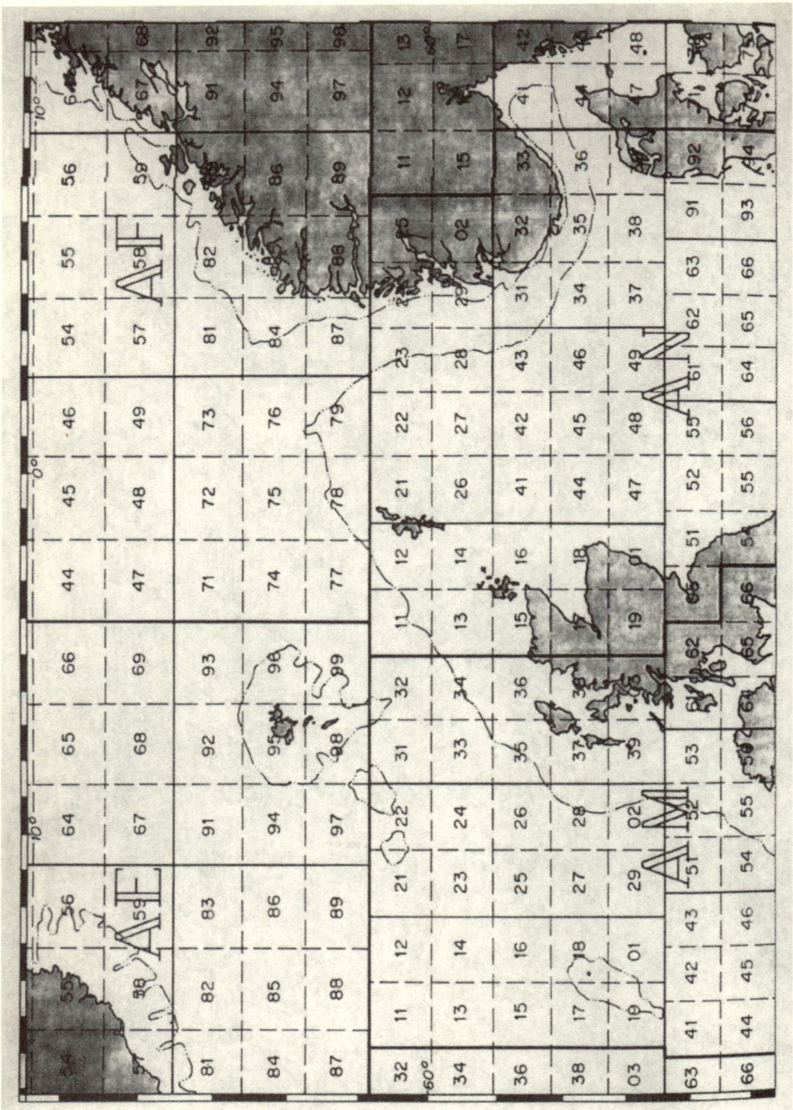

Planquadratkarte: Nordsee, Nordmeer

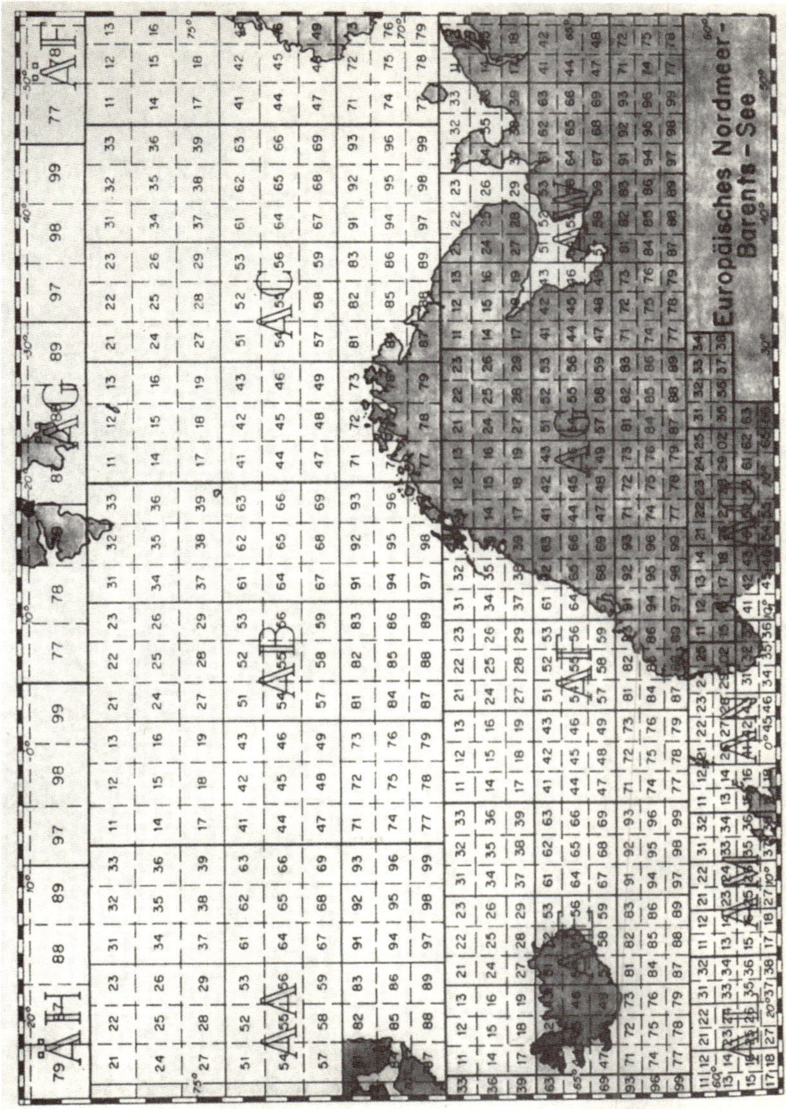

Planquadratkarte: Europäisches Nordmeer – Barents-See

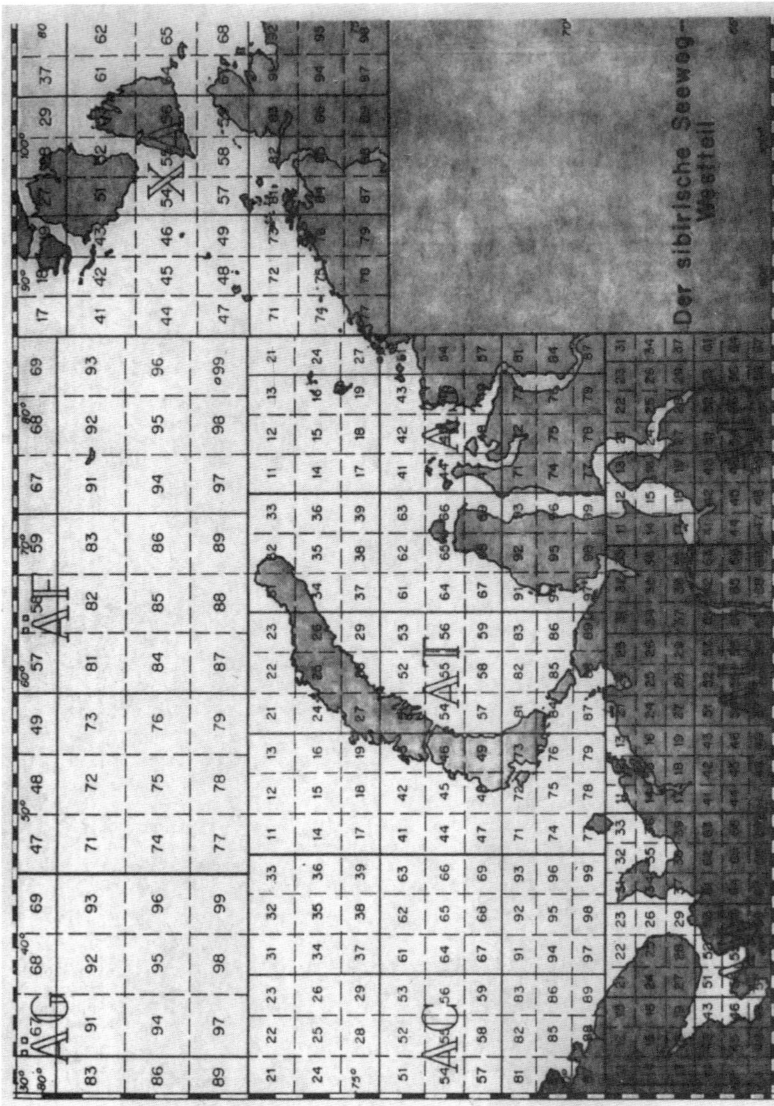

Planquadratkarte: Der sibirische Seeweg – Westteil

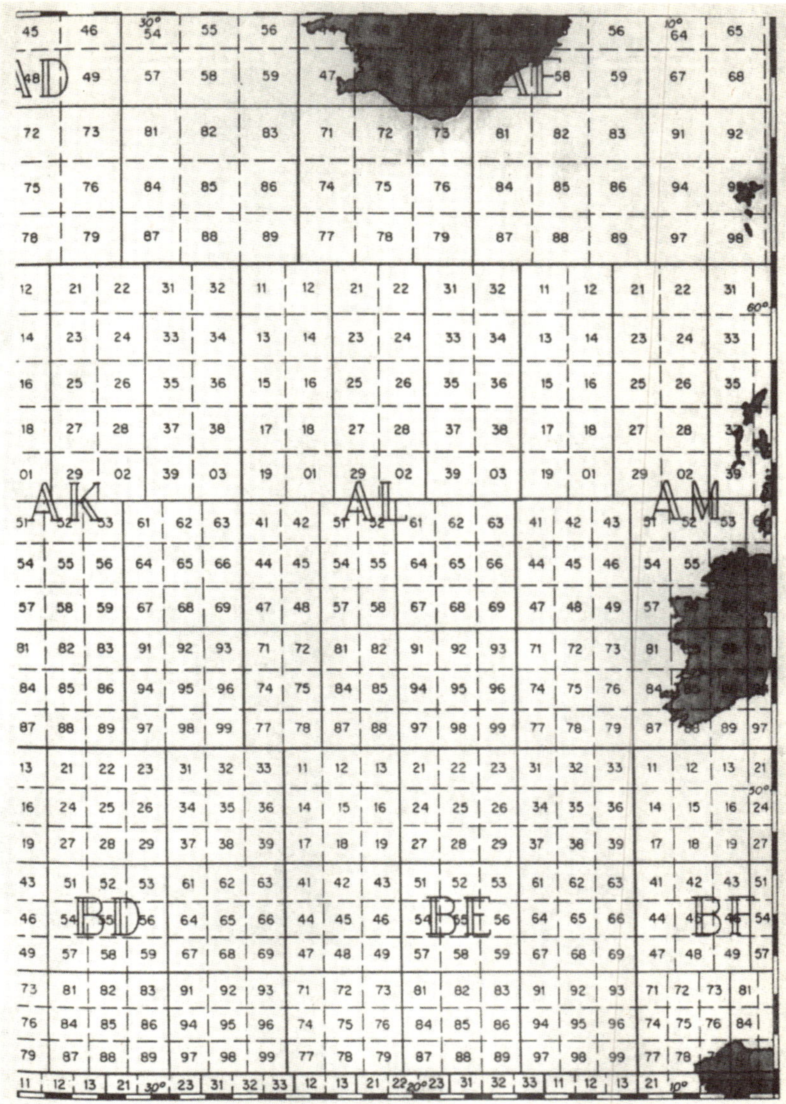

Planquadratkarte: Östlicher Nordatlantik

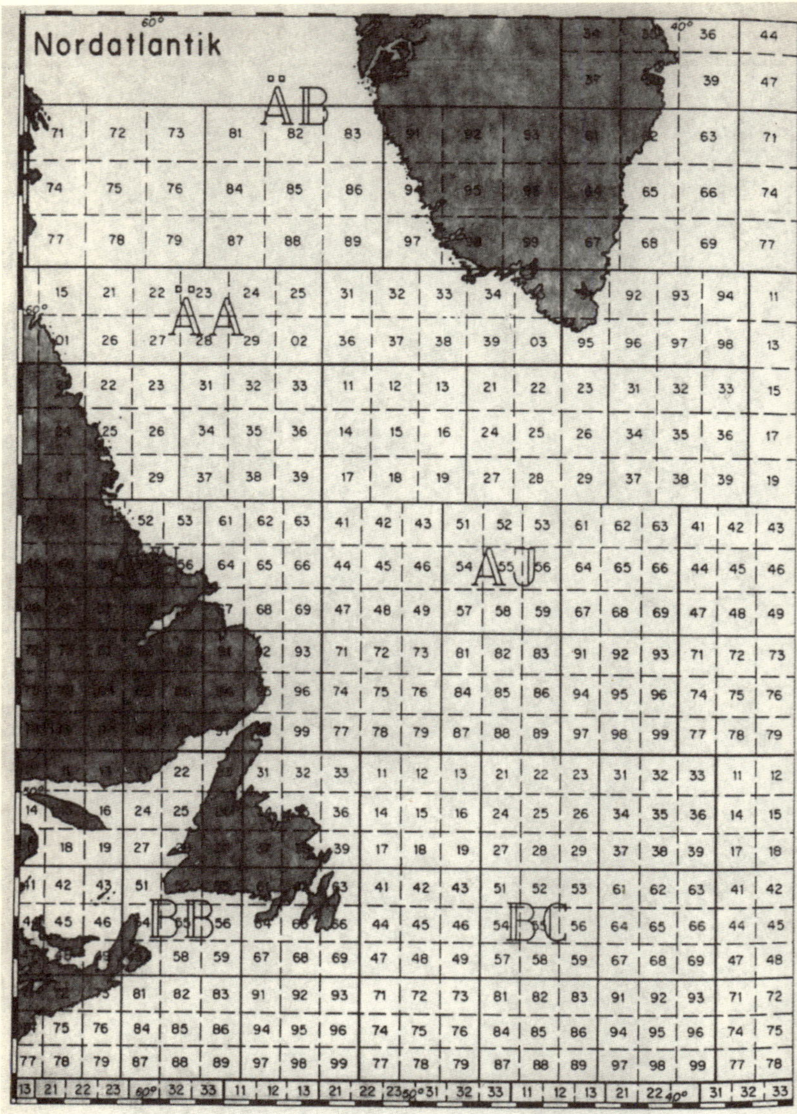

Planquadratkarte: Westlicher Nordatlantik

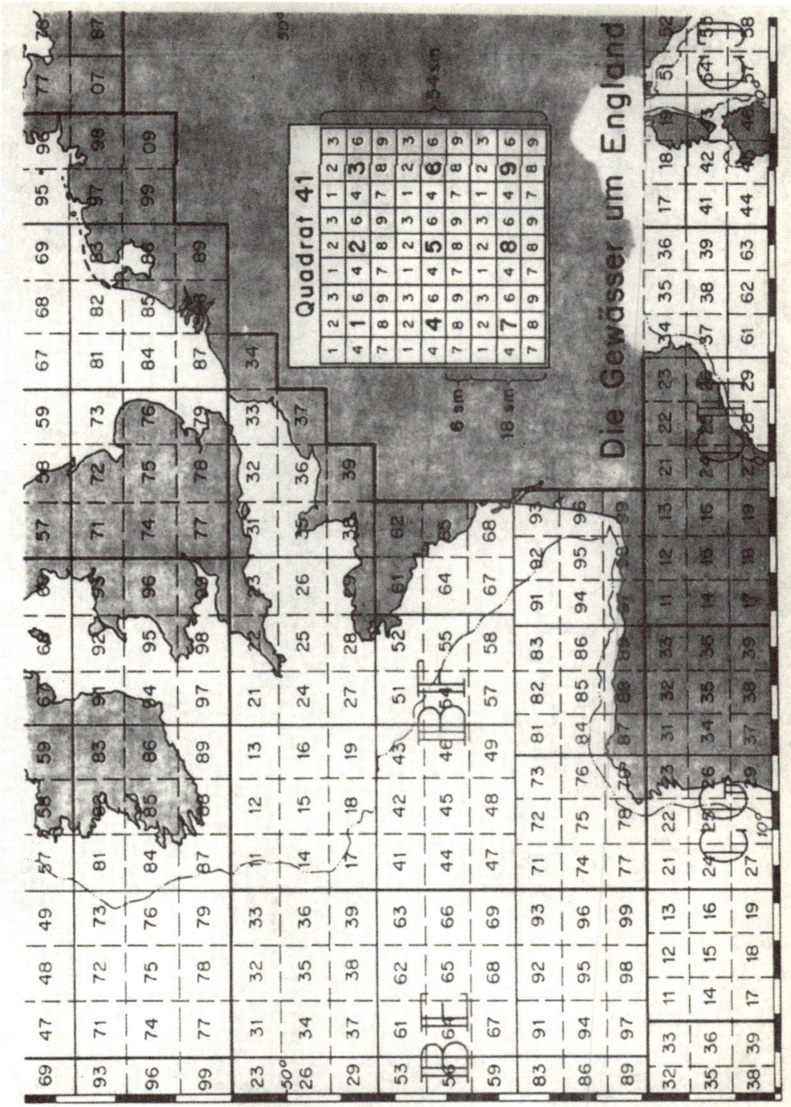

Planquadratkarte: Die Gewässer um England – südlicher Teil

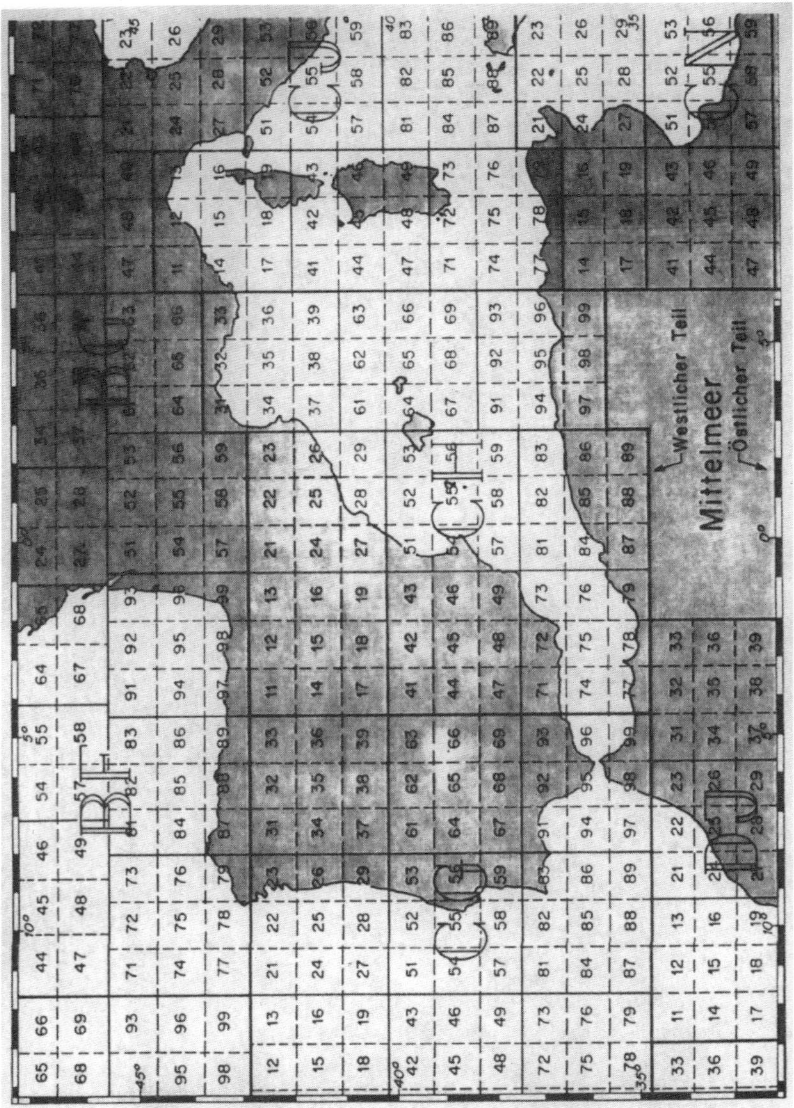

Planquadratkarte: Mittelmeer – westlicher Teil und Atlantik westlich der Iberischen Halbinsel

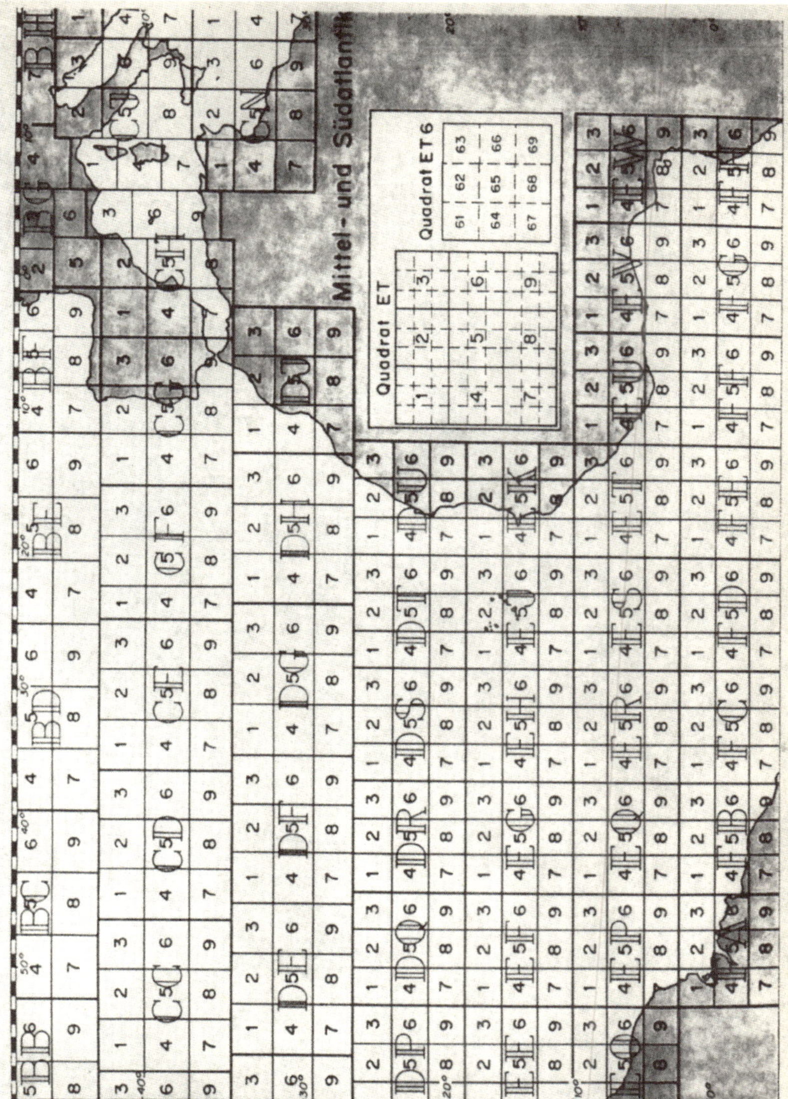

Planquadratkarte: Mittel- und Südatlantik

Anlage 6 –

Abkürzungsverzeichnis

A

Aale	Marinejargon für Torpedos
Agru-Front	Ausbildungsgruppe Front
A.K.	Äußerste Kraft (Höchstgeschwindigkeit)
Asdic	Anti-Submarine-Detection-Investigation-Committee / Britisches Sonargerät. Ausgesendete Schallimpulse treffen unter Wasser auf ein Objekt. Durch Bestimmung von Richtung und Entfernung der reflektierten Impulse kann das Unterwasserobjekt geortet werden.
Asto	Admiralstabsoffizier
Avenger	britischer Geleitträger der Avenger-Klasse, 10000 ts, 17,5 kn, 151 Meter Länge, 21,2 Meter Breite, 8,7 Meter Tiefgang Bewaffnung: 2× 10,2-cm-Geschütze, zahlreiche leichte Flakwaffen – bis zu 30 Radflugzeuge, 520 Mann Besatzung.

B

B.d.A.	Befehlshaber der Aufklärungsstreitkräfte
B.d.K	Befehlshaber der Kreuzer
B-Dienst	Beobachtungs-Dienst – Marinejargon zur Abhörung und taktischen Auswertung des gegnerischen Funkverkehrs
B.d.U.	Befehlshaber der Unterseeboote
B.d.U.op	Operationsabteilung beim Befehlshaber der U-Boote
Besteck	Positionsberechnung nach Sonnen- bzw. Gestirnbeobachtung
Bold	Täuschungskörper zur Irreführung des gegnerischen Sonars. Ein mit Kalziumhydrit gefüllter Behälter wird durch eine Ausstoßvorrichtung ausgestoßen. Die Chemikalie erzeugt einen Blasenschwall, der die Sonarimpulse reflektiert und damit ein Scheinziel bildet. Seit 1942 verwendet.

BRT	Bruttoregistertonnen
B. S. N.	Befehlshaber der Sicherungskräfte der Nordsee
B. V.	B. V.-138: deutsches Flugboot Blohm & Voss 138. Drei Junkersmotoren zu je 880 PS, Spannweite 27 Meter, Länge 19,9 Meter, Höchstgeschwindigkeit 275 km/h, Dienstgipfelhöhe 5000 Meter, Flugstrecke 5000 km. 1× 20mm-Kanone, 2× MG 13-mm, 6× 50 kg-Bomben oder 4× 150 kg-Wasserbomben

C

Catalina	Consolidated PBY Catalina: Sieben- bis neunsitziges, amphibientaugliches Seepatrouillen- und Bomberflugboot. 2× Motoren Pratt & Whitney zu je 1217 PS, 288 km/h Höchstgeschwindigkeit, Dienstgipfelhöhe 4480 Meter, Reichweite 4096 km, Spannweite 31,7 Meter, Länge 19,47 Meter, Startgewicht 16 Tonnen – Bewaffnung: 3× 7,62-mm-MG, 2× 12,7-mm-MG, 1814 kg Spreng- oder Wasserbomben
cbm	Kubikmeter
Condor	deutsches viermotoriges Langstreckenflugzeug und Fernaufklärer vom Typ Focke-Wulf 200, bis 2100 kg Bombenzuladung, 1× 20-mm-Kanone, 3× 13 mm- und 2× 7,9 mm-MGs, 7 bis 8 Mann Besatzung

D

Dez	Steuerbord drei Dez = auf der rechten Seite = 030° Schiffspeilung, Backbord drei Dez = auf der linken Seite = 330° Schiffspeilung

E

E. S.	Erkennungssignal
F. A. A.	Fleet Air Arm of Royal British Navy

F. d. T. Führer der Torpedoboote

F. d. Z. Führer der Zerstörer

Forsight und Forester britische Zerstörer: 1350 ts, 99 Meter Länge, 10,20 Meter Breite, 2,6 Meter Tiefgang. 36,7 kn, 4× 12-cm-Geschütze, 8 Torpedorohre, 145 Mann Besatzung – Stapellauf 1934

G

G. H. G. Gruppenhorchgerät

G. M. T. Greewich Mean Time: Zeit nach dem Nullmeridian von Greenwich

H

Hedgehog Salvenwasserbombenwerfer (24 Wasserbomben, die nur beim Aufprall explodieren)

Heinkel »He-111« Heinkel 111: deutscher mittlerer Bomber – 2× Zwölfzylinder-Reihenmotoren Jumo 211 F-2 zu je 1350 PS, 365 km/h, Dienstgipfelhöhe 6700 Meter. Reichweite 1950 km, Startgewicht 14 Tonnen, Spannweite 22,60 Meter, Länge 16,40 Meter, Höhe 4 Meter – Bewaffnung: 1× 20-mm-Kanone, 1× MG 131 (13 mm), 3 MG (7,98 mm) 2× Torpedos zu je 765 kg oder bis zu 2000 kg Bomben

Heinkel »He-115« Heinkel 115 C-1: deutsches dreisitziges Torpedobomber-Wasserflugzeug – 2 Sternmotoren BMW 132 K zu je 960 PS, 300 km/h in 1000 Meter Höhe, Reichweite 2800 km, Startgewicht 10680 kg, Spannweite 22,28 Meter, Länge 17,3 Meter, Höhe 6,59 Meter, zwei Schwimmer – Bewaffnung: 1× starres MG 151 (15 mm) im Bug, 1× bewegliches MG 7,98 mm in der Bugkanzel, je ein starres, nach rückwärts feuerndes MG (7,98 mm) in den Enden der Motorgondeln und 1× MG 15 (7,98 mm) in der hinteren Kanzel, bis zu 1250 kg Bombenzuladung oder ein Torpedo

Hektometer (Hm) 1 Hm = 100 Meter Entfernungsangabe

H. S. O. Handelsschiffsoffizier

J

Junkers »Ju-88« Deutscher viersitziger Horizontal- und Sturzkampfbomber, Ju-88 A-4, zwei 12-Zylinder-Reihenmotoren Junkers-Jumo211 J-1 zu je 1350 PS, 470 km/h in 5300 Metern Höhe. Dienstgipfelhöhe 8200 Meter, Reichweite 2730 km – Startgewicht 14 Tonnen, Spannweite 20 Meter, Länge 14,40 Meter, Höhe 4,85 Meter – Bewaffnung: 2 MG 81 (7,98 mm) oder 1 MG 131 (13 mm) im Bug, 1 bis 2 Zwillings-MG 81 oder 1 MG 131 im hinteren Kanzelfenster, 1 bis 2 MG 81 in der Bodenwanne, bis zu 3000 kg Bombenzuladung oder ein Torpedo

K

Kaiser-Wilhelm-Kanal heute Nord-Ostsee-Kanal

K. L. A. Kriegsschiffbau-Lehrabteilung

kn Knoten = Schiffsgeschwindigkeit im Augenblick der Fahrtmessung, sonst sm (Seemeile = 1852 Meter) in der Stunde

KzS Kapitän zur See

KTB Kriegstagebuch

L

LI Leitender Ingenieur

Liberator »Liberator«, Consolidated B-24: viermotoriger Fernbomber/Fernaufklärer zur U-Boot-Abwehr – vier luftgekühlte 14-Zylinder-Doppelsternmotoren Pratt & Whitney R 1830-65 Twin

	Wasp zu je 1217 PS, 467 km/h in 7620 Meter, Dienstgipfelhöhe 8535 Meter, Reichweite 3380 km, Startgewicht 32296 kg, Spannweite 33,53 Meter, Länge 20,47 Meter, Höhe 5,49 Meter – Bewaffnung: 10× 12,7-mm MG in verschiedenen Gefechtsständen, bis zu 5806 kg Bombenzuladung, Besatzung 10 Mann
London	britischer Kreuzer – 9925 ts, 32,2 kn, 193 Meter Länge, 20,1 Meter Breite, 5,2 Meter Tiefgang – Bewaffnung: 8× 20,3-cm-Geschütze, 8× 10,2-cm-Flak, 8 Torpedorohre, 1× Bordflugzeug, 680 Mann Besatzung, Stapellauf 1927
LzSdR	Leutnant zur See der Reserve

M

MG	Maschinengewehr
M. L. A.	Marineunteroffizierlehrabteilung

N

Norfolk	britischer Kreuzer – siehe bei »London«, Stapellauf 1928
Nr. 1	Seemännische Nr. 1: Unteroffizier oder Bootsmann der seemännischen Laufbahn im Dienstgrad Maat/Obermaat oder Bootsmann, der für die seemännischen Einrichtungen wie Ankergeschirr, Leinen und Anstrich usw. im Boot verantwortlich ist. Im Marinejargon auch Schmadding genannt.

O

OKM	Oberkommando der Marine
Opportune	britischer Zerstörer der JK-Klasse, 1690 ts, 36 Knoten, 112 Meter Länge, 10,7 Meter Breite, 2,7 Meter Tiefgang 4× 12-cm-Geschütze, 5 Torpedorohre

P

Pathfinder	britischer Zerstörer – siehe bei »Opportune«
PK	Propagandakompanie
PQ	Bezeichnung für Konvois von England/Island auslaufend ostwärts nach Rußland

Q

Quimper	Meldung über die Genauigkeit von Funkfeuern zur Navigation
QP	Bezeichnung für rückkehrende Konvois von der Murmanküste oder Archangelsk in westliche Richtung nach England oder Island

R

RAD	Reichsarbeitsdienst
R. A. F.	Royal Air Force
Raeder	Erich Raeder (1876–1960) – Großadmiral vom 01. 1. 1935 bis 31. 01. 1943. Oberbefehlshaber der Kriegsmarine. Am 01. 10. 1946 in Nürnberg zu lebenslanger Haft verurteilt, wurde Raeder 1955 aus gesundheitlichen Gründen vorzeitig entlassen
RDA	Rangdienstalter

S

S. A.	Schiffs-Artillerie
S. A. S.	Schiffs-Artillerieschule
Scylla	britischer Flak-Kreuzer, 5450 ts, 33 kn, 157 Meter Länge, 15,7 Meter Breite, 4,3 Meter Tiefgang – Bewaffnung: 10× 13,2-cm-Geschütze, 8× 4-cm-Bofors, 6 Torpedorohre, Stapellauf 1942
S-Gerät	Sonargerät
Skl	Seekriegsleitung
Sm	Seemeile = 1852 Meter in der Stunde

S. St. Abt.	Schiffsstammabteilung
Sunderland	britisches Flugboot Short »Sunderland«: Seeaufklärer und Bomber. Vier Motoren zu je 1217 PS, 343 km/h, 5455 Meter Dienstgipfelhöhe, Reichweite 4329 km, Spannweite 34,38 Meter, Länge 26 Meter – Bewaffnung: 10 MG, 2× 12,7-mm-Kanonen, bis zu 2250 kg Wasserbomben, Minen oder Bomben
Swordfish	Fairey »Swordfish«, zwei- bis dreisitziger Torpedobomber- und Aufklärungs-Doppeldecker, 760 PS, 222 km/h, Gipfelhöhe 3260 Meter, Reichweite 1658 km, Spannweite 18,87 Meter, Länge 10,87 Meter, Startgewicht 3406 kg, Bewaffnung: 2 MG, 1 Torpedo oder Wasserbomben oder Minen bis 680 kg

T

T. E. K.	Torpedo-Erprobungskommando
Trinidad	britischer Kreuzer – 8000 ts, 168 Meter Länge, 18,9 Meter Breite, 5 Meter Tiefgang, 31,5 kn, Bewaffnung: 12× 15,2-cm-Geschütze, 8× 10,2-cm-Flak, 6 Torpedorohre, drei Bordflugzeuge, 680 Mann Besatzung, Stapellauf 1939
ts	Standardtonne. Tonnenangabe bei Kriegsschiffen als Gewichtsangabe (1016 kg) bei der Wasserverdrängung, Bei Handelsschiffen wird das Raummaß der Wasserverdrängung als Bruttoregistertonnen (BRT) bezeichnet.
T. V. A.	Torpedo-Versuchsanstalt
Typ XIV (U-Boote)	Serie U 459 – U 464 und U 487 – U 490. Tauchboot für ozeanische Öltransporte (U-Tanker), 1932 ts maximale Verdrängung, 67,10 Meter Länge, 9,35 Meter Breite, außer leichten Fla-Waffen keine Bewaffnung, 432 t Dieselkraftstoff, 4 Ersatztorpedos, 52 Mann Besatzung

U

U. A. A.	U-Boot-Ausbildungsabteilung
U. A. K.	U-Boots-Abnahmekommando
U. L. D.	U-Boots-Lehrdivision
U. T. O.	U-Torpedooffizier (meist der Kommandant und I. WO)
U. W. O.	U-Boots-Wachoffizier
UZO	Überwasser-Zieloptik

V

»V«- und »W«-Klasse	Britische Zerstörer – von 1917 bis 1919 gebaut, 1100 bis 1400 ts. 34 kn Geschwindigkeit, 95 Meter Länge, 9 Meter Breite, 3,3 Meter Tiefgang. 4× 10,2-cm-Geschütze, drei Torpedorohre

W

WO	Wachoffizier

Z

Z-7	»Hermann Schoemann« Deutscher Zerstörer Typ 34 3110 ts, 120 Meter Länge, 11,3 Meter Breite, 4,23 Meter Tiefgang, 38,7 kn, Bewaffnung: 5× 12,7-cm-Geschütze, 2× 4 Torpedorohre, ca. 325 Mann Besatzung
»Z-24« und »Z-25«	Deutsche Zerstörer Typ 36A – 3605 ts, 127 Meter Länge, 12 Meter Breite, 4,43 Meter Tiefgang, 36 kn, Bewaffnung: 4× 15-cm-Geschütze, 2× 4 Torpedorohre, ca. 342 Mann Besatzung

Anlage 7 –

Quellenhinweise und Literaturauswahl

Ungedruckte Quellen:

KTB U 456
KTB U 94 auf Microfilm T-1022 (Rolle 2934)

Gedruckte Quellen:

Alman, Karl: Ritter der sieben Meere, Rastatt 1975
Blond, Georges: Kurs Murmansk, Oldenburg 1958
Brennecke, Jochen: Die Wende im U-Boot-Krieg, Herford 1984
Busch, Rainer/Röll, Hans-Joachim: Der U-Boot-Krieg 1939–1945 Band 1: Die deutschen U-Boot-Kommandanten, Hamburg 1996; Band 2: Der U-Boot-Bau auf deutschen Werften, Hamburg 1997; Band 3: Deutsche U-Boot-Erfolge, Hamburg 2001; Band 4: Deutsche U-Boot-Verluste, Hamburg 1999; Band 5: Die Ritterkreuzträger der U-Boot-Waffe, Hamburg 2003
Costello John/Hughes Terry: Atlantikschlacht, Bindlach 1989
Dallies-Labourdette, Jean: U-Boote / Eine Bildchronik 1935–1945, Stuttgart 1989
Ewerth, Hannes: Die U-Flottille der deutschen Marine, Herford 1988
Frank, Wolfgang: Die Wölfe und der Admiral, Oldenburg 1953
Franks, Norman L. R.: Search, find and kill, Harvest Hill 1990; Conflict over the Bay, London 1999; Dark Sky, Deep Water, London 2004
Gannon, Michael: Schwarzer Mai, Berlin 1999
Golowko, Arseni: Zwischen Spitzbergen und Tiksibucht, Berlin 1986
Hadley, Michael L.: Der Mythos der deutschen U-Bootwaffe, Hamburg 2001

Herlin, Hans: Verdammter Atlantik, Herrsching 1988
Högel, Georg: Embleme, Wappen, Malings deutscher U-Boote 1939–1945, Herford 1987
Jordan, David: U-Boote, Wien 2002
Karweina, Günter: Geleitzug PQ.17, Hamburg 1969
Klapdor, Norbert: Der Zerstörer Friedrich Ihn, Hamburg 1996
Knudsen, Svein Aage: Deutsche U-Boote vor Norwegen 1940–1945, Hamburg 2005
Kurowski, Franz: Krieg unter Wasser, Düsseldorf 1979
Lakowski, Richard: Deutsche U-Boote geheim 1935–1945, Berlin 1991
Lanitzki, Günter: Kreuzer Edinburgh / Goldtresor und Seemannsgrab, Berlin 1988
Mallmann-Showell, J. P.: U-Boote gegen England, Stuttgart 1987; Die U-Boot-Waffe / Kommandanten und Besatzungen, Stuttgart 2001
Middlebrook, Martin: Konvoi, Frankfurt a. M. 1995
Mulligan, Timothy P.: Die Männer der deutschen U-Bootwaffe 1939–1945, Stuttgart 2001
Nöldeke, H./Hartmann, V.: Der Sanitätsdienst in der deutschen U-Boot-Waffe, Hamburg 1996
Padfield, Peter: Der U-Boot-Krieg 1939–1945, Berlin 1996
Peillard, Leonce: Geschichte des U-Boot-Krieges 1939/1945, Klagenfurt 1970
Robertson, Terence: Der Wolf im Atlantik, Augsburg 1994
Rohwer, Jürgen: Allied Submarine Attacks of World War two, London 1997
Rohwer, Jürgen/Hümmelchen, G.: Chronik des Seekrieges 1939–1945, Herrsching o. J.
Savas, Theodore P.: Lautlose Jäger, Berlin 1999
Schlemm, Jürgen: Der U-Boot-Krieg 1939–1945 in der Literatur, Berlin 2000
Schmidt, Rudi: Achtung – Torpedos los! Koblenz 1991
Selinger, Franz: Von Nanok bis Eismitte, Hamburg 2001

Smith, Peter C.: Geleitzug nach Russland, Stuttgart 1980
Tarrant V. E.: Kurs West, Stuttgart 1989
Topp, Erich: Fackeln über dem Atlantik, Herford 1993
Vause, Jordan: Die Wölfe – Deutsche U-Boot-Kommandanten im 2. Weltkrieg, Stuttgart 1999
Waters, John M.: Blutiger Winter, Wels 1970
Werner, Herbert A.: Die eisernen Särge, Hamburg 1970
Wetzel, Eckard: Der U-Boot-Krieg im Nordmeer, Utting 2000
Zeissler, Herbert: U-Boots-Liste 1956, Hamburg 1956